古月齋叢刊 1

中國大學名師講義　李正中輯編

中國大學名師講義【第二冊】

經濟學和經濟學原理

陳玽伍 著／劉冠英 著

蘭臺出版社

作者簡介

（二○一一年秋 攝影師 駱金彪 攝于古月齋）

李正中

著名中國古瓷與歷史文化學家、教育家。

祖籍山東諸城，一九三○年出生於吉林省長春市。

北平中國大學史學系肄業，畢業於華北大學。

歷任：天津教師進修學院教務長。

天津大學冶金分校教務處長、教授。

天津社會科學院中國文化研究中心主任、研究員。

現任：天津理工大學經濟與文化研究所特聘教授。

天津文史研究館館員。

天津市商業文化協會榮譽會長。

香港世界華文文學家協會顧問。

天津市語言文字培訓測試中心、專家學術委員會主任。

（《不敢逾矩文集》匯編組供稿）

序言　學術傳承與教學導師

一九一二年十月十日中華民國建立，孫中山先生為了培養國家棟樑人才以樹百年大計，決定創辦第一所國立大學；於民國二年（1913）成立「中國大學」並親任董事長。中山先生對辦此大學非常重視，草創初期以國家要員擔任該校長並以「中國」為其校名，第一任校長是宋教仁、第二任是黃興，這在近代教育史上是絕無僅有。

大學校址設在北平鄭親王府舊址，其正廳改名為「逸仙堂」，作為學校集會的禮堂。一九三六年何其鞏為當時校長，他原為北平市長，是位愛國者，他在大廳親書楹聯：「讀古今中外之書志其大者，以國家民族之任勉我學人」，作為校訓。學校當時設立文理法三個學院、九個系、一個研究院，又附設一所中學（今北京中山中學）。「九一八」日寇侵入東北，東三省淪陷，許多學生流亡北平都插班入中國大學就讀，在校生最多時曾達三千多人。

該校知名學者教授林立，如李大釗、藍公武、吳承仕、呂復、李達、黃松齡、曹靖華、呂振羽等。特別是抗日戰爭爆發後，學校受國民政府令留在北平繼續辦學，政府資援因戰爭中斷，學校需自籌辦學經費，於是改為私立大學。

這一時期，全校教職員待遇微薄，忍饑耐寒，但始終拒絕敵偽資助，堅持「我們是中國人的中國大學」，不受奴化教育，斥離日偽份子，優待忠貞之士。該校此舉獲得淪陷區愛國知識界的支持，皆爭以教授中國大學為榮，青年更以就讀中國大學為目標；一時留居在平津大學院校的教師，堅持民族氣節，不與日偽合作，紛紛到中國大學任教。如俞平伯、溫公頤、張東蓀、袁賢能、翁獨健等先生，寧可以微薄工資應聘任教，拒絕到有豐厚待遇的偽北大等日偽主辦的學校任職，體現出中國知識份子的高尚氣節。

中國大學是具有光榮愛國傳統的學校。「五・四運動」時，中大學生率先參加愛國反帝遊行，很多學生雖被捕、被打依然堅持抗爭，終於取得勝利，在中國近代史上留下光輝的一頁。「九・一八事變」後，學生自發投入積極的抗日運動，遼寧籍學生組織了抗日救國團，開赴東北，其中中大學生李兆麟、白乙化等後來都成了抗日名將。在一九三五年「一二・九」運動時，中大學生會主席董毓華率先領導學生到北洋政府新華門前請願，這次請願活動學生付出了血的代價。爲了紀念和發揚抗日愛國精神，學校於十二月廿二日在「逸仙堂」舉辦「一二・九」運動中各校受傷學生數百血衣展覽，激發了廣大青年的熱情。一九四九年北平解放後，當時號召一切向蘇聯學習，取消私立學校，於是將燕京大學併入北京大學，輔仁大學併入北京師範大學，中國大學理科併入師範大學、文科併入解放區華北大學（今中國人民大學）。中國大學校址也被徵用作為國家教育部。

李正中先生是中國大學最後一屆入學學生，現年八十三歲高齡。正中先生熱愛自己的母校中國大學，讀書時期，精心搜集學校教授前賢的講義，當時有的教授述而不作，先生認真記錄課堂筆記，共整理十餘部。遺憾的是，在毛澤東主席親自發動史無前例的無產階級文化大革命時，先生不僅被押入「牛棚」接受暗無天日的批鬥，其住所也由紅衛兵打、砸、搶、抄家，先生的藏書、用品被洗劫一空。

上天有眼，正如陳毅元帥所說「善有善報惡有惡報，不是不報時間未到」。林副統帥飛機失事死無葬身之處，唐山大地震後不久，被全國人民尊稱的「四個偉大」和被祝禱萬壽無疆的毛澤東主席也已棄世。十年浩劫終於結束。而隨著偉大領袖的逝世，「史無前例」的年代也隨之結束。先生恢復了「四書生活」，即「讀書、藏書、寫書、教書」。這部「古月齋珍藏：《中國大學名師講義》」就是劫後餘存並經過「文革」後四十年來由先生搜集珍藏的選本。

該講義是十位名師對文法哲和經濟學的撰述，這些講義當時不僅對本學科進行系統的闡述，同時在學術上也有新的突破，均為不易之作。我們從中可以看到民國時期高校的學術研究水準和當時百花盛開的學術生態。這些講義對當前的學術研究具有重要的參考價值，實屬值得出版的高校教材文獻。

正中先生是著名學者、歷史學家、教育家，著作等身，至今仍致力於學術研究及文獻傳承，承先啟後為己任戮力教育工作，有這樣的師長，當世者皆得受其福惠，實屬時代之幸。

臺北蘭臺出版社能出版先生古月齋珍藏系列叢書之《中國大學名師講義》，實屬出版社之幸運。先生不棄命我寫序，深知先生用心良苦，故不自量力，以粗淺學識作上述文以為序。

蘭臺出版社盧瑞琴謹識

癸巳年陽春，中國大學建校百周年紀念

第二冊　經濟學和經濟學原理

經濟學

經濟學原理

第一項　機械之意義

第二項　機械之特質

第三項　機械之種類

第四項　機械之利害

第五項　機械之制限

陳玠伍

經濟學目錄

陳玠伍講述

第一編　汎論

陳珩伍

陳珩伍

經濟學

欒山陳珩伍述

第一篇　汎論

第一章　經濟學之名稱

經濟學之名原於希臘語之Oikonomoiki而來Oiko言家Nomiki言法即家計管理法之謂也引而申之爲撙節日用會計出納之事擴而充之爲邦國天下生食爲用之經其義至廣故英德等國皆各循其義而用之惟以各本國之語言不同而用字亦微有別在英文普通用之曰Economy政治上用之曰Political Economy在德文普通用之曰Oekonomie政治上用之曰Politische Oekonomie日本維新以來對於英德普通所用者則譯爲經濟政治上所用者則譯爲政治的經濟蓋取經國濟民之意也但中國學者有謂經濟國民義攝庶政以言斯學失諸廣漠殊不知齊家治國皆以講求富裕爲先彼日本以經濟學譯之者殆有見於此乎吾於斯學則認爲富國厚家濟世救貧之用倘非取經國濟民之意不足以盡斯學之職分故本科仍襲其名

第二章　經濟學之內容

經濟學者形而上之科學也其內容之複雜較諸他種科學研究頗難若研究之非先判別內容不可然欲判別內容又非從學者間之主張豫爲比較難以察其眞象似宜將學者主張先行舉出然後再言吾人之判別焉

雖然學者間之主張分歧各執一是綜核其說不外下列之六種

（一）判別爲純理經濟學與應用經濟學更別應用經濟學爲經濟政策學及單獨經濟學

（二）判別爲經濟原理經濟政策及財政學

（三）判別爲純正經濟學及應用經濟學而於應用經濟學中復別爲經濟政策及財政學

（四）判別爲純正經濟學經濟政策及經濟史

（五）判別爲經濟誌經濟史經濟原論及經濟政策

（六）判別爲現象研究發展研究系統研究現象研究中復別爲經濟心理學與經濟論理學系統研究中復別爲一般經濟學與特殊經濟學

科學之判別內容者所以示研究之程序便於學者之探討也故吾儕本諸良心之認定乃融會以上諸說遂判別此科爲經濟學與經濟術二種學者何研究經濟現象之因果關係及一般所適用

陳玕伍

之原理原則　術者何研究富國厚家濟世救貧之進行方法也茲將學與術二者之統系列表於左以示其梗概焉

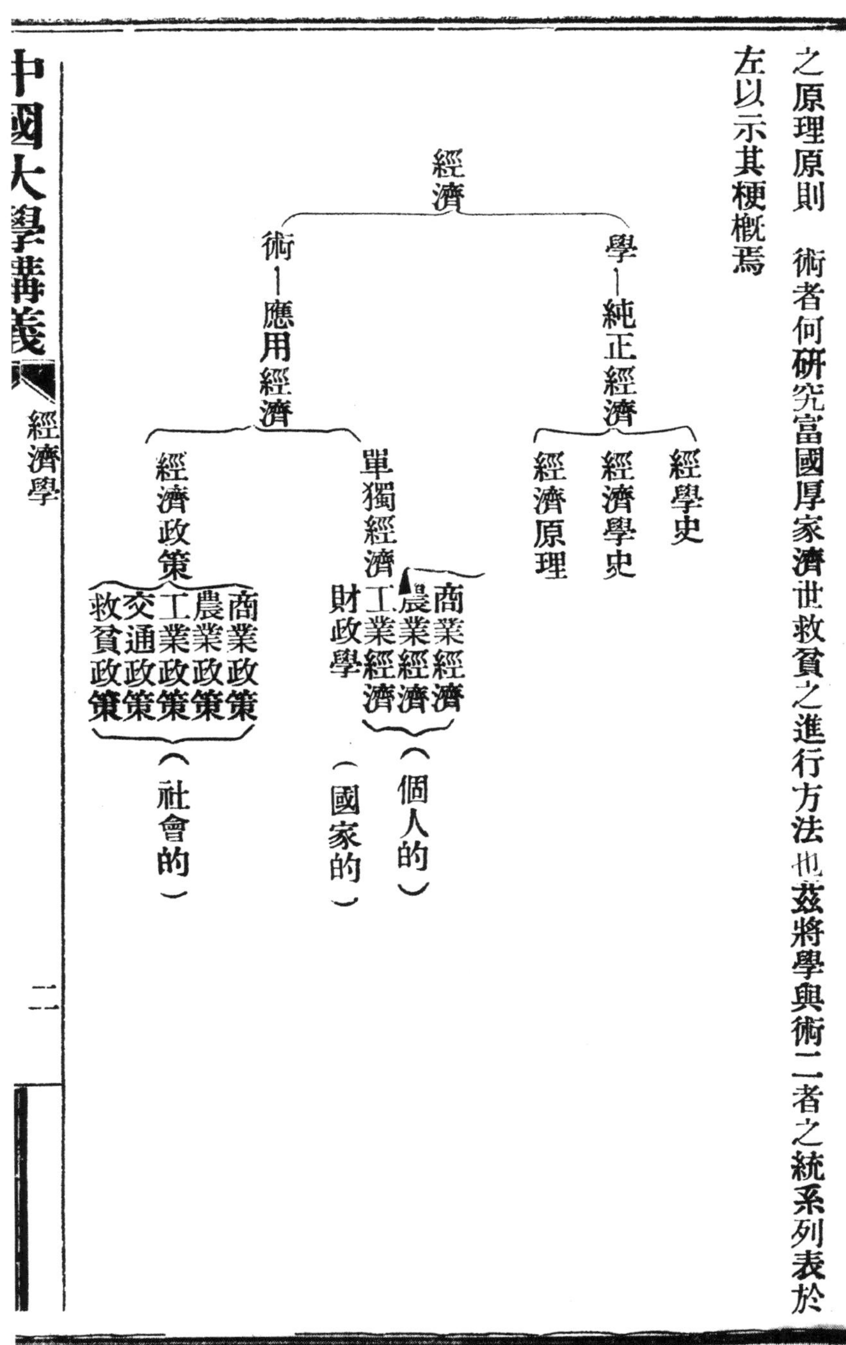

據右所記則知經濟史以專記經濟之發達爲職分經濟學史爲本乎過去及現在之經濟現象編爲學案以推測其將來之結果爲職分經濟原理爲探討經濟上一般所適用之原理原則是爲純正之理法應屬於學他如商業經濟農業經濟工業經濟其關係在乎個人財政學之關係乎國家經濟政策諸科（一方必涉及於國家一方又影響於個人）其關係對於社會民衆尤爲密切是爲應用之方策應屬於術此外尚有未舉出者何屬於學何屬於術學者一覽自悟

第三章　人類經濟之發達史

第一節　發達之順序

太古之人穴居野處茹毛飲血無所謂經濟也迨後漸知計慮始有經濟行爲徵其由野而文之次序諸家學說不一而足茲舉其重要者如次

第一　李斯特（Friedrich List）以生產方法之變化分人類經濟之發達爲五期

第一期　漁獵時代

第二期　畜牧時代

第三期　農業時代

陳瑨伍

第四期　農工業時代

第五期　農工商時代

由是言之人類初生之際隨其所之處地勢而異其生活或專狩獵或事漁業亦不相同嗣飼解養之術始從事於畜牧而以遊牧終其身及人智漸開則知耕植遂棄畜牧而爲耘耔其後農工兼營而入於農工商時代是說也按之實際尚多不合之處各國經濟演進不必五期盡歷各期界限且未必如此明晰考之於古實正有無工業而獨行農業之世亦未有無商業而獨行農工之時代矧其分期標準專在生產方法抑不知經濟現象生產外尚有交易分配消費等事舉一以概其餘未見其可也

第二　黑爾特不蘭（Bruno, Hildebrand）以交易用具之變化分人類經濟之發達爲三期

第一期　自然經濟時代

第二期　貨幣經濟時代

第三期　信用經濟時代

氏之說專就交易形式而言古代草昧初開惟知以物易物人文漸進始有貨幣爲交易之媒介

嗣因交易頻仍貨幣猶嫌煩重更行信用交易之制察近代演進之序似不外乎此然此固以交換現象爲基礎而不能包含自給經濟時代仍不得爲完全之說

第三　自夏爾（Curl, Buoher ）以經濟範圍之變化爲標準分人類經濟之發達爲三期

第一期　閉戶經濟時代

第二期　都市經濟時代

第三期　國民經濟時代

第四　許木樓爾（Guatav, Sohmoller ）以政治組織之變化爲標準分人類經濟之發達爲四期

第一期　村落經濟時代

第二期　都市經濟時代

第三期　領地經濟時代

第四期　國家經濟時代

第五　費里薄微絮（Fugen von philippovich ）以交通發達之狀態爲標準分人類經濟之發達爲前後兩期

前期　閉戶經濟時代

後期　交換經濟時代中分三期

第一期　地方交換時代

第二期　國內交換時代

第三期　自由交換時代

右列五說黑李二氏各有所偏皆非正鵠白許費三家之說大致相同並皆發明經濟演進之眞相茲斟酌諸說分人類經濟演進之時代如次

前期　非交通經濟時代

第一期　自給經濟時代

後期　交通經濟時代

第二期　都府經濟時代

第三期　國民經濟時代

第二節　時代之說明

陳珩伍

人類經濟之演進雖有一定程序而時代銜接實難見其明白之界限第就歷來事實爲理想區分以表示演進之概畧耳其區分標準獨以根據於交通之有無者爲定以交通爲經濟現象所由變不惟經濟組織受其支配即凡生產交易分配消費等一切經濟現象其性質之變遷結果之美惡一視交易之通塞爲轉移茲就三時代之狀況順次說明之

第一　自給經濟時代　上古漁獵時代人民逐水草而居及其知稼穡也鑿井而飲畊田而食通謀生產不假外求所與協力者血緣家族而已以一家族爲經濟單位與他家族各自孤立不自有無其後欲望漸增協力之需要亦由簡而繁或傭工以代勞力而此家彼族始得共謀生活然其範圍仍不出於一村一落而自產自費如故即如女織男耕業非不分要不外一單位內之分業而無交換可言故此時代亦稱非交通經濟時代

第二　都府經濟時代　生齒漸繁人類欲望亦相緣而發達往往於他人所獨有因羡望而思侵畧鄰族互爭緣茲以起勝者掠其物以充欲繼乃知此道之不可以長恃也則幡然變計舍掠奪而謀交易舉凡農工業作即於都鄙之間直接交換而市廛之制乃興所謂日中爲市交易而退各得其所此吾國都府經濟時代之明徵也當此時代民智漸啟知以力農之餘兼講求工業生

陳珩伍

產品物除自用外兼應各地之需凡百財貨無俟自爲而後用之於是地方分業應運而興進爲交通經濟矣

第三　國民經濟時代　國民經濟實見於國政統一交通發達之後一由國家能行中央集權制二由異族激刺又足以促國民爲對外經濟之競爭三由交通機關已能發達其產業則國民經濟之組織其庶幾矣歐洲自西班牙首建統一國家後葡萄牙法蘭西荷蘭英吉利比利時德意志意大利等國先後棄封建而事集權國民經濟於焉確立近來經濟無國界之說日昌將由國民經濟進而爲世界經濟碑矣我國封建制度廢於先秦中央集權制行之已久而仍無國民經濟組織者何也蓋因閉關自守不相交通人民乏冒險之性疆吏多自主之權遂致內有歧政外無競爭而成痲木不仁之經濟現象近代雖有通商各埠徒爲外貨輸入之中心利權外溢更足爲國民經濟之一大害此國民所不可不猛省也

第三節　時代之比較

三時代中經濟現象不相一致其不同之點可就下列數事比較之

一　經濟組織之有無

二　生產之性質
三　交換之性質
四　交通之範圍
五　分類之種類
六　貨幣之有無
七　傭工之關係
八　生產之要素
九　共同生活之基礎

第一　自經濟組織之有無論之自給經濟時代濟經狀態純係孤立故無所謂經濟組織都府經濟時代始有交換分業之法互相結合互相維繫惟其組織尚屬狹小殆爲各地分治之經濟國民經濟時代乃有國民統一之經濟組織故自給經濟時代可稱無經濟組織時代都府經濟時代可稱經濟組織分立時代國民經濟時代可稱經濟組織統一時代

第二　自生產之性質論之自給經濟時代純係自用生產都府經濟時代漸成預約生產國民經

濟時代一切生產既非供自用亦非受人預約乃以入市販賣爲旨而生產者故曰市場生產或稱商品生產

第三　自交換之性質論之自給經濟時代生產消費屬於同一團體交換之事無由而生都府經濟時代生產者與消費者判分而交換因之以起不過生產者與消費者間爲直接之交換而已國民經濟時代則生產者與消費者之交換有商人居間而爲媒介故其交換係屬間接學者稱自給經濟時代曰無交換經濟時代稱都府經濟時代曰直接交換經濟時代稱國民經濟時代曰間接交換經濟時代

第四　自交通之範圍論之自給經濟時代不交通之經濟時代也都府經濟時代雖有交通其範圍則限於一方故稱地方交通時代迨及國民經濟時代交通機關漸次發達交通範圍遂由一地域一國家而推及於世界故此時代之前半期稱國內交通時代後半期稱自由交通時代或稱世界交通時代

第五　自分業之種類論之自給經濟時代雖有因老幼男女之別各就所宜而分任事業者實係家族分業而非社會分業故雖有分業而無交換至都府經濟時代則因各人能力所習土地所

陳珩伍

宜而爲社會之分業顧其分業之範圍不廣其種類亦不甚複雜迨及國民經濟時代機械發明技術進步分業之事入於細微益以交通便利分業範圍乃推及於世界殆由國內分業進而爲國際分業矣

第六　自貨幣之有無論之自給經濟時代不交通之經濟時代也無所謂交換故交換之媒介物（即貨幣）亦無所用之府經濟時代之前半期則無有交通其相交換也概係以物易物稱物物交換時代迨後交通發達交換仍頻則用一種物品以介紹換然其用未廣助長交易之效力甚微至都府經濟時代之後半期漸用金屬貨幣入於國民經濟時代則貨幣制度日趨統一是爲貨幣經濟時代自此而還貨幣乃占經濟上最要地位凡百事業必待貨幣而後舉人生之幸與不幸係焉

第七　自傭工之關係論之自給經濟時代人各自食其力抑給於人者蓋未之有其後平時之窮民與戰時之俘虜漸役於人而爲奴隸主人耽樂而責成衣食住之供給於家奴之手此時勞工關係具有强制性質主人役奴始無殊於牛馬也至都府經濟時代諸侯黔首間有君民關係民從君命以納貢服役其在都府有徒第制度一切職業無不有行行主常集多數徒第同事作工

而仍以主從關係束縛其間猶未脫主役奴之舊習也迨及國民經濟時代自由思想與個人主義勃興有尊重個人自由之觀念傭工自由日見發達且因機械發明有大企業出見人工集中漸成必要於是行制廢而代以工場制度廢去主從關係而代以雇傭關係即由強制服役進而爲自由傭工矣

第八　自生產之要素論之自給經濟時代一切產業不外漁獵農牧故其依賴土地較他物爲特切此時私產制度既未發生資本即無由成立以言人工其效亦不甚著生產上之得失純視土地適否爲轉移學者稱此曰土地萬能時代即純以土地爲生產要素也都府經濟時代則有離土地而生產者恃手工業以生活者往往有之然亦僅見於都府之民耳其在鄉野則農民兼營手工或有之以手工爲常業者殆未之見顧以改良耕作亦有賴於工力故人工於生產上又占重要地位資本則尚無關係學者稱此曰土地人工並立時代迨及國民經濟時代交通機關直通都鄙促商業之繁榮助市場之澎脹益以機械發明技術進步大工場林立大企業勃興一切產業非大資本不能經營生產要素中土地人工資本遂成鼎立之勢方今資本勢力日見澎脹土地人工爲所左右不惟生產賴以周轉一切經濟狀態罔不爲所操縱學老稱此曰資本萬能

時代

第九　自共同生活之基礎論之自給經濟時代人類共同生活之基礎在血統即由同祖同宗之血族集成社會都府經濟時代共同生活之基礎在地域住居同一地域之民即以所處之地方爲粗織社會之根據國民經濟時代則主權爲結合之原力立於同一主權之下者相互結合而爲國民Naijon以成社會之組織由此演進或將以人類爲基礎而成一大共同生活體未可知也惟在今日尚未脫國民經濟時代不過世界經濟已發其端耳

第四章　中國經濟學之歷史

第一期　中國經濟學之發達（自唐虞至東漢明帝末年）

第二期　中國經濟學之淪亡（自東漢中頃至清光緒末年）

第三期　中國經濟學之復興（近十餘年間）

第一期　中國經濟學自唐虞以來抽象之說般般可考尙書乃言懋遷（益稷懋遷有無化居註懋勉其民徙有於無交易變化其所居積之貨也）周易則云裒益（謙卦君子以裒多益寡）周官持揭泉府（地官泉府歲終則會計其出入而納其餘）漢志標名食貨（洪範八政一曰食二

陳珩伍

曰貨食謂農殖嘉穀可食之物貨謂布帛可衣又金刀龜貝所以分財布利通有無者也班氏假此名志以言天下之物焉）商君有農戰算地之論（商君書農戰篇云國之所以興者農戰也又云百人農一人居者王十人農一人居者强半農半居者危故治國者欲民之農也算地篇云民過地則國功寡而兵力少地過農則山澤財物不爲用其意在拓殖也）賈子有銅布蓄積之言（賈子新書銅布篇云銅布於下爲天下災言其民鑄錢者大抵必雜石鉛鐵又云僞錢無止民愈相疑故民鑄錢不可不禁此即貨幣制度之說也無蓄篇云禹有十年之蓄故免九年之水湯有十年之積故勝七歲之旱夫蓄積者天下之大命也）節用之道墨翟二述（節用上篇云用財不費民德不勞其興利多矣）善厚之策范睢兩言（范氏致秦王書云善厚家者取諸於國善厚國者取諸於諸侯）所有傳世之記述無不涉及於斯從可知中國經濟之之昌明也固已久矣

第二期　東漢以降俊及顧廚（八俊八及八顧八廚）之儔徒以空文相尙而無實理可徵致斯學不能推闡於後反醞釀兩晋清談之風一時人士口不言錢且有王衍視阿堵中物若將浼已而去之惟恐不速者矣遞至宋明士大夫益諱言利以周秦諸子體國經野之主張悉斥爲與民爭利之謬說雖迄清初有遺民三老（黃梨洲顧亭林王夫之）關於國家財政與私人生計之宏議不

鮮無奈朝野上下又蔑視三老之學說而專以注蟲魚唫風月爲儒者事其流弊所極遂至國庫空虛民生凋敝斯學淪亡殊堪浩歎

第三期　二十世紀爲殖產競爭之世界自强之國莫不以增進富國爲第一要務而日演無形之戰機於生計界者豈好事哉勢使然矣乃中國不惟不能進於富强而金融反有恐慌之象其故何哉蓋由宋明遺傳之陋習未革而不肯與歐人競爭有以致之矣

近十年來有心者洞悉其弊遂提倡民生主義以期中國經濟界之發達此後中國之經濟學其有復興之望也乎

第五章　中國經濟學之光明

司馬遷之貨殖列傳頗近於歐哲之富國學其微言奧義有足以供討論之價值其詳如左

（一）善者因之（本富）其次利導之（末富）其次敎誨之（末富）其次整齊之（末富）最下者與之爭（姦富又含有一小部分之末富）

案何謂因之如本傳所揭楚越之地　廣人稀飯稻羹魚或火耕而水耨果　隋蠃蛤不待賈而足地勢饒食無饑饉之患此因自然形勢之第一義也又如歐哲所言某種植物含某種質宜於某

地某地土性含某種質宜於某種植物然後各因而用之或因熱力電力水力而利用於工業其利必培蓰此因之第二義也燕之函粤之鎛英之紡織業法之造絲物德之顏料業瑞之金練錶荷之金剛石美之石油業各擅其長亦貴能因也何謂利導如本傳賤之徵貴貴之徵賤各勸其業樂其事又如自出新法製新器具許以專利也何謂教誨如本傳太公封於營丘地瀉鹵人民寡於是勸其女工極技巧通魚鹽又加設農鑛工商各學校以教育人材也何謂整齊如本傳管子之輕重九府計然之平糴齊物關市不乏何謂與之爭如本傳所載少年攻剽椎埋刼人作姦掘塚鑄幣任俠博戲馳逐鬭雞走狗作色相矜必爭勝者吏士舞文弄法刻章僞書不避刀鋸之誅者沒於賂遺以及掘塚姦事也而曲叔以起博戲惡業也而桓發用之富固屬於不正當行爲然此爭字之中除却不正當行爲之外尚含有治生之正道在焉如弋射漁獵犯晨夜冒霜雪馳阬谷不避猛獸醫方諸食技術之人焦神極能以及田農拙業而秦陽以蓋一州販脂辱能而雍伯千金賣漿小業而張氏千萬洒削薄技而郅氏鼎食胃脯簡微濁氏連騎馬醫淺方張里擊鐘此均屬於正當行爲惟後人誤解太甚漠視與之爭概爲不正當行爲殆未審本傳所謂之無財作力少有鬥智（正義言少有錢財則鬬智巧而求勝也少音稍）旣饒爭時（正義旣饒足錢

財乃逐時爭利也）等語爲如何之意義矣

（二）農而食之虞而出之工而成之商而通之

歐哲言富國學者以農鑛工商分爲四科農者地面之物也鑛者地中之物也工者取地面地中之物而製成致用之物也商者以製成致用之物流通天下也四者相需乏一不可與史記言不謀而合

（三）人各任其能竭其力以得所欲

欲者普通所謂之慾望也

（四）農業不出則乏其元工不出則乏其事商不出則三寶絕（三寶者指農所出之食工所之物虞所出之財而言）虞不出則財匱少財匱少而山澤不辟矣此四者民所衣食之原也原大則饒原小則鮮上則富國下則富家貧富之道莫之奪子而巧者有餘拙者不足

原之大小不以地爲界不以人爲界不以日爲界當以力爲界凡欲加力使大莫如機械各種機械農鑛工之機械也修通道路便利運輸商之機械也是故一畝所出能養十人則謂之饒十畝所出能養一人則謂之鮮一日所作之工能給十日之用則謂之饒十日所作之工能給一日之

用則謂之鮮是以用智愈多者用力愈少故曰巧者有餘拙不足

（五）六歲穰六歲旱十二歲一大饑

歐哲綜核貿易情形大率以十年爲一運以英商論之大都極盛之後漸衰至五年而大衰大衰之後漸盛又五年而大盛歐哲深究其循環之理蓋由歐洲產葡萄之國逾十年或十一年必大熟一次所獲或數倍於尋常又印度各地每十二年必大歉一次因思升降之理必由於此與六歲穰六歲旱之說不謀而合歐哲又考十年一熟或一歉之故出於日體之熱度射來地面之差率所致依此言之計然所謂之金穰水毀木饑火旱之說亦或由實測歟

（六）夫糶二十病農九十病末末病則財不出農病則草不辟矣上不過八十下不減三十則農末俱利平糶齊物關市不乏治國之道也

物價過賤則農民售物之數不能抵償其耕作之費用故謂病農農病自然情於耕作而草不辟物價過貴則商人購買之後難謂轉售故謂病末末病自然減少交換而金融滯澀非治國之道[illegible]然欲得治國之道非取適中者不可所以上不過八十下不過三十則爲農與商兩利之道商既利是爲平糶齊特之法用之不偏也

（七）積著之理務完物無息幣以物相貿易腐敗而食之貨勿留無敢居貴

居積之貨物務早售盡總使貨幣無停息之患其意在流通也以物相貿易亦宜隨時注意以免貨物腐敗虧折其元本貨物既不停留則他人不敢高抬市價以博奇利也

（八）論其有餘不足則知貴賤貴上極則反賤賤下極則反貴貴出如糞土賤取如珠玉財幣欲其行如流水

貴上極則反賤賤下極則反貴者謂物極貴必賤極賤必貴也貴出如糞土者既極貴後恐其有必賤之時故乘時出之如糞土之賤賤取如珠玉者既極賤後恐其有反貴之時故乘時取之如珠玉之貴財幣欲其行如流水者謂財幣之用須在流通敏速如江河之水無時有停留之現象也

（九）當魏文侯時李克務盡地力而白圭樂觀時變

務盡地力者農鑛之事也樂觀時變者商事之也

以上所說與經濟學家言若合符節惟吉光片羽尚在人間而不適於應用則後儒不善於繼續之罪也以致經國濟民之術行將泯焉澌滅今日欲知經濟學之研竟所謂禮失求野不得不轉

陳琦五

借外人之學理以挽回數千年之頹風焉

第四章　歐洲經濟學之歷史

歐洲經濟學之觀念可分爲三期言之

第一期之觀念以個人之富力不爲社會之富力（自紀元前四百四十年至十七世紀之前半頃）

第二期之觀念以個人之富力爲社會之富力（十七八世頃）

第三期之觀念以個人之富力必不爲社會之富力（十九世以來）

第一期　歐歐古代關於經濟學之說往往見之如臘希時代瞻洛封氏之經濟論亞里士多德氏之政治論不可謂非斯學之嚆矢也然二氏之觀念除却農業之外悉擯斥之凡一切之工商事業均視爲擾亂社會之合平妨害道德之發達故僅認農業爲個人之生業而以工商事業爲個人不正當之行爲此即以個人之富力不爲社會之富力者也其在羅馬時代須塞樂氏一派之學者乃遙拜希臘之下風於經濟學之主觀均以個人之富裕對於社會無必要之效果其主張雖以撙節爲致富之道而以個人之勤勉不奬勵之此亦視個人之富力不爲社會之富力厥與希臘相同

可斷言也

至於中世耶蘇教之誤解說（所謂神意的研究方法）風靡全歐而其結果遂有嚴禁利息之立法雖十七世紀自然派之學說（法學的研究方法）漸次萌芽所有見解亦不過以經濟學爲防止人人意思之衝突或爲平穩之調停而已

第二期　中世紀與近世紀交締之際實經濟學變遷之時代也由於封建制度之夢醒社會組織之一變諸侯僧侶之勢力盡隳元首市民之權勢日張廢除武門武士之制度而興常備軍之制度新教國沒收舊教會之土地而舊教會救貧之事業悉改歸政府負擔加以亞美利加之銀山新爲發見實物經濟之世界一變而爲貨幣經濟之世界貨幣之價格日益下落實物之價格日益騰貴而國費因之驟增乃如潮流之不可遏縱使國有之土地售出亦不足以應國費之支出於焉欲設法以應此膨漲之國費舍徵收租稅之外固無他道而欲實行徵收租稅舍個人富力之分配外又無他道至此舊觀念不能不消滅而新觀念不若不發生新觀念者何即所謂增進個人之富方而後能維持其國費者矣

據以上所言可知十七世紀經濟學之觀念即以個人之富力爲社會之富力也若以個人之富力

爲社會之富力當用何種方法方能使個人與社會之富力日益增進日益發達乎此當日政治家與學者所苦心經營者也

第三期　十九世紀以還經濟學之觀念爲之一變由於社會上之富力幾爲資本家所吸收遂致一般平民無多大之富力可言也多數學者惟恐貧富階級日益懸殊社會上不免有意外之慮遂認定救濟貧民爲維持社會安寧策故對於從來之經濟學說輒多修正其修正之處除却社會派趨於極端者外無論爲社會政策學派宗教改良社會派任天社會派大同學派大率以國家法律强制保險或人類互相共同自治等說爲調劑階級維持和平之大前提推原究竟一方固承認現存之社會秩序不可悉爲改廢且於重要之私有財產制度及家族制度又力主保存他方所執行之政策則又不採個人主義之自由競爭惟側重於社會民衆之經濟問題即知歐洲學者從十九世紀而後多不視個人之富力爲社會之富力者也

第七章　經濟學派

經濟學家往往以斯學中應研究之問題及解決此問題之學說皆各執一是而其關於人生之目的與乎達到此目的之意見亦不一致學派之說由茲而起統觀其說約可分六種

第一　任天派（Liberal School）此派以順天爲主義故名或曰個人主義英國舊派學者及法國學者大半屬之其主張畧有三義（其一）人類社會爲天然公例所支配天然公例皆屬完善且不可以人力革變之經濟學者之職分在探究其公例以明其作用國家職務亦惟由之以行政耳（其二）天然公例與人自由不相抵觸人各本其所欲相與爭利而終能相安者亦公例使然也此種公例行於冥冥之中無待於人爲（其三）立法家當以鼓舞人類自動之機能爲主義國家干預民事雖爲勢所難免要亦以不可少之屬爲限簡單言之即國家宜取放任政策也此派繼重農學派而起大有造於經濟學惟其弊在樂觀爲學者所駁詰其駁詰之點有三（一）天然淘汰中所遺存之制度不必盡爲完善放乎自然之社會亦未必悉爲適當之組織（二）經濟現象上已成之局　未必悉爲　自然之秩序例如英之大地主半爲往昔侵奪所由來繼承法及租稅法實起於便私者之創作設使社會組織一任自然相沿至今不知成何局勢（三）即以社會現況爲自然秩序然其現況又非一成而不可變者方今進化之說已爲定論經濟現象亦在進化法則支配之下如彼奴隸制度所以能歷數重階級以達於工團制度者實進化法則有以致之安見其放任之爲獨善也雖然束縛過甚弊亦匪輕試就英人稟並愛爾

蘭之事觀之英人既得愛爾蘭即施以苛政國民經濟重加束縛島人苦之去而之美者絡繹於道途一入美地其經濟發達之程度遂遠在其母國居民之上是不可不察也

第二　社會派（Socialist School）　此派造端甚古而巍然成爲一學派者則在任天派之後力主改革社會現狀之不良立論主旨略有五義（其一）謂現代社會有不治之疾放任不顧將有覆滅之虞（其二）論病在少數個人獨占社會財富而使民衆爲其牛馬（其三）謂當改絃更張重組新社會廢資本所有及傭賃等制度即不廢止亦當加以限制主是說者有緩急之別因復區爲三派（甲）共產主義主廢一切財產私有制度（乙）集產主義主張可爲生產之財產禁其私有（丙）國有主義主廢不動產私有制度（其四）謂人類社會變化無定欲求建設新社會須從破壞舊社會入手是猶蛹變蛾而破繭卵欲孵而脫殼故不可不革命（其五）主張團體職權之擴張而不欲國權之增大故用社會二字以代國家謂其計畫成就之日即國家消失其政治之時則社會純爲產業團體對於產業團體而總其成者則爲經濟評議會此社會民主主義所以異乎國家社會主義也至於無政府主義亦社會派之一自稱曰任天社會主義而實無主張極端之個人主義名不相副即以欲排除一切法律觀之亦與任天派承

認最小限之法律者大異其趣

第三　社會政策學派（State Socialism School）　此派起源與歷史學派大有關係歷史學派本以研究法與正統學派背相馳厥後棄自由放任而主保護由原理以及政策謂歷史須由人創造科學當包含技術國家社會主義之根本思想蓋出於此且重視成文法主張國家權能之擴張與任天派適相反對究其性質不類社會主義第欲在現存經濟制度及國家制度下行使國權以調劑階級間之爭鬥而不主推翻私有產制度及國家組織名爲社會主義一種實則國家主義之流派也其說之興所係於國民思潮及國家立法者綦大所有人工保護法之運動人工保護條約之締結及國家對於社會事業之補助皆此派所促成也他若擴張經濟學之範圍策畫社會貧困之救濟與夫明國家之功用袪任天派之懷疑其功尤不可沒

第四　宗教改良社會派（Christian Socialism）　其中復分二派（其一）舊教改良派確信神權謂神法爲天然公例支配萬有以人類自由漫無限制則法爲所壞故主悲觀痛詆自由放任之非且于大資本制度與自由競爭皆所反對任天派稱之曰舊教會黨而名殊不相副

蓋社會黨取急進主義趨響革命此派則取穩健主義社會黨主廢私產及承繼制度而此派且欲於此等制度加以維護反對平等之說倡爲三綱主義三綱者一曰父二曰傭主三曰教堂謂三綱立而社會安於干涉主義不加攻擊干涉主體謂須以上帝當之上帝不能自行其干涉則委之教堂與國家但此派中亦有不主干涉者未可一概論也學者中有於此派而加以抨擊者以英人彌兒（John StuartMill）爲最力彌兒氏之言曰權力所在利必屬之加集大權於一階級之人支配社會不以自利者世罕其例意謂此派眞義在集權力於上等級之人此等人民既以大權在握則圖私自便如永就下例其能爲普通人民謀幸福者固未可必也（其二）新教改良派雖於現社會之經濟組織不甚贊許惟於私產制度則不加反對謂私產爲一時之私有非可永續同於公共寄儲非屬私人獨據有私產者且能爲國家盡保護產業之義務此派亦主悲觀謂欲期社會修明端在改革社會之人不當爲貿利益相與競爭提倡人類互助盛稱公社制度謂爲改革社會之關鍵且議公社中宜用公產業社而無取乎同職公社以同職組合有助長團體利己之心且歷來成績未能愜望故無所此派主張傾向民主以視舊教派之尙威權者。固云進步但其政綱廢弛不易統一則是派之缺憾也

第五　任天社會學派　（ Liberal Socialism ）　此派與國家社會主義同源于德國謂爲欲調和社會階級之爭鬥當以共同自治之精神爲互相結合之社會專賴國家不惟難期調和反足益其爭鬥然若行極端之放任主義事事悉任自然則人類社會間處境不同權能各異强凌弱衆暴寡之事恐難倖免故不得不藉國家之覆育俾享法律上之平等自由以發揮其本能而國家行政宜有限制以毋侵個人之自由爲要換言之即社會自助之力有所不及者始需國家保護耳其立論之旨在以放任爲主義而不取極端之自由故與社會派異趣以國家與社會對峙乃與國家社會主義不同誠爲社會中最穩健之說也

第六　大同學派（ Solidarkisy School ）此派之興閱日尙淺然其勢日張以人類相繫爲主旨即指人類間相爲倚賴之謂也如分業交換遺傳等事皆屬顯著之例在昔經濟學者雖有是說然僅視爲天然之法則故未見造福於人類今則不然以此相繫爲人類行爲人之法則且爲道德上法律上之義務以爲人之行爲不論善惡皆必影響於他人他人行爲亦必相爲影響人於社會中無時不有行爲故其相負之責任亦無時而不存在是故社會災障必當共籌救濟以利他之道用相自利以完人類天職其義有二（其一）社會災障或造端於吾人企業之方針

陳珩伍

或爲吾人言行之影響孽由自造責無旁貸欲銷減其災障亦應由吾人以德義觀念援助他人（其二）社會災障或波及於吾身或傳染於我之後裔即從而救濟之使其早日銷減以免長久不安

至其救濟之法在使社會之人立於同等地位有同等機會以營生計故曰大同主用結社法以謀共同生活此派承認私有財産制度故異於社會派且不言干涉不談放任在以人類相繫爲基礎觀念相同化於自然之中獨對於保護工人强迫保險及食物檢察等法制均主用之故亦非完全排斥國家干涉者也

第七　民生主義學派　中國所謂之民生主義實與西洋所謂之社會政策同一臭味今乃特立一格者以其名詞之發源在於中國故也考其來歷周禮天宮太宰之職掌拜國之六典……六曰事典以富邦國以任百官以生萬民即所謂食爲民天民爲政本之義也倘就今日最流行之民生主義言其重要者不外節制資本平均地權兩說節制資本者以大工塲收歸公家辦理之法也平均地權者則分平地耕境與市街宅地二項以耕境宜劃整爲零使一般小農民依法之規定長久能自耕其地得以愛護地力宅地宜値百抽一或認爲有必要時亦得依法收歸公有所用意在

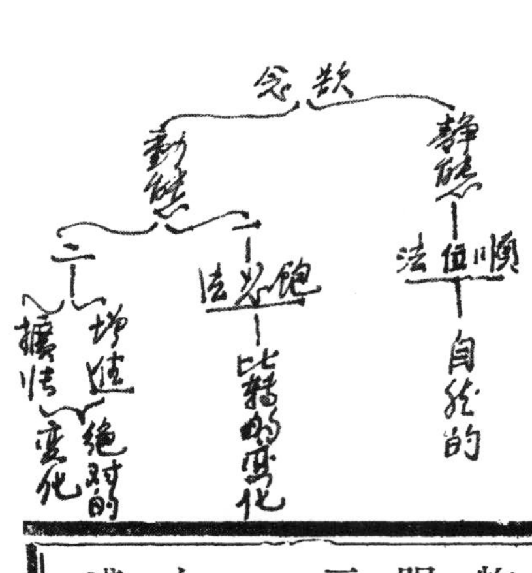

防止大資本家大地主之發生維持一般平民之生活計也

第八章　經濟之對象關係

經濟之對象者何也即成立價值之關係也而成立價值（Werth）之關係即依一般之解釋可分爲二種（一）專主張由於人之認識者（二）主張存於物之性質（或能力）者雖然價值之發生不獨歸之於人欲又不獨爲物之性質蓋無人欲則無價值之理無充人欲之物亦無價值之理故推究價值之究竟不外乎以物之性質應人之欲念而成立所謂價值者洵由人欲與物能之間所生之一種關係以主觀察之則認爲滿足之程度（主觀的價值）以客觀察之則認爲物之對物力（客觀的價值）合二者察之價值者抽象的名獨而已故吾人以之爲經濟學之主眼所以於本章之中先論人之欲念的理法次論物之效能的理法以證明心的現象與物的現象二者相對待之理方可見價值之成立也

第一節　人欲（bedurfniss）

人欲（即人之欲念）者爲人類的感覺感情情慾嗜好之發動當其缺如則感痛苦當其滿足則感愉樂之心的現象也

陳珩伍

此缺如與滿足之關係痛苦與愉樂之關係皆所以成心的現象之兩端而爲比較的感覺者也若此一存在則他一滅亡若他一增長則此一消滅換言之非愉樂即痛苦非痛苦即愉樂故補足缺如除去痛苦者即所以求滿足就愉樂也而欲就愉樂不外去其痛苦欲求滿足不外補其缺如所以人欲（即心的現象之好傾向）爲救助其缺陷而取得其滿足者矣

心之缺如有三階級一則對於生存欲念之缺如二則對於發達欲念之缺如三則對於驕奢欲念之缺如此三種階級爲各個人之心理同時而爲社會萬衆之心理而社會萬衆亦分爲三種之欲念此三種欲念者即生活之欲念便宜之欲念奢侈之欲念是也而生活之欲念先滿然後及於便宜之欲念便宜之欲念既滿然後及於奢侈之欲念是即謂欲念順位法故社會之三種欲念中生活之欲念最急而最厚便宜之欲念適在中位奢侈之欲念最緩而最薄此人之常情也雖各人有各種心理之缺乏而其欲念之發動自有緩急之別於是應此欲念之緩急得以見價值之成立而有大小之別故從欲念順位之靜態而觀察之充生活之欲念當成立其大價值充奢侈之欲念只成立其小價值此勢所必至理有固然也

然而人欲者常能變動愉樂之極漸生飽倦痛苦既久漸能忍耐而飽倦與忍耐之間人之欲念固

存滿足之形此滿足亦非永久的也忽明忽滅至於生新變化之時則爲欲念之緩和計而充此欲念者漸次有小價值之成立此所謂人欲飽忍法而此法者即從動態而觀察其心之第一種欲念也至於動態之第二種欲念即以證明人欲之變化法也據此法而論則人之欲念依於物體變化之外亦能自爲變化而其變化者有一定之欲念既已充足一種忽不以爲飽足而更求其增進者亦有全於他之一方面而爲新擴張者前之欲念稱爲人欲之增進（Intension）充此增進之欲念可成立極大之價值後之欲念稱爲人欲之擴張（Extension）雖充足新擴張之方面者可成立極大之價值然因此擴張而充足其減殺之方面使爲小價值或全歸於無價值亦未可知也以上所述爲順位之欲念飽忍之欲念增進及擴張之欲念所以求充足者存於人欲以外之物能者也職此之故可知前所述大小各種之價值非僅以人欲之靜動而成立必不可不依於物能之存在矣

雖然人類之欲念極其繁複若欲一一標舉殆所難能茲以便利之方法行之撮要彙類亦有四種

第一　由欲念之性質區別之分爲二種

一　肉體欲念（Physical Wants）

二　精神欲念（Mensal Wants）

欲念之關於肉體者爲肉體欲念「饑思食渴思飲」之欲屬之其關於精神者則爲精神欲念「視思明聽思聰」之類是也

第二　由欲念之時間區別之分爲二種

一　現在欲念（Present Wants）

二　未來欲念（Future Wants）

欲念之屬於現在者爲現在欲念「饑而欲食寒而欲衣勞而欲息」之欲屬之其屬於未來者爲未來欲念「節用御欲收斂蓄藏以繼之者」是也

第三　由欲念之人數區別之分爲二種

一　個人欲念（Individual wauts）

二　社會欲念（Social Wants）

欲念之屬於個人者爲個人欲念「人亦孰不欲富貴」之欲即屬此類其屬於社會之人人者爲社會欲念「己欲立而立人已欲達而達人」之欲屬之

第四　由欲念之程度區別之分爲二種

一　生存欲念（Existence Wants）

二　文明欲念Culture Wants

「人之所欲」在於生存者爲生存欲念「人苟欲生之皆知所以養之」之欲屬之其欲念不僅在生存而更求通明安適者即爲文明欲念「生亦我所欲所欲有甚于生者」之欲盖此類也

人類欲念千變萬化固非屈指所能數然就其所欲念者之性質區別之則不外兩種

一　物質欲念（Material Wants）

二　非物質欲念（Immaterial Wants）

非物質欲念者即對於無形物之欲念欲聽音樂欲勵品學之類是也物質欲念者即對於有形物之欲念「欲儲金錢欲足衣食」之類是也五者中惟物質欲念與經濟有直接關係故名經濟欲念（Economic Wants）

欲念種類既如前述考其特性又復不一綜而計之約有五種

其一　欲念之種類爲無限也　人類居衆生中所以獨秀者即原於此人既有所欲必求有以滿

陳珩伍

足之。亦既足矣。隨生他欲。生生不已。則求所以滿足之者。其術亦遞進而愈工。文明程度。緣茲以進。然苟欲念增長。不與其本能相副。亦足以危害社會。不可不知也。

其二　欲念之强度有止境也　欲念起。則必有所需求。求而未得之時。欲念之强度必高。欲漸充則其强度亦漸縮。終乃達於滿足之度。而欲全滅。亦既滿足。而猶益之。因而感苦痛者有之。（惟貨幣之欲念最難滿足。因貨幣能充一切欲念。欲念無滅絕之期。是貨幣無滿足之望。欲壑難塡。殆以此也。）

其三　欲念有互競之性質也　一種欲念强大。能排除或吸收他種欲念。糟糠不飽者。不務梁肉。短褐不完者。不待文繡。職是故耳。惟其然也。人能藉心理上道德上之拘束力。以善良欲念排除惡俗欲念。消費者能免於生產者之魚肉。托辣斯之壓迫者。亦有賴於此也。

其四　欲念有相需之性質也　人類享樂。大抵多數欲念。同時並起。此多數欲念。即有相需之性質。譬如車駕出遊。此時所欲在車與馬。車馬相需而行。不可偏廢。

其五　欲念乃成習者也　一種欲念滿足後。必如期再起。久而成習。不易廢絕。是以人習於奢。雖賢者。不能自拔。

第二節　物能

物能（即物之效能）者即物之所以應於人欲之本質是也於體則稱爲物於用則稱爲能細別其內容一曰性質（Quality）二曰形狀（Form）三曰位置（Position）皆爲物的現象由凡物之本質硬軟黑白極其千差萬別其對於社會萬衆之人欲亦千差萬別有欲硬厭軟者有就黑去白者而對於欲硬之人欲有硬性之物生最昂之價值對於好黑之人欲有黑色之物生最大之價值然從千差萬別之物能應於千差萬別之人有欲成立無限差別的價值之理而究其同時發生之處又不無相似之點故集異合同則萬衆之人欲必多相類萬物之本質亦多相近於是彙集萬衆之人欲而應之以萬物之本質者先不可不分其本質爲生活用便利用奢侈用三類其次細別各類而分爲適應於極多人欲之本質與適應於較少人欲之本質二種亦有分之爲多適與少適者世人稱其多適者爲良品少適者爲劣品吾人於此得從大體上推定各物大小差別之價值例如生計品者米較麥可成立最大之價值是也

關於異種之物品吾人得依其物能之適否而推定其價值之大小同時關於同種之物品亦得依其物量（數量）之多少而推定其價值之大小如觀察米五石與米一石之時此兩者既爲同種

之品貨（物能）而米一石之全部適應於人欲之價值與米五石之全部適應於人欲之價值比較不問而知米五石之價值多於米一石之價值（全部價值）此瞻朋司者所謂全部效用之理法也

關於同種物能之全部價值雖如上論而依其兩者數量之多少則知價值發生之多少於前例之時則米五石之總數量中見其各一部分一石之價值則不必等於總數量五石五分之一價值何則於此之時雖各部分一石之物能決無異同依對於各一部分物能之人欲其向背不必同樣[illegible]例如吾人平均每日所消費之飯米其全量爲五合其五分試爲均等假定減其最後一合之食料吾人尚不甚感其痛苦再推而上之若復減其第四部分之一合則稍感缺乏矣更減其第三部分之一合則吾人則覺其有害再益減之否人之痛苦勢益愈急終至沈淪於饑餓之境故吾人對於此飯米之欲念第一部分之一合爲最急最厚第二部分以下降至最部分之一合爲最緩最薄依此而後分之價值較前分之價值爲減少如是則部分價值之多少實與數量之多少成一反比例此瞻朋司氏所謂最終效用之理法也

要之人欲與物能爲價值成立之要素而人欲之向背與物能之適否及物量之多少所以現出價

陳珩伍

値之大小及多少之理法

據上所述則知物者本無有價値物與無價値物之區別而惟云有價値之時無價値之時價値大之時價値小之時價値多之時價値少之時之差別也

物能之種類亦極繁多當適應於人欲時則亦有具體之區別茲就學者間最適當之主張畧述於左

一 內界物

二 外界物

內界物者托於身心以內之物也如本身之腕力智力健康技藝等是外界物者身心以外之物也如衣食房舍等是他人之內界物亦有可取爲自己之外界物者內界物無形外界物則有有形者有無形者因復分外界物爲二種

一 有形物

二 無形物

無形物又可爲二種

陳珩伍

一　勞力物

二　權利物

勞力物者人之勞力之謂如工匠之體力學者之智力等是權利物者對於人及物之關係之謂如物權債權之類是有形物亦分二種

一　自由物

二　經濟物

自由物乃天然之錫不勞而獲者也如空氣日光與水之類是經濟物則爲自由物以外之有形物施相當之勞費而後可得者也衣食服用之類屬之大陸派學者所謂財貨即指此而言曰經濟財貨（Economic Goods）畧稱財貨

經濟財貨有以供交換者有以供使用者因分爲二種

一　交換財貨

二　使用財貨

一切品物凡可與爲交易者皆爲交換財貨其供人使用者則爲使用財貨使用財貨有供人消費

者有供人生產者因又別爲二種

一　消費財貨

二　生產財貨

消費財貨均直接滿足人欲者也米麥薪炭衣履房舍之類是生產財貨者間接滿足人欲望者也即用以生產而消費其產物也農家之種子肥料工廠之機械建築皆屬此類要之消費財貨與生產財貨之區分不在其性質而在其用途同一貨也在此爲消費財貨而在彼爲生產財品固不可一概論也

使用財貨中有經一次使用而失效力之全部者如食物飲料薪炭之屬是其使用之效力亦有可綿續者如屋宇器用之類是茲爲明瞭起見更分使用財貨爲二種

一　一次使用財貨

二　多次使用財貨

使用財貨又可別爲二類

一　動轉財貨

二　不動財貨

財貨之可轉動增減者曰動轉財貨如機械原料之類是不可動轉者如土地即爲不動財貨茲統前各類物品例表如左

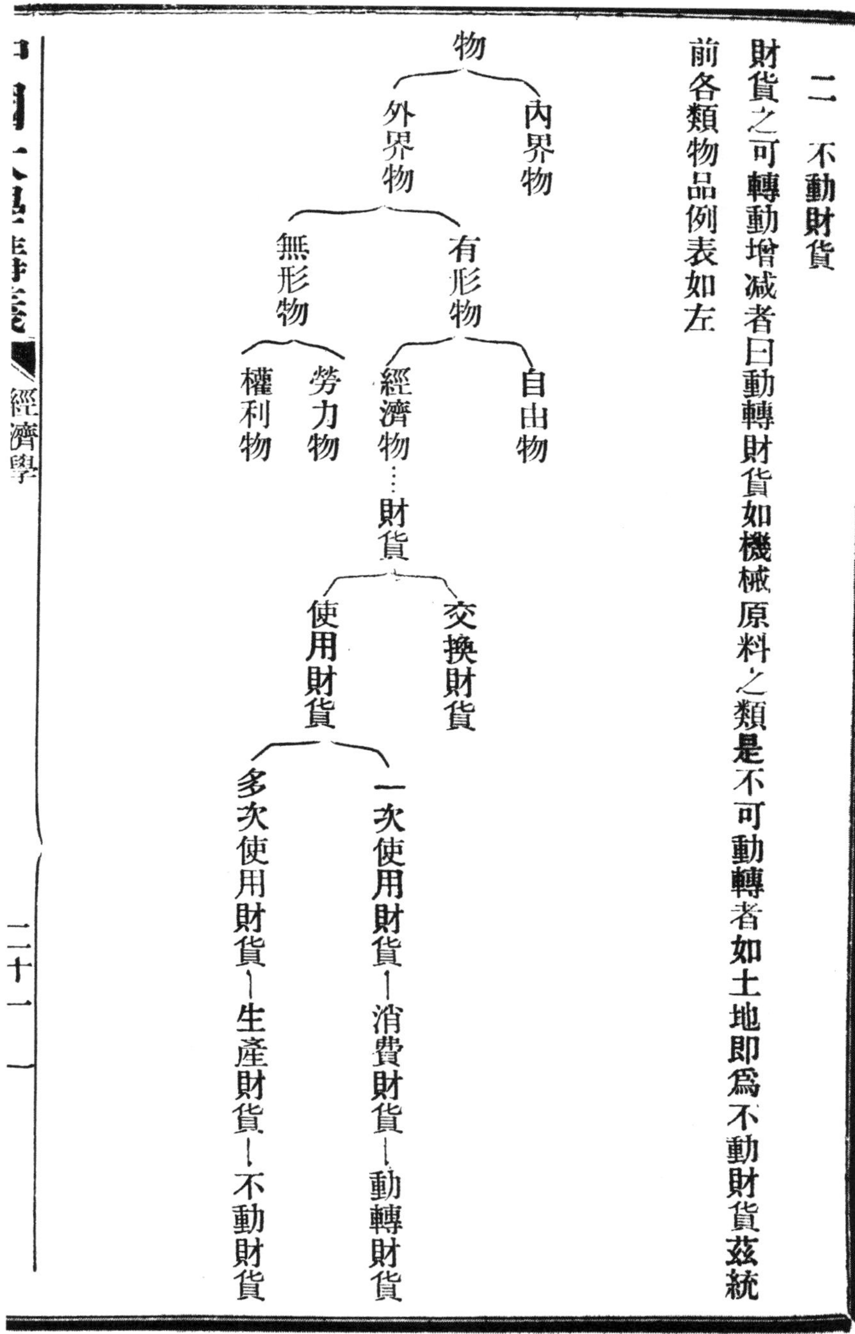

第九章　經濟與經濟行爲之區別

經濟者從來雖有管理及預備之意義然在經濟學上講求其意義非僅指人之行爲乃指人心與物理之關係行爲換言之卽爲價值構成之原因與人類生活所必需之事實約言之不外價值的現象是一般所稱經濟卽認爲經濟行爲者謬矣殊不知經濟與經濟行爲之相異猶法律與法律行爲之相異是一比例也

第十章　經濟行爲

欲明經濟行爲當先將經濟行爲之意義及種類區分言之茲詳於左

第一　經濟行爲之意義

人欲說上之經濟行爲者爲吾人行爲之一部而非全部矣新進步之學者以滿足人欲之物能卽稱曰價值對於需要物能之人欲卽稱曰經濟行爲而不知經濟行爲中固常有非經濟行爲者存焉就經濟行爲中應用經濟上之本則言之則以最小之勞費收最大之效果爲主義而亦有不能通用此本則者如動學家之收集昆虫地質學家之搜求化石其希望固在物質謂爲經濟行爲可乎然其得之時純無以最小之勞費收最大之效果爲觀念特以得物爲目的其勞費能何非所關

陳珩伍

也若一般之求生涯者輒以經濟之本則縈繞心中一日勞費較多則必中止進行是前者爲無計算後者爲有計算前者屬於經濟行爲後者屬於經濟行爲於是吾人知經濟行爲不可不根據經濟主義其中應注意者有二

（一）經濟行爲之結果可與經濟主義相反

（二）依經濟主義之行爲不必即爲經濟行爲

經濟行爲者根據於經濟主義之動機開題是也假如個人之行爲不因以最小勞費收最大之效果其結果之事實縱與經濟主義相符又不能取消其經濟行爲不得謂爲經濟行爲也又如集合母財以爲營運一朝失算事業中落經濟主義不能貫徹揆其初心固爲根據罪濟主義雖結果相反亦不得謂爲非經濟行爲也可知人類行爲之爲經濟行爲與否全視其動機爲經濟的與否故也至其結果得爲經濟與否絕非所問也

經濟行爲固必根據經濟主義矣而根據經濟主義者不必即爲有經濟行爲者明也吾人讀書志學以及練習技術必熟計時間必欲與最少之時間最少之費用而得完全之成績旅行異域必由捷徑此離一般之常情然不可謂爲經濟行爲也

如此所說經濟行爲者必以最少之勞費得最大之效果爲原則其有不勞動而得無端之報酬者此種行爲非經濟行爲也例如得父母遺產受朋友之贈與或拾金於途竊物於市者承不出絲毫勞費而得經濟上之財物此種行爲驟然觀之與經濟主義相同一般之人或信其爲經濟行爲差注意察之則不得謂之經濟行爲

總觀以上之經濟行爲當有二種要素即所謂根據經濟主義以與言報酬是也於是吾人將下經濟行爲之定義曰經濟行爲者基於經濟主義以充足人欲的行爲是也

第二經濟行爲之種類　此中種類有二

（一）價値構成之關係（交換）

（二）生活所需之關係（生產所得消費）

經濟行爲雖不外經濟主義之充滿人欲然當其充滿人欲時尚有二事即先得可充滿人欲之物能的行爲及以此充滿人欲的行爲概括言之不外前舉之二種徵諸實際此行爲有非常混淆之虞（茲姑畧之詳論於後）

第十一章　經濟單位

陳珩伍

經濟者可畫一定之範圍而觀察之若範圍屬於一人格之主管可依於人格之意思而支配價值構成之關係及生活所需之關依若是者稱之爲經濟單位或稱之爲一經濟體約言之價值（價值二字當作富力觀之）之供給及需要於一人格支配之範圍內則謂之經濟單位也

雖然人格之別有法律上之人格有同等個人集合之人格依此區別得分經濟單位爲個人經濟與共同經濟二種

第一個人經濟個人經濟者以單一人爲支配意思及施行方法之經濟範圍也

第二共同經濟共同經濟者以多數人所成之集合體爲支配意思及施行方法之經濟範圍如國家地方團體公司是也

第十二章　經濟制度

經濟制度者謂各人對於經濟現象之永續關係而以一定之主義貫徹於其中也此關係可分二其一爲獨立經濟單位間之關係其二爲共同經濟單位中之一人對於共同體之關係依此關係之異同遂有以交換主義爲原則與非交換主義爲原則之別

第一　交價的經濟制度　獨立經濟單位間有三種制度存焉（一）分業（二）私有財產制

(三)契約之自由此三種者均以交換主義爲永續制度故稱之爲交換的經濟制度(或稱之爲私經濟的制度)然交換之理由本於何處而來歟蓋自勞力之分業進而爲生產之分業各經濟單位對於所生產之產物乃有完全之處分權(私有財產制)遂依之而得獨占經濟的利益屬於其獨占之範圍各有契約自由之保障若此之經濟單位提供其自己所有之產物而他之經濟單位欲欲消費之非經此經濟單位之合意則不得消費之故各經濟單位之關係不可不謂爲交換制度也而依此交換行爲之合意各表示自己之利益故又稱爲私經濟制度若各經濟單位間之關係有因錯誤強迫欺詐等理由欠完全之合意豈非反乎經濟原則之交換乎但此種事實乃爲偶然的現象以其屬於交換的經濟制度之範圍外矣

雖然各經濟單位間之交換的經濟制度其範圍及方法非漫無限制如國家經濟單位及公共團體經濟單位之企業其範圍全不謂爲交換的又其他經濟單位之益業亦因高利法勞動保護法宗教道德名譽等而加制限於交換之方法竊謂此種經濟關係爲制限的交換經濟制度焉蓋交換的經濟制度者爲依於私經濟的原則行之所以各經濟單位之永續關係故有自由的交換制度與制限的交換制度之分其所謂制限的交換制度並非然交換制度之反對乃交換制度之一種

陳玠伍

也

第二　非交換的經濟制度　共同體對於其一員之永續關係不問其爲公法人爲私法人皆爲非交換的關係而其一貫之原則非爲各員各個之利益乃爲共同體之利益也故其制度稱爲非交換的（共同）經濟制度其原則偁爲公經濟的原則雖私法上之公司及組合（合夥之意）素以私益爲目的不如共同經濟之目的在於公益似不可稱爲公經濟的原則然公司及組合之圖利益不過爲對於他經濟單位時之關係而非公司之對於股東與組合之對於組合員之關係矣對於他經濟單位時之關係雖公定人亦當圖自己之利益似當屬於交換關係而爲私經濟的原則所支配矣

但此處所謂非交換的者係指公司對於股東組合對於組合員正與公法人之對於公民毫無差異故經濟單位內不可不依相當之公益主義而受意思之支配此吾人所以不問公私法人皆謂爲公經濟的原則矣若更嚴密論之個人經濟單位其自爲生產自爲消費者亦可屬於非交換的經濟制度但經濟之主管以一人之單意確定與共同總員之意思決定者不同則不適用公經濟的原則而常爲經濟單位間私經濟的原則所支配故不都歸納於此中焉

第十三章　經濟理法

理法之文字有二種解釋其在命令式之解釋則理法不屬於學爲關於立法術之用語其在直說式之解釋則理法即爲純正之學而爲原因結果之記述若以經濟學爲實學此理法當爲直說式之意義（麻薩兒氏之經濟原論序文如是言之）勢不能不豫爲說明以供學者研究之便焉

其一　欲順位法（Law of Subordination of Wants）

般惠爾多（Banfield）氏之言曰下位之欲念滿足者更生高位之欲念瞻明司（Jeuons）氏之言曰其下位欲念之滿足尚未達於一定之點而希望滿足高位之欲者則較此不位欲念之滿足更爲切切以此二說衡之則般氏之言比諸瞻氏之言爲後是學者應爲注意之處也

其二　飽念法（Law of Satiable Wants）

凡吾人之感覺於一切時非伴於物量之消費而爲正比例之滿足者不止故吾人滿足之程度每對於所提供的物量之各增加而爲同樣之擴張倘欲念非俄然停止則物量必漸漸減却終歸消失若此者謂之飽念法

此種法則博士麻薩兒（Alfred marshall）氏以之爲效用漸減法之代名詞殊不知效用漸減

陳珩伍

法係瞻朋司氏因襲前人之用語而此飽念法實較效用漸減法成立在先斷不可以此二者混爲一談

其三　效用漸減法（Law of diminishing utility）

以需用爲基礎時其事實則爲此效用漸減法所明示故博士麻薩兒氏關於此法則有如左之立言

貨物之效用雖關係人每應其所有額之新加而增加（增加效用之謂）然亦有應其所有額之新加而忽減卻者（減少效用之謂）何則關係人之欲念若應保有額有一樣之割合增加以求愉樂則貨物之效用必不能爲全部效用（Total utility）而變爲限界效用（Margins utility）焉貨物之限界効用者則爲額量之增加而反漸減其效用之謂也（因一種保有額而分爲數種用途之故也）

注意全部效用即全與樂力（Total Pleasure affording Power）界限效用亦曰部分效用（Partial Utility）

其四　報酬漸減法（Law of diminishing returns）

凡關於產業共同之生產要素中（土地勞力資本三者爲共同之生產要素）其一爲不變化他之一或二爲增加時其產物大概增加若其產物之增加已達於一定之限度時則生產要素之一或二無論如何增加而產物絕不能爲正比例之增加反見有減少之事實發現吾人以此種事實則屬諸報酬漸減法云

其五　報酬漸增法（Law of increasing raturns）

假定漸減法項下之事情若產物之增加較關係生產要素之增加而見有多大之割合現出可謂爲報酬漸增法其適用者如製造企業依組織之改良使生產之規模增大又如人口增加而各個人之勞力平均無衰頹之現象時則彼等之集合的生產力必從其人口之多而益增加故國民多的產業亦常見報酬漸增法之出現焉

其六　不變報酬法（Law of constant returns）

凡擴張產業之規模時其產物之生產費大概爲比例的變化若原始產業已見困難（此時報酬漸減法行之）即依於組織之改良反呈美況（此時則報酬漸增法行之）兩者相殺則吾人於一般之經濟得遂確實之均衡即知產物與勞力出費爲比例而增進也於此之時不變報酬法乃

陳珩伍

出現焉

其七　需供法（Law of demand and Supplg）

無論如何之產物需要多則價格高需要少則價格低供給多則價格低供給少則價格高換言之凡物價依於供給需要而決定者則謂之需供法

其八　生產費法（Law of cost of production）

供給自在之產物從其生產費之多少而支配其供給畢竟有使物價與生產費均爲同一比例之傾向即謂之曰生產費法

其九　不偏法（Law of indifference）

凡在同一之公開市場關於一種物品之價格於同一之時則無二致之理法存在此種理法又可謂爲代位法之別例的法則何則因代位之貨物常與被代之貨物則有同樣之假定者也若當事者有充分之智識求充分之利益於同時同處對於代替之物品得以不購置爲條件雖此法之常適用而吾人當看做有如斯之傾向無庸疑也

其十　代位法（Law of Substitusion）

人間之生計問題根本上不裁判不在乎社會上之富力分配不均而在乎天然之事實結果天然之事實結果者何即人口之增加與食物之增加不能有正比例之公式在焉蓋以人口之增加無限而食物之增加有窮人口則本於傳種勢必期乎發達食物則碍於地力理必止於定額地方發達到一定之限度則食物不能再有增加之理是將來人之生感食物之供給不足則必有飢饉之一日此種法則已爲瑪盧撒斯（L.B,Malethus）之人口論所明示也

其十二　地租法（Law of revt）

地租者謂對於土地之使用而支付於地主之報酬是也雖學者分爲自然地租與事實地租二種而實際上則爲事實地租項下所分之競爭地租（尙於習慣年期兩地租之名）一端耳所謂競爭地租者在自由競爭時地主之自利心特別發達每每以土地賃貸於最高出數之人而能使他人提最高之租金者則其地必具有以下之五種理由焉（一）區域之擴張（二）需借之急要（三）位置之使利（四）地質之肥美（五）改良之應用

其十三　傭賃法（Law of waqes）

傭賃之高低雖異時不克一致然以一定之時期及一定之地點言之所有同種產業同種職務之

傭賃必爲一致一般學者均如是主張焉

其十四　優敗劣勝法

苦累加膜 Gresham氏謂一切惡幣在法律上習慣上流通上之效力與良幣無所差異良幣與惡幣無二種價格之時則良幣或被儲蓄或被鎔解終至市場上良幣絕跡而惡幣獨充塞焉據此觀之貨幣之特性每不能適用優勝劣敗之原則惡幣能驅逐良幣而良幣不能驅逐惡幣故余對於一般所謂之苦累加膜法（Greahams Law）而修正曰優敗劣勝法焉其意在喚起人民注目於良幣與惡幣之比較以防良幣因之流出海外致國內市場無良幣流通食物不易換得之故焉耳

其十五　互償作用法（Law of comhensalarp action）

互償作用者即交互相償之謂也其結果在依物量之受渡與技能之使用而成相互之滿足也此種關係則依交換之種類得見一般

以上所舉之理法雖間爲學者所爭議然承認爲經濟界所適用者不惟英國學派多數爲然即德國學派亦多數深信爲經濟界之原理原則也蓋以經濟現象非常複雜有非單藉個人之智力所

能窺其錯綜幽玄之處故餘將此種原理原則彙而言之爲學者先具其觀察之方法而已

第十四章　經濟要素

經濟上有不可缺之要素三曰天然曰勞力曰資本學者謂天然與勞力兩者爲原始的要素資本爲次位的要素亦有謂勞力爲人格的要素天然與資本爲物質的要素總之此三者如唇齒之相依若「其一則經濟事業不克完成假令有資本而不施以勞力有勞力而鮮天然之助成則經濟益業無可希望或有勞力與天然之便利設無資本運用其間則經濟益業亦不能收效焉

第一節天然

吾人鑒於宇宙間之物質毫無增減之能力凡供生產之材料實在天然界中而人類不能操其主權天然界非僅能供給材料耳尤能供出原力而助成經濟益業今試分晰言之

第一　天然之種類

（一）地積

地積者謂全地球之面積也此面積之作用隨時能以天然之恩惠與於吾人此種恩惠即一般所謂之天惠力是也

陳珩伍

（二）原物

原物者謂存在天壤間之一切有形物可以爲生產之材料也例如野獸魚介草木果實之屬其攫取之用力甚微至採礦冶金之屬工程甚大用力亦巨故因人力之多少而物類亦有區別焉

（三）原力

原力者謂天然活動之力其種別有有限者有無限者有有機者有無機者如汽力水力電力稱爲無機的原力如土地之生殖草木稱爲有機的原力

第二　天然之效力

（一）地表

例如平原與高地之差異高地有峻嶺丘陵之殊平原有田疇沙磧之別不問其交通之便否均於經濟有顯著之關係特別利用天然力時其關係匪鮮如平原利用汽力高地利用水力是其明證

（二）地勢

人類之生聚繁滋殆隨地勢以爲趨向舍難就易避險即夷先海濱次河岸入內地下平原沿溪壑遷幽谷人口愈多拓地愈遠攷民族發達之迹知遷徙之趨勢咸同我國闢於西北拓於東南文化之邦昔推河洛繁盛之地夙以江淮地勢攸關此其明證他若印度河恒河之於印度尼羅河之於埃及亦奚異是可知文明發達必賴河流經濟發展實資良地地勢不同情狀亦異平原巨津交通便利文化傳播速於置郵觀於江浙開拓後於秦晉而文明過之可以知矣山嶺之區地瘠人稀居民之業不外林礦狩獵雖有農業所產不過黍粟芋薯而已至於高原則牧畜獨盛平原則宜於大農米麥菜蔬之外桑麻棉糖等原料品胥產於此工商之業半爲自給迨及海濱則漁業海運之業興而有海外貿易矣是故生產種類尤多關於地勢也

(三) 地質

地味之肥瘠寶藏之厚薄農林業之盛衰係之工商業之盛衰亦係之考今日世界經濟之發達雖由工業勃興與運送便利究其實際莫非受蒸氣與電力之賜汽力電力皆原於煤產煤之豐歉可以判其國經濟之隆替焉英利吉在十九世紀稱世界第一工業國者以其擅煤鐵之富耳尼羅河畔地味肥美埃及有農作上無盡藏之譽我國河流四通土質肥沃礦產饒富無地無之而國民

陳珩伍

經濟凋敝至於此極則人力有所未至豈不惜哉

（四）地位

政治文物之中心經濟交通之樞紐在於地位地位變遷一國經濟之盛衰隨之中古時萊因（Rhein）多腦（Donau）二河當東西交通之衝兩岸諸市皆極一時之盛喜望峰發見後東洋航路可以直通天下繁榮遂移於西班牙之馬德里（Madrd）與葡萄牙之里斯未（Lisboe）其後新大陸發見蘇彝士運河開通世界經濟之中心更轉移於倫敦今巴拿馬運河成太平大西兩大洋可相聯貫將來與倫敦爭繁榮者其惟紐約乎吾國上海當長江門戶漢口爲全國中心天津爲北洋鎖鑰廣州乃南洋孔道所以貨物麕集較他處爲繁盛者蓋即地位適宜之故也

（五）疆土

百物之產託始于地故產物之豐嗇經濟之盛衰與彊土之大小有重大關係焉田野四辟而民無餘積者國土狹而良地少也荷比瑞士丹麥諸國其經濟所不能發展者皆坐此弊誠以國土狹小則人口過少原料缺乏生產之力不足生產之物不豐而經濟現象乃不得不凋敝矣今世界上有所謂殖民政策者即在開彊拓土以爲發展經濟之基礎耳我國疆土遼闊居民衆多而經濟能

力轉遜於東隣島國是又人力之所未逮不可以一概論也

（六）氣候

氣候之寒煥不獨於生產有關而分配與消費亦係焉熱帶之人生存最易同一面積之地熱帶植香蕉比之溫帶植米麥可多畜二十五倍乃至百三十三倍之人口墨西哥某地一人兩日勤勞之所獲可爲一家終歲之畜養顧以天賦過優易流游惰氣候炎熱多致萎靡振奮之心弱而經濟之發展無望寒帶地方年惟冬夏二季冬季半年皆夜不能從事勞動夏季半夜年常晞植物又不易發育因勞多功少得不償失故甘暴棄經濟之不能發展與熱帶異趨而同歸溫帶介乎其中天既不若熱帶之優人事自不能不勉工力所獲又不若寒帶人之失望故春耕夏耘秋收冬藏爲之而無間人多活潑振奮之精神有勤儉儲蓄之美風經濟發達此爲最盛

天然之係乎人類經濟既如前述雖然人定勝天行亦事所恆有蘇彝士河開歐亞交通之捷徑巴拿馬運河爲東西兩大洋之樞紐皆以人工矯正天然也他若施肥料以腴土壤造森林以禦風雨何一而非以人力代天工乎亦今日社會所數見者矣總之文明愈進人力愈張天然物力乃漸受支配然人力擴張亦非漫無限制者愚公詎可移山精衞終難塡海變沙漠爲膏腴終非事實易寒

陳珩伍

帶爲熱帶勢所不能是知人力可以勝天之說亦決非大然均受其限制此天然之所以關係於人類經濟者也

總之可以爲經濟生產之根本者天然是也資助原物原力之發達雖多而經濟學上所當研究者厥惟土一端關於土地之生產力在經濟學上有最大之必要者應重申如左以明其關係焉

田野森林湖沼稱之爲土地所謂土地之生產力者即與生產者之利益而能充滿人欲者也凡加最少之勞力與出費而能收最大之利益者即人類對於土地之希望也

土地之生產力雖因地質地味之不齊而異其效力然土地之距市場有遠近之不同其中又有反乎原則之事實現出何也其土地隔市場遠者地質地味縱然膏腴而交通不便運費過多生產遂頓減矣隔市場近者地質地味雖極惡劣而交通便利運費減少生產力亦不覺其絀矣是以土地生產力之多少須問地質地味之如何及位置之便否

抑土地者有限者也其生產力亦因地域之有限而不能溢出限制之範圍雖加以資本施以勞力其生產額之增進至於一定之程度而止若求踰乎其程度以上只見資本勞力比較的增進而不見生產之產物比較的增進比種法則即里卞多氏所謂之報酬漸減去又曰土地收益遞減法例

如今有一畝之田投以十元之資本使用耕夫二人收穫二十石之產物更增加其資本二十元耕夫四人則前日之收穫二十石者今可增至四十石矣設若三倍四倍其資本累增其耕夫其收穫之額亦有三倍四倍之遞增否乎試實稽之則資本三倍其收穫僅五十石而已矣資本四倍其收穫僅五十石而已矣要之統計全局雖有多少之增收而細核其資本與勞力之增加比較則收益之數不能敵其所費之數是即土地生產力之限制也

世人有蔑視此經濟上之理法乃謂今日與昔日相比此理法爲不可通行者殆不思之甚矣而不知事實之現象非單純之原因結果其兆端恆多而狀況亦複此報酬遞減法在學術上確乎不可動者也雖間有法則與事實不相應者殆因他種多數之原因與此法則相妨碍之故然則妨碍此法則者何物乎一言以蔽之人文之進步是已再細別之凡有四種

（一） 農業上之改良

農業上之改良者謂使生產力增加而爲農業上課種種改良之方法也例如每歲栽培異種之植物保護土地之養分則有輪栽法又或交植二種以上之植物或購用化學所製成之肥料或發明新奇之機械是也

陳玠伍

（二）運輸交通上之改良　齎生產物於市塲或謀汽船之航運或計鐵道之設置雖遠地之生產物亦能以低廉之運費暢銷海外是以生產費減少而生產力增加

（三）教育上之改良　例如人人有德育則忠於其職無須監督之人人人重體育則骨力剛勁能凌霜雪而耐勤勞智育發達則拙可易巧粗可成精產額倍於前日而商業之膨脹其勢力可以與列強并峙

（四）政治法律上之改良　或租稅制度公平而無煩苛或水利規則修明而無廢弛政府之土地政策既改良則百物之生破自然增進矣

關於土地之生產力猶有一言當講求者則用大農法乎抑用小農法乎欲解決此種問題則據生產物之種類與地域之形勢終不能定其優劣概括言之欲使收穫增多非大農法不可欲使品質精良非小農法不可取大農法者則爲分業以機械而代勞力廢畝畛而推廣面積人力可省業務之監督亦不須多人大農法之長所也然僅宜於廣漠之野而不宜於狹小之域故小農法亦有相當爲用之時且大農法收穫雖多而品質粗惡則其結果仍無利益惟小農法則選擇精良而品質優美此小農法之長所也如需要鮮之時而生產過多則塲市滯濇而不免於損失或需要甚急之

時而生產太小則產物缺乏而恒患騰貴故欲辨大農法與小農法之優劣尤不可不斟酌於需要與供給之間也

各國總面積及生產地割合表

國名	總面積	耕地步合	牧場及牧草場	山林步合	其他
	町步	百分之步	步	步	步
英	三〇，八四三，六〇〇	二六，二	三六，八	三，九	三二，九
法	五二，九二一，五〇〇	五九，四	一〇，五	一五，九	一四，二
德	五四，〇四八，六〇〇	四八，〇	一六，〇	二五，〇	九，〇
歐俄	四四〇，一六二，三〇〇	二九，〇	一五，〇	三七，〇	一九，〇
	三〇，〇一九，三〇〇	三七，四	二三，七	三二，六	六，二
美	七三三，六〇〇，〇〇〇	一二，〇	二三，〇	二五，〇	四一，〇
意	二八，三一四，〇〇〇	五四，二	二一，四	一四，三	一〇，〇
日	三八，二四一，九〇〇	一三，〇	七，〇	五八，〇	二一，〇

第二節　勞力

勞力者謂人類因生産物件而運動其身體及志意之總稱即有一定之目的而精神上及肉體上之活動之謂也據物質保存之原則言則天然之物質既失人類生産之力決無所施是故勞力可分爲生産的與不生産的二者生産的勞力者謂之勤勞不生産的勞力者謂之徒勞徒勞者在經濟學上無研究之必要矣故於此節則單就勤勞而言勤勞者有專以體力當之者有專以心力當之者由心力而細別之又可分爲智力與德力由生産之效果以別其勤勞則有直接生産者有間接生産者今試舉例言之農夫手胼足胝出作入息非以體力助成生産者乎敎習技師殫思研精以發明物理啟牖後進非以心力助成生産者乎直接生産的勤勞云者謂供於生産的消費及不生産的消費之物而能以人力産出之也（如農夫植穀鑛夫採鑛酒家釀酒等是）間接生産的勤勞云者如吏員從事於公共事業敎習從事於敎育雖非能直接生産而能使生産力增大者也

第一　勞力之種類

（一）發見及發明　發見者原物從此始現而得利用之謂　發明者凝思於天然之材料而新出一種製造品之謂（如發見石綿織成纖緯以爲防火布等是

（二）採取　採取者謂採取原物以供人類之用　竹木叢生於山林而用斧斤以取之魚鼈

游行於江河而用網罟以漁之鳥獸之聚於雲林而用銃彈以獵之當人類未開化之時其勞力大抵如斯

（三）粗生品之生產　粗生品者謂農業林業畜牧業所產出之材料尚未加以精細之工作者也

（四）製造品　由粗生品而製成精致之物其功用全在製造例如織絲而成錦鏤金以飾輿是也

（五）配當　因運輸交通賣買等事而圖需要者之便利如交通業運送業商業是也

（六）智識力　謂專以心力爲勞力如敎習吏員律師等是也

人生勞力關於生產力有差異之原因其事不一例如氣候之寒暖年齡及男女之不同國性之優劣食物衛生之美惡而體力智力之程度相去懸殊生產力遂不能一致凡年齡壯身體强智力發達技倆熱練者其生產力必大反是則薄弱雖然凡人在往狃於卑近而忽於遠大是以圖目前之利益而不計將來之事業一國之生產力漸次減退誠足憂也近世文明各國汲汲然講求勞力者保護之法若年齡男女氣候國性等事不容易以人力左右各又如食物衛生風俗習慣等事雖於

即時改良者莫若隨時注意以求達保護勞動者之目的焉夫勞力者之生產力關於境遇之苦樂而有所增減試申言之則勞力者所得之報酬多少身體財產之安全與否於生產力大有關係者也故勞力者或無一定之給與或有特別之償金或獨立自營或倚賴他人以爲生活此皆生產問題中所研究之事項也又當詳論於第二項中

第二　勞力之比較

（一）人民之特質　人民者謂住居於一定範圍內之人類集合體也茲以人民加於勞力的條件之中專以天然結果爲限蓋人民之特質在其氣質品性理解及體力之特色能適合於其國性者則對於勞動之效力需要之種類生產之種類政治之思想經濟之組織直有最著之影響

（二）長幼男女之別　如人類之出生成就死亡移住等事全爲天然的現象之結果故爲人類所有天然的要件之一此要件之差異於經濟上有重要者因消費與生產之均衡有至大之關係也蓋以各國之生產力依於人民壯年者之多少而斷至於消費力則關於一切人民之老幼而斷雖然老幼者因其不從事於生產之時間多而產物反有多之傾向者何也因壯年者一方必維

持消費時間多之老幼一方又必計自己的維持發達之負擔不能不勞力生產使其物愈益增加則消費與生產之均衡竟呈逆現矣又如男女兩性之別其影響於生產力雖不如長幼之別於婚期上最能影響於人口之增減亦不得不認為經濟上之重要也

（三）人口數之差異　人口數之差異及於輕濟一般發達之效力不少茲用二法以證之

（a）　人口數之差異可知支配其共同經濟組織之大小也蓋人口多時其總體負擔力乃大能組織獨立之大國家由於所包含之一般經濟（其企業之規模及貿易之擴張等（比較小國家有所不同

（b）　人口數有差異則利用天然的條件之程度與利用經濟的技術的方法之程度亦從而異

例如同一之土地而人口增加必有銳意的用其生產力之傾向生產的勞力亦隨需要而增加所以人口之增加可以助長分業之勢得完全使用技術上之利便何則人口增加則販路增大不難適用巨費之技術此當似之理也

雖然論人口之多少將以何者為標準乎欲知人口之充足狀態不外調查人口數與其土地之食

物量以此二者之均衡狀態以 計算其多少其人口之數不充分 使用其土地之食物量是謂不足人口多於土地所生出之食物量是謂之超過人口但此超過人口有二種區別其一爲關係的超過人口即人口數超過現在食物 量也其一爲絕對的超過人口即人口 數超過將來食物量也

雖然人口增加若本於男女之別婚姻之抑制及關於婚期與育兒之習慣不同致住民之生殖無少許之減縮然從大體上觀察則人口有急速增殖傾向而食物則無比例之增加焉食物之增加雖依生產技術與經濟制度之發達未嘗全無進步然以土地有限縱能隨生產技術及經濟制度之發達不過得一朝一夕之增加足矣即或有外國產物之輸入亦不爲多不能不承認瑪廬薩斯氏所謂人口數常有超於食物量之傾向雖反對者美人克利氏一派之樂天主義謂人口增加則勞力增加而產物亦可增加德人麻苦斯氏一派之社會主義謂經濟上及社會上之根本的改革則可得見總數生產之增加然二氏所謂增加生產者皆不過一時之增加耳至於人口之新增加時現出關係的超過人口之現象遂有益進於絕對的超過人口之時勢總生產物爲此增加之人口所分配心惹起一般之貧弱況今日因私有財產制度能使生產物之分配非常困難以致有不

衛生之居住惡努之食物時疫之發生罪惡之死亡婚姻之困難育兒之抑制亦自然之勢也倘從移住殖民及貿易於外國者觀之雖食物有增加之傾向然祇可謂爲一般經濟淘汰於此方而助長於他方也若從純正經濟之理法觀之則外國經濟之狀況亦達於同等困苦之地位而移住殖民及貿易外國之餘地不得不歸於消滅則人口增加結果非惹起經濟上之困難不可是天然之產物不能與人爲之事實相抗爭相比例者可豫判矣

今日世界人口稱十五億之多日往月來有增無減求其確數殆不可得茲就向來所調查者畧示其梗概焉耳

國名	人口數
中國	四〇〇,〇〇〇,〇〇〇,
俄國	一四〇,〇〇〇,〇〇〇,
美國	八〇,〇〇〇,〇〇〇,
德國	六〇,〇〇〇,〇〇〇,
日本	四七,〇〇〇,〇〇〇,

英國　四三，〇〇〇，〇〇〇，

法國　三九，〇〇〇，〇〇〇，

各地人口疏密不一統一國土地之面積與人口總數平均計之得每方里人口之平均數稱人口之密度茲舉前列各國人之密度如左

國名	面積（方哩）	人口（人）	每方里人口之密度
中國（全國）	四，二七七，一七〇	四九九，三九一，〇七四	一一六，八
俄國（仝）	八，六〇九，九五六	一四一，二〇〇，〇〇〇	一六，四
美國（本國）	三，五六八，三六九	八三，一四三，〇〇〇	二三，三
德國（仝）	二〇八，九八三	六〇，六〇五，〇〇〇	二九〇，〇
日本（仝）	二四六，三五〇	四七，七五五，〇〇〇	三二六，〇
英國（仝）	一二〇，九九六	四三，二二一，〇〇〇	三五七，二

法國（仝）	二〇六，八四二	三九，三〇〇，〇〇〇	一九〇，〇

名國人口年有增加茲舉一八九五年至一九零五年間增加之數及增加率於左仍以前列各國為限我國則莫得而考焉歐戰時死亡甚多人口之數不惟不能增加且恐因之減少惜無確實統計以相證明耳

國名	一八九五年	一九〇五年	平均每年增加數	每千人之增加率
俄國	一二五，〇〇〇，〇〇〇人	一四一，二〇〇，〇〇〇人	一，六二〇，〇〇〇人	一三，〇
美國	六八，九二四，〇〇〇	八三，一四三，〇〇〇	一，四二一，〇〇〇	二六，〇
德國	五二，二七九，〇〇〇	六〇，六〇五，〇〇〇	八三三，〇〇〇	一六，〇
日國	四二，二七一，〇〇〇	四七，七五〇，〇〇〇	七五〇，〇〇〇	一三，〇
英國	三九，二二一，〇〇〇	三四，二二一，〇〇〇	四〇〇，〇〇〇	一〇，〇
法國	三八，四五九，〇〇〇	三九，三〇〇，〇〇〇	八四，〇〇〇	二，二

人口增減之由不外出生死亡遷徙三種出生之數視人口之增加而益增結婚之遲早妊期之長短妊娠之度數與夫法制習慣亦有關於出生之多寡焉茲畧舉一九一〇年各國出生之狀況如次

國名	出生數	千人中出生率
俄國	六•四一四•〇〇〇人	五四•〇人
德國	一•二九五•〇〇〇	二九•七
法國	七七四•〇〇〇	一九•五
意國	一•一一六•〇〇〇	三一•七
奧國	九二二•〇〇〇	三三•三

死亡中有壽終夭亡死產之分老而死者無論已夭亡之中有赴疆場冒鋒的而死者有染疾病罹災厄而死者有因凍餒轉溝壑而死者有因事自殺者有因罪刑決者而皆社會罪惡有以致之至

於死產則關於母體虛弱與人爲之墮胎虛弱已非人種之樂觀而墮胎則尤風俗人心之大憂也

茲畧舉一九一〇年名國死亡之狀況如次

國名	死亡數	千人中死亡率
俄國	三,二二八,〇〇〇	二七,一
德國	一,〇四六,〇〇〇	一六,一
法國	七〇四,〇〇〇	一七,一
意國	七三八,〇〇〇	二一,二
奧國	六〇一,〇〇〇	一二,〇

遷徙中有遷來移往之別外人來居於本國者謂之遷來本國人移居於外國者謂之移往而皆謂之僑僑居之故約有四種

一　緣於母國政治上社會上宗教上之壓迫也

往昔猶太人初徙埃及後復脫離是爲政教上之關係近時朝鮮人羣趨於我東三省則又政治上與社會上之影響也

二　緣於人之趨利也

新闢之地財富豐饒羣相趨往以冀獲武荷蘭人之徙居美洲及南洋島者即此例也

三　緣於母國生計之窮迫也

我國僑外苦工雖屢受虐待而接踵以去者猶復不絕於道則饑寒所逼迫也

四　緣於國家之殖民政策也

日人雜居滿洲即此例也

遷徙狀況各國互異分別標舉事涉繁冗茲據我國外交部之調查畧示我國移居海外之人數調查期日則千九百十三年十二月也

瓜哇	一，八二五，〇〇〇
新加坡	一，〇〇〇，〇〇〇

陳珩伍

暹羅	一,五〇〇,〇〇〇
印度支那	一,〇二三,五〇〇
安南	一九七,三〇〇
緬甸	一三四,六〇〇
菲律濱	八四　〇六〇
台灣	二,二五八,六五〇
厦門	七四,五六〇
香港	三一四,三九〇
西比利亞	三七,〇〇〇
朝鮮	一一,二〇〇
日本	一七,七〇〇
加拿大	一二,〇〇〇
美國	一五〇,〇〇〇

陳珩伍

墨西哥	三，〇〇〇
古巴	九〇，〇〇〇
布哇	二七，〇〇〇
濠洲	三五，〇〇〇
秘魯	四五，〇〇〇
伯拉西爾	二〇，〇〇〇
南亞非利加	五，〇〇〇
歐洲	一，七六〇
合計	八，八六六，七二〇

歐戰期中協約國招募華工赴歐工作據僑工局調查由惠民公司介紹赴法者三萬五千人由威海各口岸自由赴法者十萬人由上海香港南洋等處赴法者一萬餘人統計約十五萬人招赴俄國者一萬七千八百十三人此項徙民因特殊之事應招前往歐戰終了乃漸返國矣

人口問題自十七世紀以來即爲學者所研論重商重商兩派雖意見分歧而於生聚之說莫不從

同斯密亞丹（A.Smith）亦嘗認人口增加之必要焉十八世紀之末英人顧得溫（William Godwin）（1758—1880）稍有異議馬爾薩斯（L B Malthus）則力主之而甚其辭造爲人口論爲世所重立論要旨約有三點

一　民智非不日開產業非不日進特以土地之生產有涯而人類之蕃育無限苟順其自然毫無所阻則一夫一婦平均產四人者至二十五年人口即可加倍但人口雖依幾何級數而遞加食物則僅依算術級數而遞加二百年後人口之率爲二百五十六食物則僅爲九三百年後人口之率爲四千四百九十六食物則僅爲十三二者亦失平衡矣

二　由前之說則世界人口應早無立錐之地顧徵諸事實則又不然因有兵荒灾疫等天然淘汰與避姙墮胎等人爲限制以阻人口增之殖故各國乃無人滿之患然忍此不救是亦可悲也已

三　救濟之法治標則戒早婚治本則勵農業舍此無良策也

各國人口及壯勞者割合表

國名	千九二二年之總人口	二十歲以上五十歲以下之割合	二十歲以上六十歲以下之割合

英	四一，五四四，一四五	三五，三	四六，二
法	三八，九六九，九四五	四二，四	五二，五
德	三九，三六七，一七八	三九，三	四七，一
俄	一〇〇，〇〇〇，〇〇〇		
奧	四五，二四二，八八九	四〇，二	四八，二
美	七六，三〇三，三八六	四一，二	四七，六
比	六，六九三，八一〇	三九，二	四七，七
日	四四，八〇五，九三七	四一，一	五〇，〇
中	四〇〇，〇〇〇，〇〇〇	四二，四	五二，五

第三節　資本

資本之用語起於希臘時代利息之貸付元金不外貸付貨幣之意義也厥後雖因利息禁止法之出現擴其用語之範圍凡貨幣以外之物件亦包含之然至十七世紀貴金主義之發達其用語又還原貸付貨幣之意義及至重農學派起乃反對限於貸付貨幣之說而資本用語之範圍始大擴

張焉茲就近世各經濟家主張之定義特揭於左

洛宣耳氏曰資本者爲將來之生產所儲存之各種產物也

斯他引氏曰資本者即各人以物質上之生產及發達爲目的之貨物的集合也

柯翁氏曰吾人凡儲蓄之貨物皆爲資本而資本之中又當分消費資本與生產資本二種

西里波基氏曰資本者與土地共爲生產手段而貨本實爲動產的土地爲用法上之不動產的是其差點耳

哈多雷氏曰資本者爲一定之時點所現出富力之總額也

瓦古那氏曰資本者爲生產新經濟貨物以技術上之方便所蓄積之經濟貨物也此種貨物在個人經濟上觀察則謂收益手段在國民經濟上觀察則謂生產手段

余就以上之各種定義棄短取長乃以資本爲助成生產手段之一種富力也

資本者既爲助成生產手段之一種富力惟因其用途如何而有資本與非資本之差別故單憑勞力所獲之財貨及埋藏不用之息幣不得謂之資本明矣然確實所指之資本實以供生產之用途而定今試舉其要者如左

陳珩伍

第一　爲生產之材料是也第二道具器具機械之設備非是則生產力不能增大者也第三維持勞力所必要之費用即生產之始期與終期之間維持勢力者之生命健康之事也而此維持之費用由過去之蓄積資於將來生產之用途無時可以欠缺者焉更自各方面而區別之或有以物之性質而異者或有以使用資本之人而異者或有以適當於資本之使用而異者茲備述之

（一）　因物之性質而異者

（ａ）社會資本　此種資本雖數次使用而能繼續保存其性質

（甲）粗生品　可爲精製品之原料者如木棉羊毛等是

（乙）精製品　如絲絹毛布等是

（丙）補助品　或稱助成品非新鮮生產物之實質而補助生產者也例如因冶金而用石炭因獵獸而用火藥等是

（丁）保生品　如衣食之屬維持生產者之生命者也

（戊）家畜類　如牛馬羊豚等可供生產上之利用也

（已）器具道具機械　器具者爲保存品物或搬運貨物之籠箱輂車等者也道具者

乃鋤鍬鋸錐等物予手足以助力者也機械者爲蒸汽機之屬不須人力而可以繼續運者也

（庚）建築物　如家屋倉庫工場鐵道等是

但家屋有供於生產與供於消費之別

（辛）土地改良　設隄防溝渠以增進將來之生產

（壬）貨幣　貿易政策家以貨幣與資本視爲一途似金銀以外之物即無所謂資本者其實貨幣不過爲資本之一種而已

（癸）商品　或陳於店頭或儲於倉庫者皆是

（b）個人資本　一經使用不免消滅或減少者方爲確實之個人資本茲舉於左

如商標專賣權享樂品方可謂之確實之個人資本蓋以此數者於使用之後有消滅或減少之事而於現在又有價格可以估計也

（二）因使用資本之人而異者

（a）自用資本以自己之資本從事於生產者也

陳珩伍

（b）他用資本世所謂資本家坐擁厚而已身不能從事生產僅以其資本貸與企業家者此也

（三）因適當於資本之使用而異者

（一）流動資本　流動資本者謂生產之使用或僅一次而滅却其形質之全部即失其有用性也

（甲）原料品　如生繭棉花羊毛鐵石灰生絲綿線之屬

（乙）助成材料品　如染房之茜草獵夫之彈藥夫之肥料之屬

（丙）生產者之飲食品

（丁）貨幣　此亦普通之流動資本雖使用後不變其形態而對於個人之效力遂同時滅却但貨幣之爲物自個人觀之爲流動資本自社會觀之爲固定資本此外如販賣商與賃貨商所販賣賃貸之地所建築物器械衣服機關皆爲個人經濟之流動資本

（b）固定資本　固定資本者當生產繼續之間其形狀塲所及所有權皆不變也

（甲）土地改良　此謂開拓灌漑排水除風築牆設隄使土地自然適於生產所用之設備而與土地之本質殆成一體外形上不得區別之也如耕境宅地道路之現狀皆屬之

（乙）建築物　建築物者生產所必要之家屋倉庫工場店舖市塲等屬之有容留勞力者保存產物之效用者也

（丙）用器及馴畜　用器者謂生產所必要之器具機械凡鋤鍬刀鋸水車臼釜紡錘汽鑵度量衡之類屬之馴畜者謂飼養之耕象耕牛之類以省人之勞力

（丁）交通機關　交通機關者謂能移轉產物之鐵路舟車之類是也

此外如劇場商船級爲個人經濟上之手段皆屬個人經濟之固定資本

凡國家大規模之事業增進者則固定資本日益加多故視固定資本之多少則可卜全國之經濟盛衰雖然固定資本與流動資本失其權衡其結果終不能良善今若一國之流動資本忽皆變爲固定資本則一國之經濟界必生恐慌故欲保固定資本與流動資本之平均非使流動資本漸次移爲固定資本不可夫資本之所由成立概括言之不外過去之生產的結果而已有謂資本由儲

陳玠伍

蓄而成立者有謂資本由勞力而成立者兩說皆偏於極端未合於理蓋儲蓄者爲勞力之結果除去生產費指其所剩餘者而言則謂資本由勞力而成似無疑義雖然凡擁有於資者或有時用之於不生產之事事故僅言勞力之結果不得謂之爲資本必兼有儲蓄之意思者方可謂之資本是以儲蓄增加則資本增加資本增加則生產發達然後可以促社會之進步也

第十五章　經濟動機

經濟動機者謂固着於人身之心的現象其結果可以影響於經濟行爲經濟技術之發達也其重要之點有三曰經濟主義曰經濟學藝曰經濟技術

第一節　經濟主義

經濟主義者常左右經濟關係人行爲之方針也此方針之動機者雖有自利心名譽心公共心他愛心德義心經舉心無稽心隋怠心愛憎心好異心驕奢心自負心等而有永續性質於活動之範圍內者實惟自利心與公共心二者德義次之其徐不過微微之關係也

（一）　自利心　自利心之最狹義純爲保持自已利益之機心就此意義而言自利心者非爲共同經濟之基礎而單爲個人經濟之基礎也此種機心雖時爲輕舉無稽愛憎好異隋怠心等小

動機所妨害致個人之經濟行爲不必常有勉圖最大利益之趨向然此等之小動機者不能有永續的性質在於活動之範圍亦狹小故大體上不可不以自利心爲經濟主義之重要動機也

（二）　公共心　與自利心對立而爲經濟主義之重要動機且與自利心同爲吾人經濟生活之二大柱石者公共心是也世人往往以之與他愛心混同而不知其性質全異何則他愛心者不過依於訓練習慣之感情的傾向不能行於一切之段人且其方針又在廢異自己個人之利益（各慈善宗教家是）反之公共心者其基礎在於人類之公共利益此共同利益不待訓習人皆不期然而自覺之其自覺者不但通人類發達之各階級而常存在更不因之而全廢個人之利益此吾人所謂公共心與他愛心之性質相異之點不以他愛心爲經濟主義之重要動機者吾人更有見地何則公共心即自利心之變體蓋自利心與公共心之差異不過一爲計個人之自存而代現之一爲計共同體之自存而表現之而公共心者爲共同體之經濟單位對於他之經濟單位所行之也不外基於廣義的自利心之活動也

（三）　德義心　德義心者爲誠意謹愼忠義謙遜廉直質素等自保持之本心基於敎習之點雖多然彼之他愛心不永續的狹範圍者異也關於商信用使庸者及勞動者其德義心之效用爲

陳珩伍

最著而其所行之範圍似覺永久故以之爲經濟主義之一動機亦無不可雖然活動之眞機心果出於單純之德義心耶抑出於複雜之自利心耶未易判明總之德義心者較之自利心及公共心之勢力不甚顯著矣

第二節　經濟學藝

人智之發達於經濟上有一般重要之關鍵無待言也此人智者起自外界事物之智識之幾度良經驗得知事物之性質及其連續關係於是單純之智識發達而成學藝學藝中於經濟爲必要者以專門的學藝爲最即關於使用彼之原料及原力是也例如農學林學礦學治金學化學工學技藝學最近之博物學皆屬之又欲知各國之生活狀況而依之以擴張商業謀貿易於外國則不可不賴於地理學及人類學之力更進而爲持維社會共同生活之事則法律學國家學社會學皆爲不可缺之必要故經濟者其於一切專門之學藝皆有不可脫離之關係

第三節　經濟技術

經濟技術者謂吾人欲達所期之成功而關其行爲之智識並智識之應用也故各國人自認爲從屬於自己目的之行爲皆謂之技術然而經濟上稱爲技術者爲關於有形的生產欲得良好成功

之手段乃分此技術爲種曰生產（作成）技術曰交易技術曰企業技術

（一）　生產技術者謂達生產原料目的之技術如土地耕作原料之造成及加工屬之其於經濟之效果以對於產物之數量及種類之異同依於企業技術之補助而大異其效果焉

（二）　交易技術者可分爲二其一爲關於人之移轉及通信移轉之技術其一爲包含組織交換並交換制度交換用具之名稱前者爲因生產有形物而連續生產技術與企業技術之應用即關於道路鐵路郵政電報電話等爲運輸及通信事務之管理是也後者爲使交換趨於敏滑之必要技術即關於商務及度量衡交易所通貨銀行及信用證卷之制度是也而於經濟上之効果者在乎能使貨物移轉之遲速人欲適應之遲速及影響於生產之增減也

（三）　企業技術者謂以共同生產爲目的而結合個個經濟單位的生產要素（土地勞力及資本）之技術如勞力之分業大企業之進行共同經濟的企業之施行屬之其於經濟上之效果在乎惹起生產之增減及巧拙是也

第十六章　經濟規模

經濟事業之大小實依於人類之社會組織而定故其社會組織之體態乃爲經濟發達之最大動

因故學者以社會組織即謂曰經濟規模

吾觀夫社會的組織乃由要素同一之人額與要素不同一之也類所集而成者也其中包含有數種組織今大別合同組織分業組織支配組織

（一）合同組織　合同組織者依於要素之同一而自然的或任意的結合之組織也其自然的組織如親族統系人種等依於自然的要素之同一者是也其任意的組織在破治上如政黨在精神上如宗派在經濟上如關於財產共有業產合同及交易各種之共同組織依於目的之同一者是也

此合同組織之發達與否在經濟上以企業規模之大小有重大之關係蓋企業規模之大小可發生生產費之異同而惹起產物供給之多少也

（二）分業組織　分業組織者基於要素之不同一而組織也應分爲社會上之分業組織與經濟技術上之分業組織二種所謂社會王之分業組織者基於產業之不同而爲分業之組織亦可稱之職業上之分業例如商業工業農業互相分業而連絡以達共同生存之目的是也所謂經濟技術上之分業者基於爲一種之生產而必要之技術不同以數多之人各施技術無非爲聯絡

陳珩伍

以達一經濟目的之組織亦可稱爲勞動之分業例如製造羅紗將羊毛分爲選擇洗滌烘乾梳刷組織各種技術是也

分業組織與合同組織之區別又以從屬關係之有無爲標準在分業組織如職業上之分業依其發達之異同各業間有從屬關係之事即各農業最發達之時稱爲農業國商工業當從屬之又商工業發達時稱爲商工業國農業當從屬之更加技術的分業依於才能智職及經濟發達之異同益有顯著之從屬關係例如資本家者勞動者主人與奴婢之關係是也反之在合同組織人類因於要素同一之點而合同也各組織間無直接之連絡故不生從屬關係之事

此分業組織之發達與否在經濟上於各人各地爲適當之產業對於熟練改良之機械及產物之品質數量有莫大之關係焉

（三） 支配組織　支配組織者基於法律上之位置（即權力之異同）而成如國家省道縣城鎭鄉村及其他之公共團體是也一切之個人及合同組織各異其利害之觀察國家欲支配之故有省道以下之公共組織彼之單純合同組織者其利害之觀察同故無權力從屬關係之必要而在此公共團體其利害之觀察既異非依法制以定權力的從屬則不得實行共同之目的

又彼之分業組織雖亦生爲從屬關係然基於經濟力發達之異同自然而生者是不過關係的從屬耳若夫支配組織之從屬關係則爲基於人爲制定的法律上之權力有絕對從屬之關係也

因爲支配社會全體行立法司法行政之三權而自營獨立之經濟生活（財產）者國家也於一定之區域內從國家所定之法制行立法行政（亦有司法之時）之權而自營獨立之生活經濟（地方財政）者省道以下之公共團體也

支配組織之發達使經濟得爲有秩序之活動有密接之關係但其具體的異同則視各國法律制度之如何不可一概論也

以上三種組織與法律制度自由競爭民族習慣大有關係茲將三者分節述之

第一節　法律制度

國家或國家所委任之公共團體其立法行政謂之法律制度而依其事項可分爲六種曰私有財產制度曰自由交易制度曰刑罰制度曰保安制度曰助長制度曰財產制度

（一）　財產制度　財產者謂所屬之富力私有財產者屬於個人經濟單位之富力也共有財

產者屬於共同經濟單位之富力也富力屬於一人謂之獨占獨占富力之範圍謂之權利而富力之獨占有完全者有不完全者其完全之獨占富力謂之所有權不完全之獨占富力謂之廣義的使用權私有財產制者謂於此所有權與使用權之種類及取得之保存之處分之之立法並關於此立法之司法行政諸制度也如民法民事訴訟法登錄法並關於此等法之司法行政是也其在經濟上於儲蓄及生產之增減分配之異同有顯著之效果焉

（二）　自由交易制度　自由交易制度者謂以自由合意爲私有財產及勞務之給付不使各經濟單位侵害他人之獨占即自由制度也關於民法債權及商法全部之立法司法行政皆包含之如買賣借貸雇傭之契約組合與公司之設立並解散又商業證券銀行交通機關等關於此類之制度是也

此法制於經濟上之效果在使交換及分配之便否遲速生多少之異同焉

（三）　刑罰制度　刑罰制度者謂對於國家及社會擾亂其安寧者並對於個人經濟之自由與財產侵害其權利者所防壓之之制度也如關於刑法刑事訴訟法監獄規則之立法司法行政屬之

此制度於經濟上之效果在防壓一切之詐欺强迫危害以補助自由法則之活動而發達社會之產業矣

（四）保安制度　保安制度者謂關於國防公共衞生公共教育公共救貧並產業及勞動取締（干涉）之豫防法制也此制度者依干涉之程度如何其範圍大有異同關於徵兵令及其他軍事法規教育法規各警察法規各產業條例地方制度行政裁斷法等之立法司法行政諸制度皆所包含而及於經濟上之效果在豫防詐欺强迫危害以圖產業之安全與分配之平均也

（五）助長制度　助長制度者謂保護產業及貿易並助長之之立法司法行政諸制度也如關於鐵路船舶銀行產業之獎勵補助並關稅政策屬之此制度於經濟上之效果在影響於幼稚之產業與經濟上有顯著之關係焉

（六）財產制度　財政者國家及地方團體因行以上之立法司法行政爲必要之經濟設備並供給足以維持生活用之經濟手段也是謂之從政務財政制度者謂關於公共豫算賦稅及其他公課公債並會計手續會計監督之立法司法行政也此制度於經濟上之效果在由經濟上土地勞力資本之共同作用而利用於一般必要及有利之事業以節省總經濟上之生產費焉

第二節　自由競爭

自由爭競之普通定義一般稱爲個人自利之自由行動然在經濟界之競爭有邦國團體有公司一家之競爭僅謂之個人者未免失之過狹不若概括稱之自由行動爲當在余觀之有二人以上之經濟人圖自已之利益以達同一之目的其行動無有制限若依自由行動之字義推求則自由競爭之條件第一要二個人以上之經濟人格第二要依私有財產制度以差別彼我之利益第二要自由勞動制度之存在故吾人以此爲社會的要件之一茲詳如左

（一）商業上之競爭

商業上之競爭者即關於製造產物之交易的競爭與關於價格的競爭二者此種競爭之目的係指經濟人所有之勞動結果而言若由自已勤勞與他人勤勞所有之結果相交換時能使同種物件之價格均一則同一市場同一時期對於同種物件不特無差別之價格且能調和一般生產與消費之均衡

（二）工業上之競爭

工業上之競爭者卽關於生產工業之競爭與關於分配上及報酬上之競爭二者此種競爭之目

陳珩伍

的係指參加於生產工業之各經濟人對於一定之職務得最多之報酬是也茲所謂各經濟人即企業家勞動者資本家地主也在企業家以多得贏益從事生產互相競爭在勞動者以多得雇賃從速加工互相競爭在資本家及地主以多得利息與地租貸付其儲蓄及土地以生競爭雖然此等報酬之不均一除地租之外努力競爭者尚有差別之處假令甲種工業有多之報酬則他之資本與勞力必集中於甲種工業乙種工業之產業者比較的減少則甲種之產物增加乙種之產貨減少一方利益減少他方利益增加其結局以致兩者之報酬不均其他之傭賃及利息亦有同樣不均之傾向雖使資本及勞力自由運動妨害其他之產業然亦不可計收益之均平以此觀之自由競爭之說豈非於工業上毫無利益乎然而人各依其能力早有一層勤怠巧拙之自然的垂戒而有各種之發明各種之改良亦有一獎勵之理由其收益之均衡即可自然現出者也

總之自由競爭以均平價格及報酬為一大要件調和生產與消費之均衡減少生產費用增改產物之分量及品質極有效力無如私有財產制度之下生產條件之獨占各人之間顯有懸隔專圖競爭有多少不自由之處其結果在特種之場合有妨害價格及報酬之均平而一般人之對於自由競爭不能無一種類乎弊害之感覺學者對於自由競爭之制度以致有非難之事茲以其利害

比較言之則非難與贊成之當否可得而知

一　自由競爭之利

a　自由競爭則適者生存常能激刺人心使發揮其經濟能力以爭優勝其結果能促事物之改良與平社會之進步

b　自由競爭則個人意思及行爲皆得自由發展權利攸歸責無旁貸可使高其自覺之心養成敬愼之習社會基礎可期健全

c　自由競爭則人思奮發有爲圖勞力資本之增加并圖企業之發達且使分業技術兩有進步一國產生力可期澎漲

d　自由競爭不獨使一國之生產力增加且因內外交易之便財貨供給豐裕而物美價廉一般人得獲得大福利所造於國家者亦大

e　自由競爭能使需要供給常趨於平租庸息利四者之分配亦可期諸平允

二　自由競爭之害

a　競爭生產以逐利則生產沒過剩之患物價暴落損失不貲經濟恐慌（Crises）矣其

究也被傭之家必失所業窮無所歸

b 恐慌起則殖貨之家資厚者獨利而財薄者必蹶企業乃漸爲豪强所壟斷

c 富豪壟斷企業中產之家次第消滅社會中惟餘少數巨富與多數奇貧而成不健全之狀態

d 貧者無自立之能常傭於資本家而爲生活貧者之數既多競傭之爭必劇傭主利其相競則苛其待遇抑其報酬至使沉淪苦海歷刦不復社會文明乃無增進之望

e 競爭既烈則人皆圖自己生存無暇顧及他人利害與社會公益汲汲於目前得失而不能爲久遠之計謀驅天下人爲不正當之爭利而世態日即於澆薄

f 卽使競爭之方尚非不正事業改良生產費或因減少然競爭時難免無特別費用卒至增加生產者之負擔而全民之利益亦同歸損失

自由競爭制度利固餘其弊也然若漫無限制不免趨於極端苟於公益攸關自宜加以干涉當其任者厥惟國家與其他政治團體干涉之標的則法律所規定也方今社會組織日趨複雜自由競爭動受限制國家限制外（法律上之限制）有因私有財產之互差而受限制者（財產上之制

限）有因社會習慣與個人事勢而受限制者（個人事勢指事業之協同與獨占欲求完全之競

爭自由殆所罕覯要之競爭之自由與限制貴得乎中如或偏於極端難免即生流弊不可不察也

第三節　民族習慣

民族習慣者於經濟界上常有强大之勢力故關於價格及報酬之決定其影響非他愛心可比例如長期固定之價格終身固一之職業勞力及資本之使用於同一之場所有無變更皆爲民族習慣所支配雖然從大勢觀察民族習慣亦漸次失其勢力其勢力潮減之程度雖依時與地所有不同大率言之歐洲較東亞之習慣力減退北美較歐洲之習慣力甚弱二十世紀較前世紀之習慣力減退抽象言之職業之習慣在歐能漸次消變即交換及其他法律行爲之習慣亦漸次減退其減退之程度如何從中古之成文主義變化爲今日之契約主義在法治史上可以證明非爲困難至於各國之職業雇傭耕耘之期間習慣近時減退更爲顯著已成不爭之事實可知民族習慣於今日之勢力亦屬微微

第十七章　經濟學之定義

費濟學之定義紛紛不一若鈎玄勒要則不外左列之數端焉耳

陳珩伍

英國派學者以經濟學者爲關於富力之生產交換分配消費等之學問

塞逸氏（Sazy）馬加羅古氏（Macenlloch）舍里阿兒氏（Senlor）彌兒氏（Mi l）洗齊古氏（Sidgwich）等之主張屬之

德國派學者以經濟學者爲關於貨物之生產流通分配消費等之學問

絡宣耳氏（Rorcher）柯翁氏（Cahn）米拉波氏（Mirabean）閔格爾氏（Karl Menger）等之主張屬之

新派學者以經濟學者爲關於人類經濟生活之現象所當講求之學問

麻撒兒氏（Marshall）伊李氏（RTEly）舍里阿之古滿氏（Sel gman）薛磨拉氏（Scnmoll）柯沙氏（euigi Cossa）磨兒馬伊斯推耳氏（Sb, Moormeisteer）西引白耳氏（學ehhonberg）之主張屬之

新新派學者以經濟學者爲支配交換能（即有價值的貨物之關係）所當講求其理法之學問

孔嘉古氏（Conrad）巴斯加氏（fsrederic Bal-tiat）馬古古那多氏（Henrg, D nning

Ma-cleod）等之主張屬之

若就英德兩派之觀念言之在表面上雖有廣狹之差而在根本上解決則無廣狹之可言抑何則德國派學者所謂之貨物爲正當充人欲之物件及勞力與關係者焉（關籍者信用買賣之類）英國派學者所謂之富力爲有交換價格之物件者焉以此察之則德國派學者所謂之貨物似較英國派學者所謂之富力其範圍稍廣雖然英國派學者以勞力與關係不屬於富力之範圍而以之爲構成富力之原因所以用富力字樣之處包含有形物件與無形物件之意義頗多所謂交換與流通亦無甚相違可知兩派之定義其意味如出一轍焉

復以英德兩派與新派之說比較而言則英德兩派所謂之富力與貨物均以事物爲客觀的表示視經濟學爲單純關於物的現象之學問如彼之物理學化學是也而新派所謂斯學爲人類經濟生活之現象則以欲念爲主觀的表示又視經濟學爲單純關於人之學問如彼之心理學醫學是也然經濟學之職分非單純關於物的現象之學問亦非單純關於人的現象之學問乃關於人心的現像與物理的現象研究其關係上之理法與政策之學問矣而此人心的現象與物理的現象之關係抽像的指示人欲 Bedarfniss 與物能（Gterpnslifat）之關係而已所以新新派之學若

舍固有之觀念別主張價格二字（即交換）以定斯學之職分焉

雖然新新派之主張中惟馬古那多氏之說尤爲明確蓋謂經濟學爲對於有交換能（Exchangebiliy）之物件講求其支配之關係並理法之學問也即以交換能爲經濟學上之主眼凡不關於交換能者不入於經濟學之範圍如彼所謂之生產與消費其生產之方法如何其消費之條件若何乃屬理化學社會學之問題而非經濟學之關係卅惟以分業法大農法二者依生產之方法結果其生產物提出於市場而交換之或依消費行爲之結果提出於市場之生產物影響於價格之變動者始屬於經濟學之範圍焉此論一出雖促斯學之進步其功不鮮然以斯學僅限於交換上之條件一方依生產而來供給一方從消費而來需要離生產與消費則無供給與需要離供給與需要則無交換是馬氏之主張實爲交換價格之學問亦不足以盡表示經濟學之職分其所以不能盡表示者由於祇顧及交換而畧於生產分配消費之理法此中原因良以未審人欲與物能之關係爲如何之眞象也顧此 關係之眞象非僅爲一部 之交換價格乃爲人欲與物能二者相感所生經濟上對外對內之關係者焉推原此兩種關係對外則爲交換其交換之理由非因人與物比不能構成其有伸縮力之價值（價值者價格之前提也價值之數不定而價格則有確定之

數是有確定之數價格即由不確定之價值比較推量而得則價值之活動在經濟上比較價格更為廣大可知）對內則為生產分配消費三者而其理由非以人作物人分物人用物或物被人作物被人分物被人用互為因緣之關係則不能謀永久的生活故吾人本此理由又不能竟以價格為經濟學上之主眼而以對外關係所構成之價值與對內關係生活之所需者為兩大標幟以作經濟學之主眼於是定經濟學之職分為價值與生活之學問乃下經濟學之定義如左

經濟學者為研究社會上即對外關係（經濟價值）即對內關係（經濟生活）所有之原理原則與夫政策之科學也

經濟學汎論畢

陳珩伍

第十七章　經濟學之定義

經濟學之定義紛紛不若鈎玄勒要則不外左列之數端焉耳

英國派學者以經濟學者爲關於富力之生產交換分配消費等之學問

塞逸氏（Say）馬加羅古氏（Macculloche）舍里阿兒氏（Senior）彌兒氏（Mill）洗齊古氏（Sidgwich）等之主張屬之

德國派學者以經濟學者爲關於貨物之生產流通分配消費等之學問

洛宣耳氏（Roscher）柯翁氏（Cahn）米拉波氏（Mirabean）閔格爾氏（Karl Menger）等之主張屬之

新派學者以經濟學爲關於人類經濟生活之現象所當講求之學問

麻撒兒氏（Marshall）伊李氏（R.T,Eey）舍里古滿氏（Seligrlan）薛磨拉氏（Sehlnoller）柯沙氏（Luigi Cossa）磨兒馬伊斯推耳氏（Sd. Moormeister）西引白耳氏（Ehhonberg）之主張屬之

新新派學者以經濟學爲支配交換能（即有價値的貨物之關係）所當講求其理法之學問

孔嘉古氏（Conrad）巴斯加氏（Freder'c Bastat）馬古那多氏（Herrg. Dunning Mac leod）等之主張屬之

若就英德兩派之觀念言之在表面上雖有廣狹之差而在根本上解決則無廣狹之可言也何則德國派學者所謂之貨物爲正當充人欲之物件及勞力與關係者焉（關係者信用買賣之類）英國派學者所謂之富力爲有交換價格之物件者焉以此察之則德國派學者所謂之貨物似較英國派學者所謂之富力其範圍稍廣雖然英國派學者以勞力與關係不屬於富力之範圍而以之爲構成富力之原因所以用富力字樣之處包含有形物件與無形物件之意義頗多所謂交換與流通亦無甚相違可知兩派之定義其意味如出一轍焉

復以英德兩派與新派之說比較而言則英德兩派所謂之富力與貨物均以事物爲客觀的表示視經濟學爲單純關於物的現象之學問如彼之物理學化學是也而新派所謂斯學爲人類經濟生活之現象則以欲念爲主觀的表示又視經濟學爲單純關於人之學問如彼之心理學醫學是也然經濟學之職分非單純關於物的現象之學問亦非單純關於人的現像之學問乃關於人心的現象與物理的現象研究其關係上之理法與政策之學問矣而此人心的現象與物理的現象

陳珩伍

之關係抽象的指示人欲（Bedurfniss）與物能（Gutergualitat）之關係而已所以新新派之學者悉舍固有之觀念別主張價格二字（即交換）以定斯學之職分焉

雖然新新派之主張中惟馬古那多氏之說尤爲明確蓋謂經濟學爲對於有交換能（Exchang, oility）之物件講求其支配之關係並理法之學問也即以交換能爲經濟學上之主眼凡不關於交換能者不入於經濟學之範圍如彼之所謂生產與消費其生產之方法如何其消費之條件若何乃屬理化學社會學之問題而非經濟學之關係也惟以分業法大農法二者依生產之方法結果其生產物提出於市場而交換之或依消費行爲之結果提出於市場之生產物影響於價格之變動者始屬於經濟學之範圍焉此論一出雖促斯學之進步其功不鮮然以斯學僅限於交換上之條件一方依生產而來供給一方從消費而來需要離生產與消費則無供給與需要離供給與需要則無交換是馬氏之主張實爲交換價格之學問亦不足以盡表示經濟學之職分其所以不能盡表示者由於祇顧及交換而畧於生產分配消費之理法此中原因良以未審人欲與物能之關係爲如何之眞象也顧此關係之眞象非僅爲一部分之交換價格乃爲人欲與物能二者相感所生經濟上對外對內及介乎內外之關係者焉推原此兩種關係對外則爲交換其交換之理由非因人與人比物與物比人與物比不能構成其有伸縮力之價值（價值者價格之前提也價值之數不定而價格則有確定之數是有確定數之價格即由不確定之價值比較推量而得則價值之活動在經濟學上比較價格更爲廣大可知）對內則爲生產與消費兩端其間關係非以人作物人用物或物被人作物被人用互爲因緣之關係則不能謀永久的生活以構成循環不斷之價值焉介乎內外之關係則爲分配惟其分配之理由則不若前三者之純粹若從人分物與物被人分之點觀之其關係則爲對內倘就經濟上之四大人格勞動者企業家地主資本家）對於生產上所剩餘之物（剩餘利益）欲行處分者時又因其能力不同而於所分之利益則有差別從其差別之點觀之則四大人格各以能力經營事業以謀分配之利益實爲以能力相交換之關係其爲對外者可知故能構成以營生計之大小價值焉總核此種價值言之生產之價值由供給而得可曰供給價值消費之價值則由需要而得可曰需要價值交換之價值由比較而得可曰比較價值分配之價值由剩餘而得可曰剩餘價值今再加以縝密的考察比較價值與剩餘價值之結果大能變動經濟生活之關係供給價值與需要價值之結果不外維持經濟生活之關係故吾人本此理由則不能儘以交換上之價值爲經濟學上之主眼而以對外對內及介乎內外之關係所得之

陳珩伍

兩大結果作爲經濟學上之主眼於是定經濟學之職分爲價值之學問乃下經濟學之定義如左

經濟學者爲研究社會上經濟價值之成立（對內關係）及變動（對外關係及介乎內外之關係）所有之原理原則與夫政策之學問也

經濟原論訊論畢

陳珩伍

第二編　價值論

第一章　價值之意義

價值云者依一般的解釋則無分夫自然物與人造物有形物與無形物凡能供人類所享受者則有價值存在例如日光空氣稻禾衣服道德美術教育政治莫不各有相當之價值然在經濟學上所講求此係就人類生活對於物質方面所起之價值云爾一般學者因謂之曰經濟價值所有意義實含有能使社會人類滿足欲望除困苦增進幸福迴避損害種種之效用在於其間但此意義非專指人類之欲念本體而言亦非專指物質之效能本體而言乃指人欲（人類之經濟欲望）與物能（經濟物質之效能）兩者互相結合所發生之關係而言也惟其學說從來之學者主張不一今欲證明價值之確實意義勢不能不將一般學者之主張畧舉於左以供資考焉

第一　物之効用說

是說也專以物質爲主如亞丹斯密氏謂價值（有用價值）爲固着於物體之有用性阿爾嘉（Walkel）氏謂價值爲物體所含之購買力

以吾評之無論何物雖具之效力甚大倘無人類之欲望與之相感則終無價值可言若日光空氣

於經濟上不生特別之價値者良以人類對之無經濟欲望與之相結合耳可知專置重於唯物說之結果無正當之理由者明甚

第二　人之認識說

是說也則以人心爲主如德人洛宣耳（Roscher）氏謂價値爲人類之思想的結果那伍（Ran）氏謂價値爲人類對於財物之效用所有之主觀的批評美人伊李（Ely）氏謂價値爲吾人對於物之現在額尙感不足欲望（需要）之程度薛磨拉（Schmoller）氏謂價値者爲一種主觀之概念

此類學說皆屬注重於人類意思之論（唯心論）亦不足爲解釋價値意義之正鵠設吾人對於某物欲認識其效用時則必先有某物存在然後可加主觀的認識不然雖有饑寒交迫之欲而現無充飢禦寒之物則將何以識其效用而加以主觀的判斷乎可知此說亦非完全者明矣

第三　關係說

是說也謂凡物皆無固有之價値以價値屬於交換時而起卽指二物之交換關係及比較言耳如彌兒（mill）氏瞻明司（Jevons）氏舍里古滿（Seilgman）氏之立論屬之惟其立論之狹亦

陳珩伍

不免有貽人譏誚之虞

第四　重要程度說

此說大意謂價值爲吾人滿足欲望之行爲時對於一定量額之物品所感之重要程度也蓋以效用屬於物品之本質以重要程度屬於人欲之感覺由物品之效用與人類之欲望兩相接觸所感之重要程度謂之價值此說原爲西煙府累（Schufflo）氏費里薄微絜（Philippvich）氏等所倡導其論據較爲的當數近世多數學者所贊許焉

吾儕因之乃下價值之定義曰價值者爲人類生活上對於經濟物質所感之重要程度也

至其構成之要件實不外人欲與物能二者互相感觸之關係此種關係一以人類有種種欲望二以物品有種種之效能以此種種人欲與種種物能結合一點於是價值生焉但其意義非屬物定的個人範圍實賅括社會與個人言之一般所稱之價值多指社會的價值而言也（社會的價值者即多數個人對於同種物品所感之價值的總合體也

第二章　價值之種類

依生產而作成之物能總爲一體者謂之產物分爲數體者謂之產額有對於物能之人欲而後價

値始構成若有產物無人欲感之則爲不被感之物能而價値無由構成也然物能與人欲相依以構成之價値者依學者觀察之異同得分爲數種形態焉

第一　使用價値與交換價値

斯密氏始以物之性質與能力爲標準而區別之在物之性質則謂爲有用價値在物之能力則謂爲交換價値以後德墺之學者皆因襲之則分價値爲使用價値與交換價値二種

（一）　使用價値云者謂某人對於某物得直接取其使用之性質者也或以某種物件爲某人所有或未實有某種物件而希望其爲某人所有或以爲某種物件供給普通人類之欲念要皆依於人之認識而生焉吾人就此種價値尙分之爲二

（a）　特別使用價値　此種價値一名具體的使用價値即由特殊之事情而發生者也例如簞食豆羹置諸道傍人莫之顧及至饑者絕粒渴者待斃則有脫粟救饑一時逾乎珍羞盃水止渴勝於甘露凡物在通常之地位無甚價値而値特殊之際頓生價値焉

（b）　一般使用價値　此供於一般之使用者也一名抽象的使用價値凡物之性質上

陳珩伍

僅能供個人之便利而不能適用於衆人者此僅有特定的使用價值而不爲一般的使用價值一般的使用價值者能爲衆人所使用其性質必能充滿社會人類之欲念者矣

（二）交換價值云者謂以甲種物件與乙種物件相比較當用如何之比例以定交換之程度是也是故有交換價值之物件雖不能直接充滿人之欲念亦能間接充滿人之欲念如貨幣之屬饑非可食寒非可衣然必籍此而後可以得衣食住即所謂間接使用之價值者也今試舉一例以明交換價值之如何譬如十五斗粟之粟與一石之米相交換交換既成之後此十五斗粟之價值若干可以一石之米價化較而得米價若干亦可以粟價比較而得但有交換價值之物件其性質上有不可缺之要件二

（a）必有利用之價值

（b）得其物者必須有勞力或報酬之事例如光線雖有利用之價值其得之也一不假勞力二不須報酬則交換價值無從而生焉又如土地當往昔人口寥落之時其得之也不要報酬亦不甚費金銀故交換價值無可言矣

以吾之見解言使用價值與交換價值初非絕然兩事蓋必有用價值而後乃有交換價值未有毫無使用價值之物品而可有交換價值者也根本上判斷交換價值不過爲使用價值臨時變化之名耳非交換價值有繼續不繼之性質而其結果終必還原爲固有之使用價值焉（卽物經交換仍歸爲使用之意）

第二　全部價值與部分價值

此種分類乃本於瞻朋司氏之論據而出其詳如左

（一）　全部價值卽瞻朋司氏所謂之全部效力（Total utilit,）也其旨意者蓋指示一種產物全部充吾人之欲念時所成立之價值而其物之全部若爲同時滿足吾人欲念之程度則物五石全部之價值可謂五石之全量爲吾人所感之必要程度乃較物十石之全部價值爲小一石全部價值爲大也

（二）　部分價值者反乎全部價值乃指組成一種物全部之各小部分或先或後爲吾人欲念所感之價值也從物上觀之則爲各部分之效用從人欲上觀之則爲連續欲念中之最終順位而感定者故瞻朋司氏稱之爲最終效用假定有人於此一年之間飯米用一石糕餅用

一石家畜飼養用一石造酒用一石奢侈品用一石合計需三石之米又假定此人之欲念有如此記載之次序緩急之順位於此之際則最初之一石其價値有十而以一石供飯米用後對於次之一石則欲念減退價値只八三之一石其價値只六四之一石其價値只四最後之一石其價値只有二而已然一時僅得一石而不得他之四石則其一石之價値必爲十若一時得二石則各一石之價値爲八一時得三石則各一石之價値爲六一時得四石則各一石之價値爲四至於一時得五石則各一石之價値必降爲二矣換言之從石數之增加則欲念順位益降下又依最終欲念之强弱則可知部分價値之變化也故彭波葉耳枯氏及麻薩兒氏謂此爲依於限界效用而定之矣

第三　個人價値與社會價値

個人價値者爲滿足個人單獨之欲念所起之價値也社會價値者爲滿足社會民衆之一般的欲念所起之價値是也前者爲個人對或種物質所感之重要程度則以各人的限界效用爲決定價値之標準後者爲社會民衆之心理對於或種物質所感之重要程度則以社會民衆的限界效用爲決定價値之標準

陳珩伍

雖然社會之成形爲各個人之集合體所以社會的欲念實爲組織社會各個人欲念之總和社會的價值亦爲組織社會各個人價值之湊合原非有絕對的區別惟是個人價值直如甲乙丙丁戊己庚辛壬癸等各個人本身之單照的相片社會價值無非爲甲乙丙丁戊巳庚辛壬癸等各個人同照的相片此同照的相片雖係各個人之綜合形影絕非各個人之單獨貌容故社會現象極其複雜個人現象固屬單純所以此兩種相片不能不有所區別其所區別個人對於或種物質所認定之價值則與社會甚影響焉如子孫對於先世所遺傳之紀念品固認爲有絕大之價值而其價值則與社會無甚關係反而言之社會對於或種物質所認定之價值則與個人有莫大之影響焉如團體內所設之堤防所辦之共同保險所行之工作無一而不與個人有關係者焉

第四　供給價值需要價值比較價值剩餘價值

價值之種類雖有前項之說而在經濟學上講求則無偏重偏廢之理又宜集中觀察詳細考核彼價值之所由生是根據於生產消費交換分配而來不若區別爲供給價值與需要價值比較價值與剩餘價值四者爲當

供給價值（起於生產）

需要價值（起於消費）
比較價值（起於交換）
剩餘價值（起於分配）

供給價值有二區別一則基於經濟原素之作用所製造之物而起之價值或曰生產價值如製造品之類屬之二則因於供給製造上所有之固定財物而起之價值或曰資本價值如固定資本中之建築物交通機關及繼續使用之機械屬之

需要價值亦有二種區別一則基於完全消費之物所起之價值或曰消費價值如消費品屬之二則基於再生產所消費之物而起之價值或曰生產的消費價值如　以米釀酒以絲織綢　之類屬之

比較價值有三種區別一則基於交換行爲所占有之物而起之價值二則因交換行爲未成立以前所有之一般商品而起之價值（因間接的需供將行交換未有確價格時兩相比校所起之大小價值）以上兩者或均謂之交換價值三則依法律及信用之力於交換上所行使之特定物品（或因交換上所占之特定物品）而起之價值此種價值隨代表力之程度如何而分其大小或

陳珩伍

曰代表價値如貨幣及證券之類屬之

剩餘價値則基於四大經濟人格能力上之互助所得之物（剩餘利益）而起之價値此種價値由人格方面言則爲分配價値由物質方面言則爲報酬價値

第三章　價値成立論

第一節　價値成立之前提

價値之成立主要原因固在乎人欲與物能相感之關係惟此相感之理非獨片方以生產而圖供給亦非獨片方以消費而求需要乃由此方供給他方需要需供相濟而後成立焉設令此方祇圖供給他方無有需要或他方極欲需要而此方無有供給則價値無由而生是價値之成立必依於供給與需要之關係所致無待疑矣約而言之無供給則無需要無需要亦無供給從可知經濟學上之理由供給關係則起生產需要關係則起消費有此兩種關係則經濟生活之價値由之以成立焉至於成立之方式雖隨時隨地各有不同而於大體觀之則生產之謀供給消費之圖需要實爲價値成立之理法焉

例如享受物品之效能則屬於消費創造或增加物品之效能則屬於生產以普通原則論之先生

陳玿伍

產而後消費然亦有因生產而消費者於是生產與消費之間迺有三種關係

其一　消費與生產爲全相反對之經濟行爲

其二　消費乃生產之主旨

其三　消費與生產爲有因果之關係

消費減物品之效用生產則創造或增加之故其行爲兩相反對又生產之家勞力耗貲以創造或增加物品之效用者非好爲此紛紛也然有其他之主旨促使爲之主旨爲何厥惟消費物品之生產未有不緣於消費者也故消費即爲生產之歸宿是曰消費生產有因果之關係焉

消費生產之間性質雖全相反而關係甚切如形影相依不可偏廢論消費則意近需要論生產則義同供給物之不足以供給消費者卽無生產不能生產之物又無由消費消費生產互相爲制限而互相平衡者也然經濟組織至爲複雜一時需供殆難洞悉過與不及遂不能免

第二節　生產

第一款　生產之意義

天地絪縕萬物化成元氣流行變演無極人類孳乳勢所必然所有生活亦日較進天然物質直接

充欲者多感不適故對於天然物品勢必加工變化原質增加效用以充其欲此種行爲在經濟學上則曰生產行爲是生產意義非屬自無而有乃藉原有之物（或原有之天然力）經人爲之力從中變化一切以圖供給消費之適宜也惟其學說頗不一致玆將重要者列舉於左焉

斯密氏謂生產爲對於物體而生其固著的價値之勤勞

塞逸氏謂生產爲造作之功用

彌爾氏謂生產爲造有形之富力

馬古那多氏謂生產爲引出於前之行爲（即提出市場之意）

洛宣耳氏謂生產爲創作貨財之價値與增進貨財之價値的意義

費里薄微絜氏謂生產爲依於人類之行爲而抽出物的效能之義

就吾人之見解言之大體上雖與塞逸氏之說相爲表裏而於定範圍之點又借馬古那氏所主張提出於市場之意以爲運用故曰加工變化增加效用此種主張不僅以生產爲原料之產出即如變更其形狀或保存其性質或移轉於有用之地位所有之順序的作用莫不包容在內簡單言之不外作成適應人欲的物能所有之意味也

陳珩伍

據上所述可斷定生產爲一種作用不僅依於人之勞力且依於畜獸機器等之原料及動力與乎自然作用之結合也

第二欵　生產之種類

生產者固爲增加物質的效用之行爲而其所增加之效用即爲物質之性質形狀及位置是也然依於效用之順序目的及結果得區別其種類如左

第一項　生產手段上之分類

其一　原始的生產

原始的生產者爲新增經濟物品之生產例如農業礦業漁業等之生產屬之蓋農業爲憑藉天然之助以變更天然物質爲衣食住三者及其他一切原料之生產行爲其性質爲繼續的永久的比諸他種原始的生產爲要礦業爲將地中原有之礦物移於地上便利之處復行變化地位以增進效用（但礦業與農業稍有不同蓋某處所有礦物若已完全掘盡則礦業亦因而消滅故其受自然之支配尤大）漁業係將湖川海洋所存之生物運入人類之支配範圍以內即變更水產動植物之地位使爲經濟物品之生產行爲也（但漁業之目的物可因自然或人力增益其數量故與

礦業之性質頗異然其增加位置的效用則二者相同）

其二　加工的生產

加工生產種類頗多普通所謂之工業屬於此類論其行爲乃變更原始生產物之形狀品質以增加其效用俾適於人類之欲望者也本來人類之欲望無窮加工生產即爲人欲發達之結果雖以原料之分量及原料之物理的化學的性質有所制限而近代之生產技術甚爲進步可用種種方法以滿足吾人之欲望是故一國加工生產之發達與否與經濟社會實有莫大之關係

其三　轉所的生產

轉所的生產者即依交通之力使其物品由或位置移於他位置的生產行爲雖與礦業漁業均係增加位置的價值可知後者係由人類支配外之場所移諸支配內之場所前者乃將人類支配內之物品由甲地移諸乙地二者之性質不同交通者既非變更物品之形狀性質亦非新增人類支配內之物品單以移動其所在地爲目的故與加工及原始的生產相異要之物品之效用決非絕對不變者交通行爲既能增大物品之效用故不能不謂爲一種生產也

第四　保管的生產

保管行爲何以爲生産之一乎因以防止損壞腐朽的設備隨其時間之推移以增加物品之價值故也

蓋原一國生產之財與所消費之財分量不同若消費量超過於生產量時卽所謂生產的破產決非國民經濟之健全現象或生產量常較消費量有若干剩餘若干儲藏以備不時之需者不能不利用保管之設備如夏布以暑天爲最大效用時期皮貨以冬季爲其最大效用時期不有保管便無以全其效用此保管所以亦爲生產行爲之一也

其五　商業的生產

商業者爲介乎間接需供之間以圖物品流通之生產行爲也在昔自給經濟時代自已生產自已消費既無交換焉有商業迨後欲望發達分業進步於是有無相通需供相輔業農者不必爲工業工者不必爲商由家族生產一變而爲定貨生產再變而爲商品生產至是商業之作用益宏而其增加物品之價値行爲實與農工並行更無所謂輕重若以之爲生產之一種亦反對之必要（此指私產制度之國家言）

第二項　生產動機上之分類

其一　自用的生產

自用的生產者非以圖餘利爲目的者也其間可分個人自己消費之生產與國家及地方自治團體爲達行政目的所行之生產兩項當古代孤立的家族經濟時代幾全爲自己生產今則所謂非營利的個人生產日漸減少（但鄉間之自足農及婦女爲自己消費而紡織之非營利生產尚多）而公法人的非營利生產其數尙多例如國立模範農場牧場及印刷局等屬之

其二　他用的生產

他用的生產者以營利爲目的之生產換言之非專以增進物品效用爲其生產宗旨而且以圖餘利爲宗旨之生產也此種生產當事人必以需要大小利益多寡決其事業之行止預判其成敗故彼等不得不力圖技術之改良生產費之減少貨物之新奇其結果雖以增加他人之利益爲宗旨同時亦足以資一般經濟之進步但營利與生產本係二物以故企業家之利益與國民經濟之幸福不無衝突之危險譬如獨占生產雖能增進企業家之營利力然實有損於國民經濟之平均力此國家立法應宜注意之點也

第三項　生產與消費二者距離上之分類

陳珩伍

其一　預定的生產

預定生產者因需要者之定製始行生產之謂雖生產者與消費者分離獨立然二者之距離尙近所謂直接交換是也中世紀之工業制度大率類此近代機械發明工業之規模漸大而預定生產漸衰其所見者僅建築及藝術的製造品等尙留預定生產之特色是項生產單負技術上之責任至於經濟的危險則非所問此所以與商品生產異也

其二　商品的生產

商品的生產一名市場生產既非需要者之定製亦非以充自己消費之用惟生產者全以一己之意思一己之責任供給貨物於市場以充一般消費者之需要此以分業發達交通進步之自然結果也所謂間接交換實佔今日營利生產之主要地位商品生產既須負技術上之責任同時亦當受經濟上的危險若企業家一因錯誤供給較少國民之購買力發生變動則需供必失均衡（或者於民食不足故意高價或者有貨不賣是）不免有恐慌現象所以社會主義者流有欲以協力的生產之組織以圖社會經濟之安全發展不致有恐慌之事實發生者也

第三欵　生產之企業

第一項　企業之意義

企業者何即企圖事業之謂也引而申之則爲結合經濟原素之效力以圖經濟事業之成就而遂其經濟生活之行爲也然此種行爲之中對於經濟原素之勞力天然資本三者未必具備於一人是故能勞動者不必有資本有資本者不必有天然之土地有然之土地者不必有勞動固宜結合以謀生產於是有企業家（有經濟技術之人）應運而起乃將此三種能力團結一處避除危險而行生產事業以營利也以廣義言之則有滿足自已欲念與滿足社會欲念爲宗旨之義以狹義言之則以自已之計畫爲他人生產經濟物品而受他人報酬之謂故爲企業家者則必具備三種要件而後可此三種要件者何也卽以下所標示者是也

A　須以自已之計算而生產

B　須以營利爲主旨而生產

C　須有營業之組織

第二項　企業之種類

企業之意義已如前述惟其形式不一而足若從其規模之大小言得區別爲大企業與小企業從

陳玠伍

其主體之所屬言得區別爲公企業與私企業從其組織之方法言得區別爲完全企業與不完全企業從其性質之繁簡言得區別爲個人企業與團體企業

第一　大企業與小企業

企業之大小以規模之廣狹言也然所謂大小者乃比較之辭初則無確定界限惟以使用資本之多勞力之多機械應用之程度多生產物之分量多則謂之大企業反是則謂之小企業屬於大企業者大農業大工業大商業股分有限公司及公共團體企業是也否則小企業是也而自小企業變爲大企業者稱之爲企業之擴張但其形式以吾人之觀察尙有顯著之關係者三

其一　小企業者業主身親工作或僅有少數夥伴之營業也主件地位相等工作亦在一處通常營業咸屬之

其二　大企業者設巨廠集巨資備機械役衆工規模宏大之營業也主人任指揮監督之職而不躬親勞役甚或指揮監督之務亦委之於人已唯總其成而已此種企業雖亦有個人經營者而各種團體企業則皆屬之

其三　介乎大小企業之閒者尙有一種企業業主雖躬自操作要以傭工相助爲常稱曰尋常企

業大率爲個人企業其爲團體企業者亦間有之

大企業自十九世紀而還日就發達其發達之故則有數事

一　因放任制度之確定

二　因交通機關之擴充

三　因機械之發明

四　因分業之發達

大小企業可有利弊茲略舉之

1　大企業之利

A　資本足則信用厚可得廉價材料且能擴張銷路

B　生產勞費可減少所產數量可增加

C　器利術精可免濫費廢物亦可利用

D　市場恐慌之際仍可維持事業

2　大企業之弊

A 規模大則危險多一朝傲敗經濟界咸蒙影響

B 傭主間少德義心

C 衆工羣集有傷風害生之虞

D 競爭力强大有致貧富懸殊之憂

3 小企業之利

A 營業者與所業之關係密切故能忠實從事

B 規模既小整理監督之責躬自任之故能無濫費

C 性質上不適於大企業者非小營不足以獲益

4 小企業之弊 觀夫大企業之利則小企業之弊可知矣

企業爲報酬遞增之舉規模愈大獲益愈厚故今社會中大企業日趨發達幾有囊括小企業之勢小民生事日益艱難言生計者往往憂之顧人之趨利如水就下大企業之發達爲事理所必然小企業者欲圖自存宜相聯合互爲援助與大企業平衡庶幾可免魚肉之患也

第二 公企業與私企業

陳珩伍

企業之區爲公私者自其主體而言之者也企業主體爲公法人如國家及市鄉等之公共團體者爲公企業其主體爲私人或私法人者則爲私企業公企業中又有官業公業之別官業爲國有企業如國有鐵道專賣事業官營工廠等是公業爲自治團體之業如街市鐵道瓦斯電燈等業是私企業中亦細別爲二類曰私人企業曰私法人企業前者爲自然人之企業一人一家之業屬之後者爲私法人之企業公司及協作之業屬之

公私企業之區分有以營利主義之有無爲標準者則謂私企業成於營利主義公企業則基於公益主義其實不然向使公企業純基於公益主義則失其所以爲企業矣世界各國關於郵電等業純以公益爲主義而不以收入爲意旨者皆不得爲之企業

抑國家團體經營之事業以營利爲主義者決非置公益於度外以公益爲主義者亦非全不計其收入特其收入乃基於財政上之理由究殊於私人之營利者焉

近代國家以軍備擴張政務增加需財孔亟而不欲以征稅方法單取於民者往往以專賣政策行國營官營事業是殆應時勢之需亦不得已之舉也惟是公私企業互爲消長公企業既日增日盛則私企業自不得不因之減縮國民企業心亦因之減殺此在經濟幼穉之國尤有重有危險且官

營事業易於觖敗國家政治往往爲所紊亂此不可不顧慮者也

第三　完全企業與不完全企業

此種區別則以企業家冒險之程度而定凡事業之成功與否或損或益影響甚大如豫想市場（Haulels—Markct）之需要如何而從事於生產事業者謂之完全企業或臆度而幸中則獲利數倍於平常不幸而失敗則耗資亦數倍於尋常不完全企業者反之必豫備其材料於此俟有定購者然後從事於製造是也

第四　個人企業與團體企業

此種區別以從事於企業之人員及業務上性質之繁簡定之

其一　個人企業

個人企業者普通所有之營利事業屬之乃企業中之最單純者也其組織之性質以個人一身一家負責任爲之即爲企業者同時而兼勞動者也彼既一切之責任盡聚一身其效忠于其職之心最爲深厚不博錙銖之利益有兼收並蓄之志量勞心凝思以期其繁昌臨機應變而隨時處置此個人企業之所長也雖然業務之一進一退皆賴乎企業家之一身設企業家一朝不幸必有意外

陳玠伍

之變其業務卽時消滅此又其所短也茲將其利弊之最著者略舉於左焉

1　個人企業之利

A　損益歸已故能熱心事務

B　不受牽制故能措置自如

2　個人企業之弊

A　資能不足事業失之狹隘

B　個人厤咎影響及於業務

其二　團體企業

團體企業者以二人以上相結合所營之事業也其職務上之責任與其危險之利害得失關於全體而不僅屬於一人此種企業至於今日有雄飛猛進之傾向如托拉斯之組織是其例也

雖然個人之企業其規模狹小故企業家與勞動者之關係頗爲親密勞動者或欲上進而居於企業家之地位亦不甚難而團體企業則企業家與勞動者之位置懸殊利害關係互相衝突困難問題由此起焉（至於公企業雖亦爲團體公有之企業而無均分損益之事故不可以與團體企業

陳玠伍

同稱若團體企業有均分損益之事在焉）

若論團體企業之利弊觀夫個人企業之利弊則團體企業之利弊亦可從而知矣蓋個人企業之利即團體企業之害個人企業之弊卽團體企業之利也

個人企業中惟適於最小之生產事業但企業大小不易區別要之所謂小企業者生產之額必不大而其物亦祇應小區域之用而止且企業者多直接從事於勞務其智識及社會上之地位與受雇傭而執役者無殊方今經濟發達事業繁興藉機械以利其生產需資本以宏其規模個人企業日漸減少團體企業日漸發達團體企業既日趨於發達故其種類亦見繁多就其形式觀之可分數種如次

第五項　團體企業之區別

其一　公司

公司者以營利爲業而設之團體也其種類有四一曰無限公司二曰兩合公司三曰股分有限公司四曰股分兩合公司分述於次

其一　無限公司

此爲公司組織之最單純者僅以無限責在股東組成者也茲分三事說明於次

1　組織

以二人或二人以上之無限責任股東組織之

2　特性

股東各以定額資本構成公司財產不論出資多少均有執行業務之權而義務亦緣是以生分配盈虧均有責任例如以出資數爲準於公司債務則有連帶淸償之責任股欵之收回有以終身爲期者亦有以公司存立之年限爲期者非遇有不得已事故不能隨時退股其可以退股者亦須於每屆結帳之六個月以前向各股東聲明之又股東欲以自己股分轉讓他人時亦必經股東全體允許而後可此無限公司之特性也

3　利弊

股東各負無限責任對外信用厚而交易便利其利一股東既負連帶責任則休戚相關任事忠實遇有利害必相規勉其利二

股東相互之信用非達於最高之度不易組成其弊一卽已成立則遇有缺額難於選補而事

業亦難於擴張其弊二

要之無限公司利在組織穩固而弊在創作艱難其於需用鉅資之大企業則猶多不適可斷言也

我國公司條例尙有所謂分責無限公司者以分擔無限責任股東組織之其性質大致與無限公司無殊所異者公司財產不足淸償其償務時各股東按其所出資額爲比例分任淸償之責但股東中有無力完繳或向其執行顯有困難者他股東仍當按上比例代任其責

其二　兩合公司

此由無限公司進化而成者以無限責任股東與有限責任股東合組而成者也茲分三事說明於次

1　組織

以無限責任股東與有限責任股東合組之

2　特性

有限責任股東僅得以金錢或他種財產爲出資非經無限責任股東全體允許不能以其全

股或一部讓轉於他人對於公司所負責任僅在額定之資抵補公司虧欠亦即以所出之資為限其於執行業務代表公司匪為權利所不及亦非應盡之義務故於營業上之贏利分配較少所有無限責任股東既任額定資本復供必需勞力有代表公司者有執行業務者遇有虧欠財產不足抵補時必負連帶責任竭其私人財產所有而清債之但於公司贏利分配獨多此種公司之所由起在使富於實業智能者與資本家相與有成耳

3 利弊

公司一部既為有限責任股東則比之無限公司利小而害亦輕雖組織之堅固遜於無限公司而其成立之較易也又優於無限公司也

其三股分有限公司

此有限責任股東所組織之公司也分四事說明於次

1 組織

公司資本應分為各股每股銀數應一律平均至少以三十元為限如係一次全納有以十元為限者股分總數由七人以上之發起人分任之除自留之股分外餘則於公司成立前招足

陳珩伍

之發行股票應在公司註册之後發行定價不得較少於票而應募之人自一股起無論多寡均有股東資格股分之數在十一以內者每股賦予一議決權過於十一之數則有限制股東應繳之股欵一已再受公司催告而到期仍不繳納者則喪失其股東之權利但股東所有股分在公司註册後如無專章限制得自由轉讓無須公司允許股東責任既皆有限故分配利益例以繳入股款爲準其於公司債務除繳足股金外不負何等責任

2 特性

公司發起之初限定七人以上所以杜少數人詐欺之行爲也又因謀營業之確實設置三種機關其一爲法定之股東會所以司議決權也其二爲股東會選出之董事所以代表公司執行業務者也其三爲股東選出之監察人所以監督董事者也

3 利弊

股票有買賣轉讓之自由招股增股較爲易辦其利一應募者得應其資力酌量投資其利二按股分利則世人參與企業之利廣其利三公司係股分所組成非以人爲主體則能維持永續企業亦易於告成其利四但遇有要事必須由股東會議決操業難期敏活其弊一發起人

與監察人均爲有限責任營業或欠誠實其弊二公司爲資本之結合董事監察人等又常由多股者中選舉則公司易爲資本家所左右其弊三

其四　股分兩合公司

此亦無限責任股東與有限責任股東所組成分三事說明於次

1　組織

股分兩合公司之股東至少須有一人負無限責任餘爲有限責任各股東按照所認股分納資於公司

2　特性股分兩合公司之所以異於兩合公司者以有限責任股東之所持皆爲股票所以異於股分有限公司者在發起人中有人負無限責任足以代表公司執行業務故公司選舉僅在監察人而不及於董事

3　利弊

無限責任股東執行業務代表公司與兩合公司同而實心任事則與股分有限公司異趣其利一股票得自由買賣及轉讓集資之易不亞於股分有限公司而又非不適於大企業者可

比其利二但世人如不明其性質不慣于運用貿然行之往往致誤其弊一無限責任股東自始即居執行業務地位其負有限責任者雖投資甚鉅亦無被舉為董事之望好事者或不願投資於此非若股分有限公司能投其所好也其弊二

統上述四種公司觀之其組織與信用並皆鞏固者首推無限公司兩合公司次之其組織容易而投資便利者以股分有限公司為最兩合公司次之股分兩合公司則集諸公司之長若以吾之見解言之無限公司適於個人企業股分有限公司則適於團體企業兩合公司及股分兩合公司皆位於二者之間兩合公司既類個人企業而不如無限公司之甚股分兩合公司雖為團體企業其程度亦遜於股分有限公司利弊所在固已分述於前（參之第四項個人企業與團體企業則更了然矣）

其二　產業同盟

產業同盟亦為團體企業之一種係由多數既存之公司結為一體而經營事業者也其類別約有二種曰托拉斯曰加迭爾托拉斯者以壟斷市場同種之業為旨而同盟者也加迭爾則以避不利之競爭圖共同之利益為旨而同盟者也兩者不同之點約有數事

一　托拉斯爲企業之合同加迭爾則爲企業之聯合

二　托拉斯爲永久之合同加迭爾則有一時之聯合

三　托拉斯常以壟斷市場爲旨加迭爾則不必以壟斷爲旨

要之托拉斯爲統一團體加迭爾則爲聯合團體前者猶統一國後者猶聯邦國也是故組織托拉斯之公司同受支配於一主體之下而失其獨立性質其在加迭爾則共同盟約雖足以拘束其行動其他各事仍可任意經營不失其獨立之性質且在加迭爾常載盟期於約中以理論之期滿後當然各不相屬託拉斯則多爲永續之合同無期間之限制又加迭爾之起因在防止競爭以免物價低落其意尚不專注於壟斷托拉斯則固始終以壟斷爲意旨者也

至於協作（即日本所理之組合）亦爲團體企業之一其組織由二人以上之當事人互相結合共同營爲以遂同一願望之企業雖其組織與公司不同而經濟界視之與公司無異惟法律上不視之爲法人耳故不如公司有特種之權其種類之多有以謀庶常衣食住而設者有以謀小企業免被大企業所壓迫而設者有以爲勞動者謀增進其地位及使生產與消費者之關係密切而設者就其出資之點論之則可以匿名協作與非匿名協作二者而已

其一　匿名協作

匿名協作者謂以定額資本加入他人事業不居其名不司其職而於營業之損益則與有關係也

其二　非匿名協作

非匿名協作者謂其團體員中均以其所出之資依一定之手續呈報於該管官廳藉資證明某某有若干之資本而後經營之也

茲無論乎匿名與否其爲小農小工小商所結合之營利企業以避免他人所壓迫增進一般平民之地位所有之性質同也

1　建築協作

此以供給住宅於協作之人爲宗旨者也無論何人均得爲之

2　信用協作

此以共同計算而融通資金之協作也常爲小農小工商所組織即以共同之力厚集資本擴張信用促各人之儲蓄成共同之金融藉保小企業之獨立而與大企業相對抗也此外又有以特種銀行每不能爲小企業而專設即有之又或不能零星通融組成此種協作則

陳珩伍

人微力薄者存欵借欵交相便利協作人且能於從來難償之債悉數完結之不復受重息之累則尤關係深切者也

3 購買協作

此以共同計算而購買原料及日用品之協作也其屬於購買業務所需之肥料種子農具機械原料等物者謂之原料協作小農與手工業等皆得爲之其屬於購買日用所需之米麵油鹽薪炭等物者則爲消費協作通常人亦得爲之協作之意亦在杜奸商之壟斷耳

4 生產協作

此以共同計算而生產物品之協作也意在謀工人之獨立其法爲團結多數工人各出相當資本建築工場購置器械集原料力合作以均霑其利益事業擴張則更傭工以協之然就大體言之生產協作乃勞動者資本主企業三者合爲一體之組織也利在使人工脫離雇傭關係自成一小企業又因利害相關有勤儉儲蓄之美風焉

5 販賣協作

此以共同計算而販賣產物之協作也多爲小農工所組織意在杜經紀之壟斷免中間之

損失各出徵資而成此業各主體所產之物概由協作爲之經營配置求善價而沽之無居間者從中取利則獲値可以較多各主體又不必別設倉庫則營費又從減省矣

6 器用協作

此以共同計算而假用器械之協作也多爲小農力薄者所爲由各人出資購備器械作爲協作徵收租費而貸於各人既獲致用之便又有省費之利此協作之本意也

第四款　生產之增進

經濟界中欲圖生產事業之發達勢不能不對於經濟原素（普通之曰生產要素）之效力極端發揮使之各盡其量以期生產事業之發達無疆茲對於發揮其效力之理法及其行爲又有不能不分述之必要以供研究斯學者之一粲焉

第一項　勞力之效用增進

往昔之經濟思想重商者則貴金屬重農者則恃天然鮮有以勞力爲生產上之必要也及亞丹斯斑氏出始以勞力爲不可忽誠以天然產物不能直接供人之用則賴於勞力多且因人類之思想日益進步亦知天然界之植物滋長不絕者實爲人力之所栽培藉天然之所助成也故歷來之生

產已非僅屬天然之惠育力乃屬於天人共輔所以勞力之於生產實較天然與資本爲重茲欲述勞力在經濟界增加之效用如何則應先述明關於勞力之各種理法然後從各種理法中擇其所長各因而利用之則勞力之效用自可增進焉

其一　勞力之差別

其中有年齡男女外緣種種之差別焉

其二　勞力之訓育

勞力之有大小其原因不止一端已如前述而執業之工拙疾徐要不能不歸諸訓育工事無論精粗皆非不學而能使不得其術則無由施其力苟非素習則舉措艱澁人類經濟日發達生產器物日精巧工人技藝尤爲必要訓育之方益見重要矣習藝之法約有二種一曰普通訓育二曰專門訓育

其三　勞力之動念

人工之動念者工人趨向工作之意力也所繫於生產力者至鉅其動念強則生產力亦強動念弱則生產力亦弱而其動念之所以有強弱也

陳珩伍

其四　勞力之需供

工作如物然有需要與供給之關係焉需供之多少因時因地因事而有殊異計其關於工作之供給者約有三端

（1）人口

（2）生活

（3）事變

第一　勞力之使用

人類以勞力從事生產者則有分合而異其效力之說凡一種之生產悉由多數之事業連續而成自全部觀之則爲協同自部分觀之則爲分工同協與分工者不過以同一之事業而分爲兩方觀之耳此種分工謂之同業分工如數人操舟各有所司互相爲助是已若從全社會之各種生產觀之其種類既不一致而其工作又不相同然於社會却有互助之效就其互助之點觀之則可稱曰異業分工蓋指相助於無形之謂也既指相助於無形則又無分乎同業分工與異業分工均可以分業稱之倘就其結果主旨言之雖社會上所有之各種生產亦可謂之社會的協同原夫分業與

協同之說則分業者自生產之造端言協同者自生產之結果言茲將勞力之使用分爲分業與協同二項如次

第一 勞力之分業

考分業之起因斯密亞丹謂由於人類有相資之性分業交易相因爲用然細審之氏之說不能無議夫分業在未有交易前早見於家族間不自今日始也揆厥眞因蓋有廣狹二義地利不同政俗各別廣義之起因也男女異性智力互殊狹義之起因也是以山居而獵近水而漁不能相易則地利之不同再甲地務農牧乙地競工商不相從同則政俗之各別也女正位乎內男正位乎外則男女之性異也勞心者治人勞力者治於人則智力之互殊也然分業之發達能精微如今日者固亦有賴於交易矣

分業之論導源希臘以斯密氏言之爲最詳抑氏之說僅就一事一物言之猶不免失之狹隘蓋分業爲經濟社會所必需今日之經濟社會卽由分業相維而成也

分業之種類甚爲複雜撮要言之約有三端一曰地域分業二曰職工分業三曰技術分業

第二 分業之利弊

陳珩伍

分業之利弊乃爲一般學者之所注意固成通例惟經典派尙存舊習乃云分業之利益有七而其弊害有四茲畧舉於左以爲吾論分業利業之發端焉

其所謂利者如次

其一　易於練習

專心一意以從事於一種之業務則有駕輕就熟之利

其二　有發明改良之傾向

業務專一則其所用之器得其利病而易於改良

其三　見習生之期間可短

一人一業則精力專而成功速故見習之期間可以縮短

其四　從事於一業務則移轉之際最爲敏捷

其五　生產費及生產器具均得減少

其六　職業之分科益多

其七　應各人之體力及受好而各司其業

凡老幼男女皆各應其所宜而不强人所難故社會無浪蕩之民而生產有增加之象

以上所舉之外其所謂弊者則又如左

其一　不具體的發達

其所從事終始無變化則其才力聰明偏於一方面於他方不能辨其利害得失且拘守一業則心身疲困因是得病者往往有之

其二　不能轉於他業

拘守一業之結果勞動者恒賴雇主以爲生計設一朝解雇則糊口無所或因商業上之恐慌而引起意外之事變蓋所不免

其三　破毀人家庭之娛樂

婦人服務於工塲而不能兼顧撫育之天職幼童從事於分業而致失相當之敎育

其四　容易紊亂風俗妨害衛生

多數之勞動者萃居一處不免有淫盜之舉動酣醉之惡習以致社會不良之風起工塲汚虧之氣生

欲矯正右列之弊害惟有短縮勞動之時間實行運動之方法檢查傭工之出入監督內部之男女庶幾身體安全而不至妨害風俗衞生之事矣又如音樂講演幻術諸事亦爲安其精神補助教育者也他如時時變更業務使其技能不偏或以幼年作工之暇督令入義塾就學此亦可以減除分業之弊害矣

第二項　地力之效用增進

土地之效用有三一在供給生產根據所以人類生息惟在地表生產事務亦惟土地是據譬之毛附於皮皮之不存毛將焉附是故都府之區地日之貴誠以生產之土田僻壤而集於都府人皆欲於都府便利之區立其生產之業而土地所以爲生產根據者益見重要矣二在供給植物養料一芥之種植之土中而能勃然以興得獲豐實者皆土壤滋品所由致也三在供給各種鑛產晚近工業所賴於鑛物者日多金屬品爲機械器皿之原料者效用固日見其廣煤炭瓦斯之類尤爲生產上主要助力惟此等然料皆有限量取用日多則供給益少（後此以往或將有以電力替代之趨勢）勢使然也若以吾之見解言之土地之生產分量及性質雖基於氣候外表地質位置之不同而有差異然亦以人力而能變更此種之差異者此種差異之變更則不但新增土地之分量及性

質而各種產物之數量亦得增進矣

其一　土地之開拓及改良

土地之開拓者能使不毛之地變爲生產之區此種事情實與交通之發達需要之增加相輔而行者也土地之改良者爲平均地表之高低削除不用之阡陌整理排水疏水之工事以使生產之地積有比較上之增加焉

其二　耕作法之改良

土地者可依輪換栽培法休作法大農法之施行而增加其生產力也輪換栽培法者使植物可以利用土壤中不同之物質例如在同一之耕地換栽甘蔗甜菜麥類莒類是也休作法者謂時時休田以促大氣之侵入使土壤便於食化得再含同種之養分例如三年間以二年續耕一年休田是也大農法者爲耕作之大企業以利用大器械也在耕作耕之性質上雖不能一般適用然於限度內適用之（如五穀刈草）則有增進生產力之效用焉

其三　肥料之施用及改良

植物之生長雖自地中採取加里及燐酸自地外吸收自然的窒素然其養分爲新陳代謝設或遇

陳珩伍

風雨掃蕩而自然之養分漸漸有不足之傾向則不得不假人力造之肥料以維持之雖然植物之養分既屬窒素燐酸加里三者而成則非加以包含此等之物質不能達其目的

肥料者即當用包含窒素燐酸加里等之物質以爲之如糞尿米糖油粕酒粕乾鰛大豆粕紫雲英罐頭柏棉實粕等皆能應植物之種類補充其養分倂能使土壤高起促進砂土之分解固不待言雖然其要質之配合尤不可忽若不得當雖在土地有增加養分之利而在植物却有釀害之虞於是對於人造之肥料乃有謀發明改良之必要所以窒素肥料燐酸肥料硫酸肥料之名賡續而出也大抵施用肥料之分量依於植物不同而用之亦異差其過當則釀植物病患終不能見其結實焉

其四　農具之改良

土地者依於耕植所使用之農具改良而增進其生產力如歐美之大耕作其所用之耕作機械以一架之力足以敵四十頭牛之力其裝置之法在於耕境之兩端据付汽罐而以鐵繩運轉巨鋤又如用水器械灌溉器械皆有增進土地生產力之大效焉

其五　關於土地之制度及機關之改良

土地者依於制度改良機關改良而促個人之勤勉以增其生產力例如創設助長的小農制度小作法之制度及土地抵當銀行信用協作作物保險或改良地租均可保障各農民之希望鼓舞對於土地之投資救濟作物之危險平均土地之負擔則土地之生產力自然增進也

以上五種爲土地生產力增進之原因然亦有被土地之面積所限地資之養分所限則施行過度之時反不能增進生產力者矣（報酬漸減法之作用）

第三項　資力之效用增進

工欲善其事必先利其器器者資本也古所謂長袖善舞多財善賈財亦資本之謂也是資本之利於工商者甚著惟農亦然或有力而無資或欲耕而無措貸其種食假以犂牛而農事興種食也犂牛也皆爲資本則資本之利於農者又章章矣

英國經濟學者彌兒（J S Mill）氏有言曰『生事受制於資本』是以資不足者不能宏其業而利其生列格生（J S Nicholson）氏亦曰『有因橫暴奢侈減少資本而致一國生事於凋敝者亦有因銳意維新踰其資本限制而反害其生事之發育者』可見一國生產事業有賴於資本者重故欲利羣生則必儲積資本在所當務日其儲積也既利本國事業又可斥所餘以資外國融

陳珩伍

通周轉無往不利古學派資本萬能之說非無謂也

抑學者中有謂有資本即可坐收其利者是殆昧於資本之效用者也說者所見蓋在股票債票之類股票債票之收利似爲不勞而獲實則資本必待勞力而後能完其用資本勞力如車輔相依不可偏廢設若工有利器閣置不用則失其所以爲器賈有多財不知營運則失其所以爲財農有種食犂牛任其腐朽老死則失其所以爲種食犂牛工無以贍器用賈無以通有無農無以供桑麻黍稷則資本亦以無顯其效能利用營運則惟人力是資安見具有資本不因勞力而能坐收其利者也即以債票股票言之利亦必有所因向使出此票者坐食而無所作用則利亦何由而得卽有以貨幣供支費而得息者其息之所從出或得於租業之收益或得於家產之變賣租業家產固皆先人勞苦所積是豈從天而降束手而得者乎觀夫此則資本之效用可知矣

第五欵　生產之組織

社會幼穉時代生產之組織極爲單純文明漸進乃呈複雜之現象近代列國經濟界之事情錯綜萬變學術技術日益發明生產進步不可思議於是以最小之勞費收最大之結果遂奉爲經濟上不可不少之原則雖然最小之勞費云者不過以勞費與生產之效果相爲比較似覺收效較多而用

力用費較少之謂也蓋人類之欲念日增月進無所底止故天然產物有限於分量而與人事無關係者有假借人力而益助成生產者工商盛興事業加多實際上雖生產費日見其增加而比較上則生產費必日圖其減少例如從來之生產勞費須用三倍者其所得之效果不可不加至四倍是也所以有特種方法使生產勞費減於前日而生產物倍於前日者例如比較日前生產勞費爲二分之一其效果乃得有三倍之利是也

如上所述一切效果在於使生產之要質交互補益以增廣其生產乃爲合於經濟的原則然則欲研究生產之組織者其道奚由今試分五節言之

第一項　機械使用之發達

第一　機械之意義

機械所以代勞力也民生未進殖產稀微未見有機械也民智未進學術粗疎亦未見有機械也機械之爲物構造複雜運用便捷雖與所謂器具者異然亦爲器具之複雜者耳故機械器具二者間殆難區別而通常區別之標準則在自動與他動之間因人力調轉而動者曰他動器具之類也不因人力而動轉者曰自動機械之類也抑所謂不因人力而動者亦非無假借於人力也特其動轉

之主力不爲人力而爲其他之勢力而已
機械之動轉旣屬自動而以自動轉之點觀之其種類有三
其一　發動機
其二　助力機
其三　作業機
發動機者爲發生動力之基礎如蒸氣機關電氣機關是也助力機者專助人類之勞力如紡織之機械是也作業機者介乎前二者之間如電氣機械之電線蒸汽機械之皮帶是也

第二　機械之利弊

機械之補助生產力勝於人工今試有同一費用之事業於此以人工與機械相比人工之活動力與機械之活動力四十分之一相當由是觀之機械之用便於人工固可知矣
雖然機械之動作單一的動作也欲其精巧而適於變化蓋戛戛乎難矣是以機械之弊亦如美術品之僅美觀瞻而不適於應用且生產力過大之故非販路極廣大者則非徒無益而殊有損失其

陳珩伍

缺點亦不少焉茲將其利弊分述於左焉

其一 機械之利益

1 機械能發非常强大之力

2 機械之動轉均一精密迅速不休與人類勞動因疲勞而作輟無常者異趣

3 機械之運動需人工甚微且得以極微之人力制止之

4 機械者能於短少之時間得多量之生產物

5 機械者能確定事業之結果

6 機械者能以同之一動作而繼續生產

7 機械者不能使生產物有過大過小之形態故其形式精美

8 機械者能使用軟性之勞力

9 機械者有撙節資本及勞力之奧妙

10 機械者能使生產物之價格低廉利於社會上一般的消費

其二 機械之弊害

陳珩伍

1 機械發達而社會之貧富懸殊

2 工業用機械則使婦女及幼孩勞動過度爲害於一家及全社會者甚大

3 凡一種機械發明之始則平日之依手工糊口者本免有失職之虞

4 獨立營生計之業務者亦因使用機械之影響不得不居於被雇傭之地位

5 勞銀下落而生計日形其窘迫

6 害傭工之健康破家族之娛樂

社會上利害相緣爲事理所當然要在取其利而矯其弊耳當新機發明之時手工容或有失業者顧機械之運轉作業亦不能無假於人力造機械者人也用機械者亦人也機械之用漸廣人力之需要亦漸多且欲望有相需性一種工業以用機械故能爲疾而用舒則他種工業必有相緣而振興者而人工之需要益增前此人工方以機械而失業者乃不旋踵而仍從事於業務矣不觀夫運輸業乎自鐵路肇興業搬者有朝不保夕之慮豈知鐵路既日趨於發達運輸業亦日即於擴張其間人工之需要轉過於疇昔雖然資本家與人工往往不相能也苟工人無獨立之精神與自助之能力則資本家務於利己未有不抑制人工者是在工人之自覺與國家之防維耳

第二項　教育機關之發達

教育機關當分普通與特別二種普通教育使一般之智識得以發達特別教育使各種之殖產事業於必要之技能上有開導引誘之功不但特別教育有及於生產之功而普通教育亦能影響於生殖以德育言之能使人民養成勤勉撙節之美風滌除怠惰驕奢之惡習鼓勵不撓不屈之精神矯正委靡卑汚之流弊以智育言之能使人民之注意力記憶力決斷力理解力充足共同生活上有形與無形之法則完美個人與社會之生產力均大以體育言之能使勞動者之身體安全衞生制度之設備完全苟無普通教育則民品卑下無特別之教育則產業不振茲就特別之教育試畧舉之關於農業者有農學園藝森林獸醫植物各學校關於工業者有鑛山工藝職工各學校關於商業者有商業簿記算數各學校及商品博覽會關於交通者有鐵路航海郵務電報土木電氣各學校

第三項　信用機關之發達

信用機關雖爲媒介資本轉移之作用而其結局則關於生產力之增進者不少故視其發達如何得以定國民生產力之如何也

陳玠伍

信用機關有直接行使與間接行使之別直接行使者債權者與債關者之間直接所生之關係間接行使者以法人或他人第三者之媒介因三個之利害關係而始成立者也何以直接信用之外必有間接信用乎蓋直接信用因多數之障礙而信用不能充分故非間接信用無以調和其缺點者也多數障碍云者如債務者與債權者相互所需之金額及其利益往往有難以確知之時或債務者能償還與否難以裁決之時或雙方之所欲難以一致之時必有立於雙方之間方能去其障碍此間接信用之所以必要也今試說明之則信用制度因自身之冒險計算而爲信用之媒介此主要之業務也

信用機關雖有種種然以銀行爲其中堅銀行之外有交易所及票據交換所此亦信用之機關而爲交換之媒介也農業信用之組織有直接交易與定期交易之區別而交易所則介乎其間以爲信用之保證票據兌換所者設立於市場適中之地各銀行所發之手摺得由各銀行通融收集按時會集彼此互換以整理各銀行之債務歐美各國盛行此制日本近亦倣之

國家對於票據之發行不視察社會需要之多少緩急以善爲操縱是以銀行政策中關於票據發行一事有三問題

1 發行兌換券之特權果何所屬

兌換券者對於不兌換券而言可持向銀行兌取現銀者名曰兌換券雖能通行於市面而不可持向銀行兌取現銀者名曰不兌換券不兌換券之性質與公債證書畧同雖可爲交易之媒介而不能卽指爲交易之媒介物故人民於一般交易上有時可拒之而不受若兌換券之性質則法律認爲與正貨有同一之效力旣可完納租稅亦可以兌換現金人民對於此券不得拒絕不用然無論兌換券與不兌換券同爲銀行紙幣卽同爲一種票據而發行票據之業各國皆歸中央銀行獨占其權而國家又嚴重監督之以防其濫用此權焉此種銀行非純全爲國有之產業則不過爲政府一金庫而已匪惟於國民經濟無甚影響且恐金融恐慌之時政府將自爲私謀而與國民經濟立於反對之地位是以世界各國中央銀行屬於國立者惟德與美其餘多採用私立之制度國家惟設相當之監督而令納銀行利益之一部分於政府焉日本銀行歲納千分之一二五之發行稅於政府亦其例也

2 兌換券發行過多之弊如何可以防之

兌換券固足以補助貨幣之所不及然一旦濫用此權其發行之數溢於預備金所規定之

額則請求兌換周轉不靈而信用損失其影響於社會經濟者甚大故國家於嚴重監督之外尤宜多方經營使社會基礎與銀行基礎兩者日益鞏固夫而後可

3 兌換券與正貨引換如何方能使之確實

其維持之方法各國不同而日本制度可採者有三

A 預備金

歐洲諸國皆以金幣爲預備金美國則金銀兼用大概金則用四分之三而銀則用四分之一

B 保證豫備金

豫備固多多益善然現金亦不可盡行儲蓄故可以政府之公債證券財政部證券其他確實證券商業票據等代以現金謂之保證預備金但其數不可過五分之二以示限制而堅信用

C 限制外之兌換券發行

凡遇需要增加之時額內之兌換券常形不足此時苟確認爲必要且爲額外之保証預

備金亦可發限制外之兌換券但發行之時須經財政部之許可而其加發之額亦不可不明示限制也

第四項　交通機關之發達

交通機關云者關於產物流通之設備也然其性質有廣狹之分自廣義言凡依經濟方法而使人類貨物思想之遷移及所收之轉移者皆得謂之交通如市場交通交易所交通亦包含在內自狹義言則僅限於人類貨物思想之地位遷移而已（若所有權所由生之主體不變更其地位時不得謂之交通反之所有權不移轉而其主體變更地位時得謂之交通）由是言之則交通者是爲廣義乎抑爲狹義乎雖曰難於判斷然從學者之主張則以權利之移轉爲交換地位之遷移爲交通是交通之性質則爲狹義的而非廣義的明也

交通之性質既屬狹義的方面所以世界之經濟政策學者均於交通一項僅就人類貨物思想三者地位遷移時可以發達生産事業而所憑藉之機關則分爲人類貨物思想三者而研究之茲將交通之種類列表於左

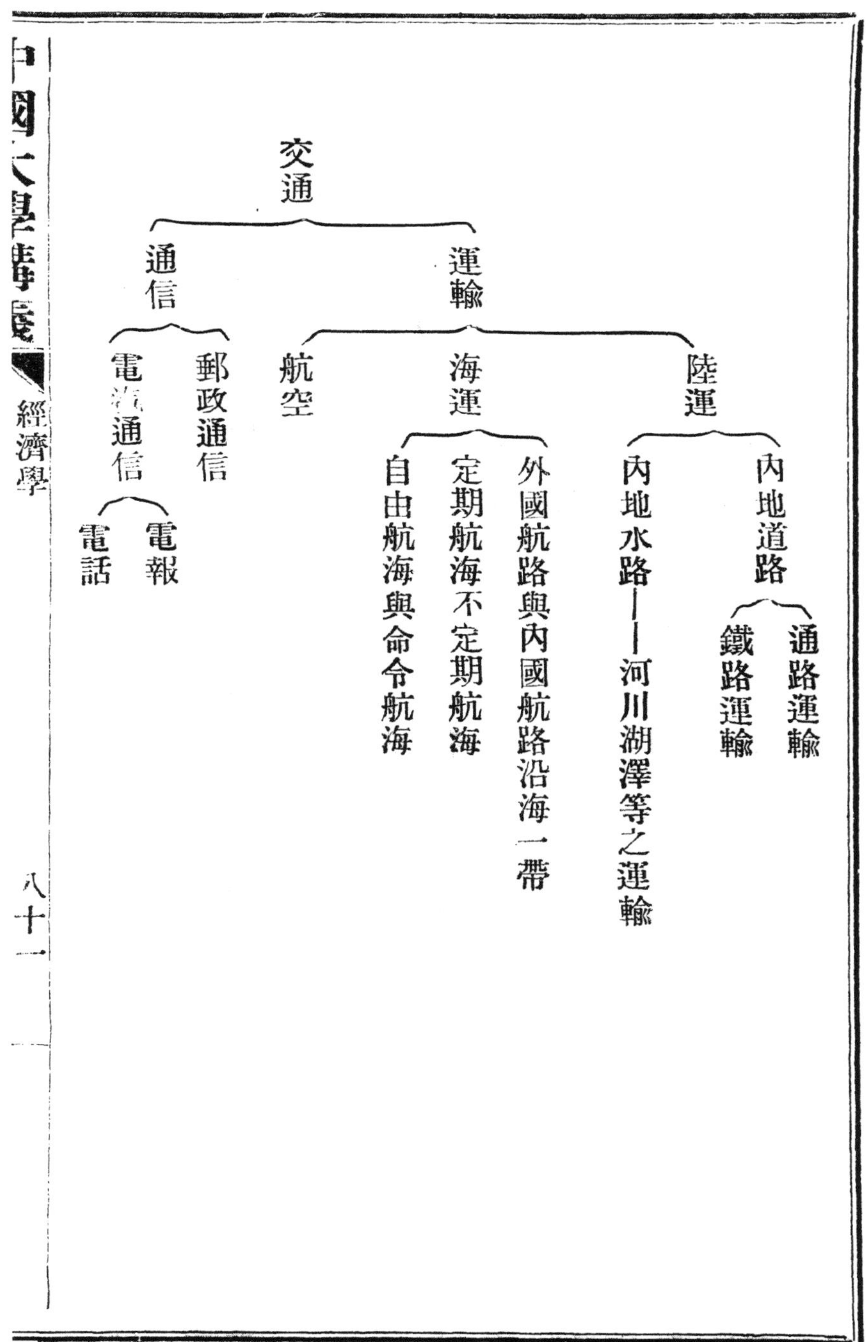
交通
運輸
通信
陸運
海運
航空
郵政通信
電氣通信
電報
電話
內地道路
內地水路
通路運輸
鐵路運輸
河川湖澤等之運輸
外國航路與內國航路沿海一帶
定期航海不定期航海
自由航海與命令航海

陳珩伍

凡運輸通信之發達貴於確實且須迅速便利使生產之產物應彼方之需要而體早爲預備也今日文明各國之通信機關槪爲官業蓋欲使便利普及運輸通信之設備與否可以覘國人之文野工商發達之區凡運輸機關通信機關無不完備者經濟上之發展愈大則其設置愈益完全產物之轉移益得迅速圓滑生產豐裕固無論矣卽一般人民見聞廣洽智識開明社會之進步有不可思議者推而言之政治上之利益何不受交通機關之影響乎就日用品之需要言之凡從來不易得之物自交通便利之後不難取諸指顧間矣或從來不易售之物因便利轉移亦不難擴張販路矣

第三節　消費

第一欵　消費之意義及其種類

消費（或曰消失）者不獨爲物能之消耗亦爲人欲之消費所以有物能依然存在而對於此之人欲全然消滅或轉向於他方亦能致價值之消失此卽里提兒氏所謂之無形的消費及其他之學者所謂之主觀的消失（或稱爲思想上之消失）者也例如因人之嗜好變遷而非流行品之價值消失或因用途之不同而舊式之官服通劵及刀槍甲冑之類其價值亦消失矣除此無形的

消失外其餘悉爲物能之消耗而此種消耗則稱爲有形的消失故稱爲客觀的消失雖然有形的消失有二種之區別其一爲使用於生產或享樂而消失者其二爲全不供此等使用而消失者故稱前者爲人爲的消失後者爲天然的消失

天然的消失者謂因天災地殃氣候之作用及蟲類或其他動物之作爲而價値消失矣故洛宣耳氏稱之爲損滅的消失（Ver'ust Consumtion）損滅的消失之例如熱帶之中上部康幾斯地方每當降雪中篋內之書籍被黴菌所害壁面之裝飾板皆被硝化衣服等物亦被腐蝕苦伊亞那地方每際降雨之季橫置於地上之鐵具忽成無用銀物亦然其化機械之使用皆感非常之妨害亞美利加之西領（西班牙之領土）因惡蟲之害保存至六十年以上之紙張亦罕所見溫帶之中則蝗饑害甚亞剌伯小亞細亞北印度諸地無年不遭此種消失寒帶之中山崩雪積流沙洪水海嘯等害居多而其他之颶風雹雪地震噴火等無論寒帶溫帶熱帶均有其害皆足以致物質之消失者矣

人爲的消失者謂使用於生產或享樂爲目的而消耗物能也　洛宣耳氏謂之使用上之消失（Gebrauche Consumtion）此等消失之中在單以享樂爲目的者謂之享樂的消失在生產他物

而使用此物（例如以穀物製麵而用時因生其他之特種物能不可不消滅此物之原形或爲燒酎用爲醬糊用亦然）故謂之生產的消失或稱爲再生的消失此種說法以其旣被消失之物能原形雖歸消滅然其價值仍得再生於新產物中也反之則爲不生產消失不生產消失者不獨經濟上有損失與妨害即令用於有益之目的而其各種之出費過多則其過分之數亦爲不生產的消失矣

不生產消失中如濫費安糜者固不可不極力排斥至若奢侈猶不得與濫費安糜同視之也倘持此絕對否定之觀念以制限人類之需用不惟無益而反妨經濟之目的何也人類生活之目的不在於撙節僅少之費用而在於生產多量之物能方得安寧幸福也安寧幸福之目的非僅因充普通之需用而能達者必依精神上肉體上之完全發達或營爲幸福的生活乃能達到例如適度的遊觀行樂之消失增進文學技術之消失裝飾住居庭園之消失儀式祭典之消失以及公園美術館競技會音樂會運動等之消失皆爲攝養其上活高尚其思想品位或供一時心身之快適以避其他有害之消失者旣有此種種之效果決非徒耗無益者可比故奢侈者不可絕對的非難惟視其適度與否耳據奢侈爲殷富的結果之說則必限於殷富之存在期奢侈之永續以表一國之殷

陳珩伍

富固無不可然恐過度太甚亦足以陷國家於滅亡總之奢侈之效在依於高尚需要之發達以擴張生產之動機增加勞動之需要漸增生活之程度修飾尊重之風儀由是而促進人類之能力日臻於開明之域故其消失尚不失爲經濟的雖然若不講利用之方法又不定其目的徒消耗物質使精神生肉體上感染奢侈之惡風消失超過於所得而不爲回復之計畫則無由期富力之增殖此等奢侈又不得謂無害於經濟也

故往古之人皆以奢侈爲有害乃以國家權力極圖驅逐如羅馬時代制定關於奢侈之法律其明證也此種法律其制定最爲複雜以致中古時代至十八世紀之頃更有奢華之戒浪費之禁然卒不得善良之結果矣至十九世紀經濟觀念爲之一變不特不設此種法規且干涉個人之內部經濟事項者亦爲法規所不許不過依租稅制度之方法對於奢侈賦課較重以爲一種之強制徵收而國家得利用之以裕其財政焉近年以來因其放任過度社會上之生計每不平適消費問題較古爲重於是有不採放任而主張干涉者其干涉之程度又有較羅馬時代尤爲過者如我國之民生主義項下所有之節制資本等說根本裁斷即不使個人資本過於發達蓋恐個人有趨於奢華浪費之用意也（如新法令中之繼承法僅許繼承者所得之財產不得超過於一萬元以上者是

其例也但此項法令當如何解釋如何修正者則屬於法律上之問題也）

據上所言可知消費與生產之關係在經濟上最爲密切兩者平均發達不失其權衡則經濟界可期恢廓若生產不及消失則富力之程度廢墜不振或消失不及生產則貨物停滯事業中止惟消失與生產相應者業務益益伸張而經濟之實力發展乃愈徵社會富力之强固矣蓋需用供給兩者相因而生產與消失有自然保其平衡之性質雖然近世器械發明往往生產過多而經濟界有非常之恐慌恐慌之原因非獨起于生產過多而已亦起於生產不足之塲合經濟社會失其平均而物價遂有低落之現象何則生產過多需用不足貨物停滯因之企業家與資本家及勞動者皆不免低減其一部矣若需用過多生產不足則物價騰貴消費者恒感痛苦至於近世交制便利國際貿易盛行其弊或可免焉預防恐慌之弊害有用間接之手段者即國民教育之進步養成勤儉樸實之風俗力圖信用制度之完全計畫運輸通信機關之周備此皆所以保生產與消失之平均者也

第二欵　消費之起因與法則

其一　消費之起因

陳珩伍

人之生也則必有欲欲念充而生計立故人類朝夕孜孜以經營創作者則爲充欲而已矣設不以此則呱呱墮地者趣感饑而啼避居桃源者亦往來種作彼摩西之流於埃及福煦之遊於雲南恒獵獸以充饑採樵以自炊者豈好勞惡逸不憚擾紛者哉徒以生計所關而已由是言之生計所關者厥惟充欲也所以飲食衣服住屋行具爲人類在所必須是故消費之起因者當以人類之欲念爲最如孟子云魚我所欲也熊掌亦我所欲也則魚與熊掌之消費實基於欲念焉耳此外若牛溲馬勃本爲人所不欲因其可以療病則病者欲其疾之速愈於牛溲馬勃而亦欲之則知消費之事原於充欲故消費之起因不可不歸於人類之欲念也明矣

其二　消費之法則

物質之效用則有增減人類之消費亦有變動增減變動之法則即爲效用消減之法則故無論何物在一定時間內其界限效用視其現存量之增加而遞減者也遞減之遲速重有關於其物之性質今當述之如次

1 物質之用途廣者其數量之影響於界限效用者微用途狹者反是

2 物質之能耐久者其數量之影響於界限效用者微不耐久者反是

3　易與他物交易的其數量之影響於界限效用者微雖交易者反是

第三節　消費之分量

消費之分量如何當視財產之生產所得以爲比例如以財產爲生產之母財則所得源源而來有無盡之望故以所得供給消費乃爲事理之常抑所得之用不盡供給消費而爲窖藏與儲蓄者亦往往有之是以一社會消費之大小與個人消費之大小則有如左之事項焉

1　財產之大小

2　所得之大小

3　窖藏與儲蓄之多少

財產大者貨富而費多小者反是所得多者財裕而費大少者反是窖藏儲蓄之風盛則人尙儉樸消費亦小舉所得而消費之則消費亦大然儲蓄愈多事業愈盛所得亦愈豐消費之資亦更裕節省消費於一時擴大消費於異日則所得儲蓄並與消費力相乘除矣

是故儲蓄之風乃裕國福民之要道傾家蕩產以自給者固爲身家社會之大害卽使守業不失盡費所入不爲發達事業增進幸福計亦爲人類社會之大憂也

抑所得種類本有財產所得與勤勞所得之別勤勞所得中尤以勞工所得爲最薄勞工居資本制度之下爲資本家所壓迫以僅少之傭爲身家之計消費之小罕據比倫無儲蓄之力少發展之機日僅維持其生存乃無殊於牛與馬也此社會主義者流所以悲憫而欲改革資本制度者也

第四章　價值變動論

第一節　價值變動之前提說

經濟界最重要之變動理法仍然根據於供給與需要而來（前編所論僅乃於生產與消費兩部分之理由以論斷價值之成立關係）何也生產多時則供給交換者多多生產少時則供給交換者少消費多時則需要交換者多消費少時則需要交換少變換言之生產者提供於市場之物較少則消費者恒感不足之處若消費者購買市場之物較少則生產者亦感難於轉換之若（卽物有餘之故）物品之有餘與不足則價值之比較遂起變動之關係焉交換方面所有價值之變動固如是矣若彼分配方面之變動又從何處而推測歟原夫分配之理法本於四種經濟人格之行動如何亦可知其價值變動之大小關係倘從產業上經營之關係言之各種能力具併則產物豐盈而剩餘利益必多則分配亦因之而多各種能力較弱則產物必見減少而剩餘利益亦必少則

分配上又安得不少焉然此僅就產業上之生產豐歉而言耳至論四種經濟人格對於產業所供之能力則必參差不齊未有平均之勢可以預判所以人格之各部分亦必視其能力之大者所分者大能力之小者所分者小其間之經濟價值亦必起大小之變動焉

斯二者之變動情形雖不僅此然其關係總不外乎品盾與能力有大小多少之差別焉

第二節　交換

第一欵　交換之意義

交換者謂人類關於經濟生活以間接的良好手段希圖需供相濟之行爲也此種行爲即因甲乙雙方均挾有以其所有易其所無之目的在先而後經其交換雙方即能滿欲者也推原究竟厥有三端一因社會之進化二因分業之發達三因所有權之確立

原夫社會之進化則隨人欲之進步而來人欲愈複雜社會愈文明凡人類所需之物質絕非以各人本身之勤勞所能供給勢不得不互爲借助由是而交換之道生顧欲互爲借助以滿足複雜之欲念者則社會萬衆之心理莫不相同又將用何法始能達此複雜之欲念乎一言以備之曰則分業是已分業者則以人類之性質莫不各顧土宜各營生業然後各以有餘互償不足者則分業之

陳珩伍

效果分業之發達其原因如此而所有權亦緣分業而益鞏固蓋由各分業所生產之經濟物質其物權必爲生產者所有他方欲從而用之勢必經生產之方許可始能用之故所有權亦爲交換原因之一交換之制立而通財之道興於是有圖生消兩便之法應運而生者則曰商業商業者卽對於生消兩方居間介紹需供相濟之事業也故商業爲文明社會通財布利之媒介焉欲明通財布利之法於經濟學上勢不能不研究交換上之原理原則者焉其原理原則如何詳於以下各節

第二欵　交換上之理法

第一項　價格之起因

價格者何乃價值與價值之客觀的比較也（主觀的比較則無所謂價格之存在）何爲客觀的比較乎卽所謂甲乙二人相交換時關於甲乙二物所有之比量是也亞丹斯密氏稱之爲「交換價格」（多數之德奧學者亦如是焉）馬古那多氏等一派之英國學者稱之爲「交換比例」麻撒兒氏又稱爲『限界效用與限界效用之比較』費里薄微絜氏稱之爲『一物之單量對於他物之單量所生之數』焉雖其立說不同而其意旨則不交換制度上彼此以權利物互相交換之確實數量若以吾之見解言則價格確定之時必有二種人數與二種物能相對而後始成立一

種互利之關係藉之以表示一物之部分價値與他物之部分價値有量數與效用相等之關係在焉其所謂數量與效用有相等之關係者爲彼此所有之兩物原來之價値有同等之理法存於其間所以於交換時乃能彼此互生客觀的關係譬之農有餘穀可以易酒女有餘帛可以易米則知穀與帛等皆原有交換價値存在若曰穀一斗換酒五斤帛一疋換米三斗則穀一斗卽爲酒五斤之價格帛一疋卽爲米三斗之價格不難判明矣或者因之則稱價格爲之代價然於學術上之硏究則價格與代價又非一事價格爲物物相比之計量代價爲物之價格以貨幣相比之計量蓋貨幣僅爲交易之媒介而非直接充欲之物不能與他物互爲標價格惟世俗之人往往以習慣關係乃將價格與代價混爲一事雖然貨幣制度通行之國百物交換莫不籍貨幣之力以成交換顧舍代價幾無價格之可言也凡言價格者概指代價而言耳茲爲應用便利起見仍用價格之名詞焉

第二項　價格與價値之區別

凡物相交換交則必有比較其所比較者乃爲兩物固有之價値復由兩個人欲支配其間互爲比量及至比量兩相適合以成交換交換成立則此物之價値必與他物之價値相等兩物相等之價値則曰價格是故價格卽爲兩物相比所決定之數量然此所決定之數量旣曰價格而其數量未

陳珩伍

經決定以前僅能現出大小之效用者又不可謂之價格而爲價值焉推原竟究則價值與價格之區別尙有重大之理由在乎其間蓋緣物質具有價格者（決定時言）必具有價值在先然有價值者不必均有價格此即學理上所謂有交換價值者必有使用價值有使用價值者不必咸有交換價值之前提也由此言之即知價值原非價格而價格亦非價值明矣更縝密察之則兩者之性質各有不同其不同之處可得而言者有四

其一　成立之條件不同

價值以一人一物即可成立而價格必有二人二物之存在始能成立

其二　外表之形式不同

價值爲人類主觀的表示即指吾人對於某物所感之重要程度而言價格爲人類客觀的表示中所有之一定數量而言（各個主觀相積所推定之限度謂之價格是故價格者卽由各個主觀相積平均之總和所謂之客觀的價值而出）此種數量乃爲此物與彼物相比較之交換率（交換率由交換能而生）

其三　社會之效能不同

價値能存在於共有制度之社會價格祇能行於私有制度之社會是前者能以社會的觀察認爲重要後者僅以個人的觀察認爲重要

其四　變化之理法不同

價値爲吾人對於某物所感之重要程度而其效程度雖隨某物之效能與夫數量如何而有變化然其實際則與他物所有之效能與夫數量毫無關係至於價格爲由人意所支配的二物之比較但其比價不僅恒因他物所有之效能與夫數量如何而有變化而且變化之方式又可因夫對方所交換之物所有之效能與夫數量而有增減之關係焉

第三項　價格上之特別關係

支配價格變動之原則雖明前述然亦有因物質供給之情形有所不同而於變動之原則反生特別之關係在乎其間者爲揆其關係約有四端

其一　無限制之供給（物品有不需多數之生產費而能增加供給之數量者屬於此例）

例如普通製造品可應需要之程度隨乎製造者之意思隨時可以增加倘其價格較高於生產費時則同種企業之利益較大而其競爭之力亦大所有結果供給增加而價格因之下落反而求之

若價格較低於生產費時則製造者必圖避免損失或減少生產費或轉入他業遂使同品之減少而價格復因騰貴則未轉入他業者亦必努力製造並且應用生產技術增加機械改良分業限界生產費又有漸減之趨勢故曰有不需多數之生產費而能增加供給之量此非無限制之供給者乎

其三　比較限制之供給（物品有漸加生產費而能增其供給之量者屬於此例）

例如農產之物之屬恒受收穫遞減法之支配不能隨意增加卽使依改良土地之方法比較的增加而其產物之價格反不能日趨下落者何也蓋緣農產乃有一定季節之事業雖凶歲因供給缺乏而價格式較暴騰豐年因供給充盈而價格或較暴落固爲事理之常然在今日交通發達之際歲凶則可以彼濟此歲豐則可以此濟彼則急激的騰落之現衆亦難永久繼續更進一步言之歲雖凶則不能一粒不產年雖豐則不能倍額收獲而市場之價格若以前數年與後數年相較則無多大之差額現出其間故曰比較限制之供給

其三　絕對限制之供給（物品有受歷史的限制而不能增加其數量者屬於此例）

例如古代之書畫彝鼎其供給毫無增加之餘地其價格乃有專一的性質經濟學家則稱其物曰

古稀品稱其價格曰稀少價格縱令需要之方極端增加而其價格極端騰貴亦無由增加供給之事實焉故其價格之高低與生產費毫無關係祇因其需要之方人數之多寡與夫支付能力之大小爲成價之標的故曰絕對限制之供給

其四　人爲限制之供給（物品有受獨占的限制而不易增加其數量者屬於此例）

例如專賣品獨占品重稅品同盟貨物之類既受法律習慣條約等之限制祇爲特定之人格可以生產販賣因而供給之增加不得自由故其價格僅由受特許之人所有之思意定之斷非生產費之法則所能支配者也故曰人爲限制之供給

第四款　交換之種類

第一項　實物交換

實物交換者謂實物與實物直接交易也此雖爲交換眞目的之存在而其中間不使用何等之用具單純爲物物之取引未免有諸多之不便瞻朋司氏列舉其不便之處有如左之言

A　兩意投合之缺乏　物物交換應有二種特定目的物之存在故必期二重之投合於同一之時不特甲所欲賣之物期爲乙所欲買且必同時乙所欲賣之物亦爲甲所欲買其交換乃

陳珩伍

能成立不然則物物交換不能成立而此二重之投合豈非困難之事乎

B割合標準之缺乏　例如以牛肉換穀或以穀換雞蛋之時則牛肉幾斤與穀幾升或穀幾升與雞蛋幾十個應爲如何之割合耶如此種交換非取千百之實物每於異種之單位互爲比例則千百實物之交換必不可行誠可謂不便之極也假令製通價表（Pricecurrentlist）則必於各一物之項下悉記各種物品之比價或設煩細之比例式果然百種之物品應有四千九百五十之比例式

$$\left(\frac{(100-1)\times 100}{2}=4950\right)$$

而此比例非悉爲精確則可使狡猾之商賈竊博奇利也

C分割手段之缺乏　實物中不減失價値則不得分割者多也試舉一極端之例如馬一匹與米十石相當若欲以馬與米五石相交換則不可不取其馬而半截之然而馬者不能以半身適用也實物交換原爲古代遺風現今所行者如我國貴州之苗民以所種之棉與漢人換食物湖南之猺民以所採之樵與該省之商人換鹽與帛等是也

第二項　貨幣交換

從來學術上之貨幣雖極紛紜然大別之只三種而已

一、以貨幣爲唯一之富力

二，以貨幣非唯一之富力乃爲一種之貨物

三，以貨幣非貨物單爲基於人爲法所創設之思想物

余以貨幣不爲單純的思想物又不爲價格之思想權度乃爲凡價値之代表及凡價値之基準若從各國之貨幣觀之決非是人爲法所定之思想物乃爲一一定之物量不過以此物量爲一切之交換基準焉

換右所言貨幣爲交換之媒介既爲交換之媒介必其質性可以久遠保存而又能充滿人欲其所謂充滿人欲而能久遠保存則非金屬爲之不可故各國均以貴金屬而鑄造貨幣焉

貴金屬中可分爲金銀二種黃金之外又有白金其產出之量極少且鑄造困難故不適於貨幣之用凡具備前項所列經濟上之性質而兼有法律上之性質者是爲完全之貨幣缺其一者則爲不完全之貨幣方今不完全之貨幣可分爲數種

（一）外國貨幣　外國之法貨於本國不能有强制的流通力是以屬地主義之觀念不能以外國法行於本國也

（二）補助貨幣　此雖有强制流通力而其價値大抵不如法貨也

（三）紙幣　歷史上雖有所謂紙幣單本位之國而實爲一般學者所非難現今國家每因軍事之後財政困難發行不換紙幣（Uneinlosliche papier）以救濟一時然不久卽釐正財政以圖收囘矣

貨幣亦一種物質故其交換力（Exchangebility）亦因需要供給之關係而貴賤不同法貨之供給增加而需用者少則交換力減退而物價騰貴矣徵之實例中華光復以後因濫發紙幣遂使貨幣之價格下落而物品之價格非常騰貴是也國家對於貨幣之保證是使貨幣之信用充足而流通增盛者也故國家規定貨幣之本位最爲重要所謂規定本位者法律置於支付貨幣之際對於額數所積之根本其分量與價格必基於一定者也貨幣制度因其計畫量價格之方法得分爲二

（a）秤量幣制　秤量幣制者國家當定貨幣之時以一定之衡器計量其輕重因之制定價格而以是供交換之用者如金塊銀塊之用秤是也

（b）計數幣制　計數幣制者國家當鑄幣之時斟酌其純分及重量其形式大小較然畫一及其通用之也只計其數以相受授可免秤量之煩又須形製精巧不易作僞此現今各國之貨幣制度也

貨幣制度有補助貨幣與本位貨幣之別本位貨幣者國家公認爲交換之基準當支拂之時無論如何巨額得給予之補助貨幣者雖亦國家公認然當支付之時不可不定一特種之限制者也就限制而言則可分本位制爲二種

（一）單本位制（Monometallismus）單本位制者以一種之貨幣爲本位其他爲補助貨幣而助其流行通用者也故雖云單本位制而其國中所通行者非僅一種貨幣今日各國之本位貨幣多以金貨充之故云金單本位制(Gold wahrung, Gold standard) 然以銀爲本位者亦復不少以銀爲本位者故云銀單本位制(Silver wahrung, silver standard)溯之往昔有以銅者如中國古代之制錢是也有以鐵者如斯巴德之貨幣是也然考經濟界之大勢則由賤金屬而推移於貴金屬乃通例矣

（二）複本位制（Doppel wahrung, double standard or bimetalism）複本位制者謂以二種或二種以上之貨幣爲本位者故也不問其爲金爲銀爲銅皆有本位貨幣之效力徵之歷史以金銀兩種貨幣爲複本位者往往有之現今之文明國家則無可確指爲複本位制矣

用複本位制之國其爲本位各種貨幣之比較不可不依據法律以爲一定之基準若其法定價格

陳玠伍

與市價不一致則惡貨必驅逐良貨而市場唯見惡貨之充塞矣例如以金銀二貨爲本位之國其法定價格對於金一爲銀十六之比較而實際上之金銀比價則爲金銀十七之割合故有金貨日日輸出銀貨日日輸入之象而金貨絕迹於市場矣故複本位制之國家其法定比價與實際市場之比價不合一之時其差點極多則欲其通行盡利有難言者矣

金銀之市價因産出額之增減及一切需要供給之原因不免有意外之變遷若一國獨立而欲通行複本位制殊爲困難於是有數國同盟以定合一之比價而謀經濟之利益者如法蘭西意大利比利時瑞士之羅甸同盟是也據今日世界之大勢觀之將來世界同盟實行此複本位制或無損害而在今日則以單本位制固相宜也

金井氏謂欲實行複本位制必予人民以自由請求鑄造之權

山琦氏謂國家予人民以自由請求鑄造之權在單本位制則可在複本位制則不可

余之意見則不分採用金單本位制與複本位制之國均可以金貨一種許人民有自由請求鑄造之權但採用金單本位制之國所用之補助貨幣與採用複本位制之國所用之銀貨決不可許人民有自由請求鑄造之權蓋恐銀貨過多有驅逐其金貨之故也此外若採用銀單本位制之國則

銀貨亦可聽人民自由請求鑄造以其無有金貨被銀貨驅逐者矣關於貨幣之流通最有影響者莫如法律習慣與貨幣之物質法律與貨幣之關係前既述之蓋非惟信用上有重大之勢力而因有强制力之故雖補助貨之價格與本貨之價格相隔數倍而仍得以流通者亦因有强制之性質也雖然習慣爲法律之根源往往有法律未曾規定而遵從習慣者當斯時也法律之勢力恒不及習慣例如新鑄造之貨幣其始通用之比諸市場上價格甚劣之舊貨及不換紙幣其流通力猶弱甚至有全不能流通者則習慣上之關係大矣

貨幣之特質每不能適用優勝劣敗之原則惡貨能驅逐良貨而良貨不能驅逐惡貨焉斯賓塞氏嘗謂國家委任人民以自由鑄造之權則競爭之結果良貨可以占優勝而惡貨自然居於劣敗雖主張如是而實際之事實則大謬不然是以英人苦累加膜氏謂一切惡貨法律上習慣上流通之效力與良貨毫無所異良貨與惡貨同一價格之時則良貨或被貯蓄或被鎔解終至市塲之上良貨絕跡而惡貨獨充塞矣此惡貨驅逐良貨之原則當國際交易競爭劇烈之時其影響固著而採用複本位制之國其受害尤顯

貨幣之流通力最强者不若本位貨幣實以本位貨幣爲實體上之完全貨幣也縱令無法律上之

强通力亦能自爲流通得無制限而充各種之支拂只除無智識者外未有拒絕者也至若補助貨幣之流通力僅限於少額之支拂行之以其爲無獨立性質之一種貨幣不能完全代表一切之價値不過依法律之强通力對於本位貨幣得補助其不完全之處始能爲法律上之貨幣耳雖然本位貨幣與補助貨幣其實體上雖有如此之差異而在法律上同認之爲貨幣以之對於公私之一切取引皆爲有額面價格之金屬故稱爲狹義的貨幣或稱爲硬貨反之政府紙幣及銀行兌換券者於實體上固爲不完全以極然因補助貨幣既有法律上强通力之故以之爲法律上之貨幣卽令非金屬者亦何不可以法律上之强通力維持其額面價格使之對於公私之一切取引而使用耶本此理由所以紙幣及兌換券之效力亦有同於補助貨幣也

總核以上之貨幣而言實體上最完全者爲本位貨幣其求助於法律之力者最少補助貨幣者爲一部分之不完全其求助於法法律之力者較多若紙幣及兌換券者純爲不完全之貨幣非假法律之力不能成立此三種者雖有如此之不同而法律均附與强通力以爲支拂之手段則無相異也自此觀也則本位貨幣補助貨幣政府紙幣及銀行兌換券皆爲法律上之貨幣故稱爲法貨現在流通之法貨稱爲通貨而與物價變動有直接之關係者即此通貨者也

第三項　信用交換

當互相交換之時一方供出產物或供出勞力同時向他方責以報酬或期以將來之報酬此將來之報酬則謂之猶豫支拂（Defferred pay ment）此猶豫支拂之問題卽信用問題是也關於信用一事有必要之條件三

（一）當事者有自由之意思

（二）有相互間之信任

（三）期將來之報酬

當事者之自由意思云者謂他日之報酬非强制之結果而全聽本人之自由履行其債務者也申言之卽因契約而生之債務以自由意思履行之是也相互之信用云者一方期以他日履行其債務則他方不可不信其將來有履行義務之能力也期將來之報酬云者當事者之一方旣信爲有履行債務之能力若有不履行之時則社會上有適義之制裁或者有强迫其履行之法律制度故將來之報酬有萬不可以一人之意思而放棄其信用者也信用之有益於經濟界不可勝數約略言之有左之數點

陳珩伍

（a）有自多數之方面而直接間接增加資本之事　凡企業家兼出勞力提出資本者不過營小規模之企業與小資本而已蓋企業家往往才智技能體力有餘而金錢不足故非求資本於他人則不能活動至於有資本者往往坐擁金錢而無發坐事業之智識能力故必使資本家與企業家雙方聯合而後生產事業乃有成功之希望欲雙方聯合舍信用奚由哉

（b）得集合小資金而爲一大資本之利　凡零碎之資本存在於各箇人之手中者不得謂之資本惟有儲蓄銀行等以吸收各人零入之金錢而爲流通之機關則於一方能合多數之小資金爲一大資本於一方信用既厚儲蓄之美風翔洽閭里而生產事業愈益活潑矣

（c）使企業家易於得新資本　凡經營大生產事業者若其新生產物未曾賣却則欲得新資本甚難蓋新生產物待價而求售一不可不利用時機若時機不順則貨滯於市而資本無所出惟各市塲上有藏收貨物之倉庫所藏之貨物有藏荷證書可將來此證書向他人借貸金錢以供製造之用此一得新資本之一法也

（d）有節約貨幣之使用之利　有信用證劵則可爲貨幣之代用雖千里之遙寸書可達而可省轉運之煩勞且信用流行則人人皆知守經濟上之德義以求得社會之信任而國民之品位高

尙矣

以上所舉皆信用之利益也雖然亦有弊害不可不知例如恃有信用而濫費金錢則欠耗之事即從此起故有不節冗費而坐致虧耆者有試身於投機事業而終憂破產者或有小資本家濫造物品而憂生產之過多者此亦經濟學者所當研究也

信用必經如何之形式而後可以通行乎以常例言之必以證書爲據而後可而其證書有不可讓渡於他人者有可讓渡於他人者其得讓渡之證書謂之信用證券亦曰有價證券此外又有口頭契約此僅行於至親密友且限於短期借貸而後可固不必詳論之惟就信用上之形式與經濟學上有密接之關係者說明如左

（甲）匯票（爲替手形）　爲外國商法所規定者皆多說明匯票之性質者也此匯票當其發行時其利害關係人有三一曰振出人即發行此手形者也二曰受取人卽有承受此手形之權利者也三曰支付人即代振出人以金錢交付於受取人者也自其發行之時言之似不過一支拂委託之憑證雖有代爲支付之人而無一定確實之債務者雖然支付人引受此匯票之後則其對於受取人卽有履行債務之責任且因銀行之媒介而能完信用之効力者也

（乙）期票（約束手形）　期票者謂發行此票據之人對於受取者相約支付之證劵也匯票利害關係人有三而期票利害關係人有二卽振出人（如中國之發票人）與受取人是也例如甲對於乙有債務甲與乙約至某期限後方始償還屆期支付必有證據此等證據惟乙可持向甲索還前債不能涉及於丙惟法律上之規定則準用匯票之法規者不少

（丙）手摺（小切手）　手摺大抵爲貨幣之代用者其種類甚多有普通者有特別者以手摺代貨幣故省貨幣轉運之勞或儲金於銀行而期間支付利息以小切手代現金之使用此普通之方法也或因銀行與銀行之關係而免奸人之邪謀使用筋引手摺者此特別之方法也（筋引手摺其形式如期票惟銀行與銀行使用之）

以上所舉皆得自由讓渡者其支付之期間既至可卽爲貨幣之代用故貨幣之流通因此推行盡利此外更有一種於簿籍上記入雙方相互之貸借關係至某期間清算後卽抵消相互之債務此亦信用上之一種形式也

信用之種別分晰言之有對物信用對人信用及消費的信用生產的信用之數種

第一對物信用與對人信用　對物信用者信用之所存不在乎其人所提出之貨物例如質入抵

當之屬是也債務者若不能償還其債務則或以質入之貨物或以質入之財產皆可抵充是不啻以是物爲信用之保證矣對人信用者是專行於商人之間其行之也大抵短期之資金貸借而又相互之關係最親密之時方能實用者也夫凡人對於豪商大賈有所借貸不用抵押是雖有對人信用之觀念然不過以其富有財產觀爲信用之目的非眞正之對人信用也至於小商販家或中流以下之人資財雖不充裕而其技能與德義心爲社會所信仰口語相約終始不渝此乃眞正之對人信用矣

第二消費的信用與生產的信用　此種區別因信用之用途何如而判爲二類者也生產的信用者如商業或農工業因謀種種之生產依信用以得資金者也消費的信用者其所得之資金雖投諸不生產之事業而當其償還之時全憑信用者也

第四項　貿易之種類及貿易政策

凡人欲爲交換選擇相手方殊不易易故當交換頻繁之中必有立於需要與供給之間以爲媒介者此種媒介稱爲商業卽貿易是也貿易者卽以交換之媒介爲營業而以得轉賣之利益爲目的者也以貿易之種類言之得分四種

第一小賣商與卸賣商　此因營業之大小而區別者也
第二海上貿易與陸上貿易　此因地點之不同而區別者也
第三動產貿易與不動產貿易　此因貨物之性質而區別者也
第四內國貿易與外國貿易　此因國際上之關係而區別者也

以上四種惟第四種區別在經濟上有研究之價值內國貿易者限於此一地方之產物與他一地方之產物相交換如都會中小區域之市塲是也外國貿易者得分爲輸入與輸出二種蓋各國有各國特殊之產物恒因氣候風土之不齊及國民技術之相異往往此邦之所有卽爲彼邦之所無故其結果奬勵其特有之生產事業而使其富力發達則國際的分業自然發生也

內貿國易之範圍不過一局部生出之關係外國貿易之範圍爲寰球生出之關係關係之不同所以資本與勞力之移轉在一國之內者制限之事情甚少故生產事業轉向經濟上最有利之地方較爲容易其生產物能應於其國中各地之需要而輸送焉至於一國與一國之關係惟以雙方利益最優之特產物互相交換而已何則在於一國以內某種事業之生產費單比他國低廉之時非直能移轉其資本勞力於他國者也例如甲國產米一石其生產費値金十圓產石炭一噸其生產

陳珩伍

費値金八圓乙國則米一石僅需金八圓石炭一噸僅需金六圓以乙國較甲國殊爲低廉似可以其勞力資本轉移於甲國矣然因風俗習慣人情相去懸殊及生活狀態亦萬有不齊故移轉其資本及勞力之事終不數覯惟有兩國各從事於生產以互相競爭而已若甲國一石米之生產費需金十圓石炭一噸需金八圓而乙國之米需金八圓石炭需金十圓則可自乙國輸入米於甲國亦可自甲國輸入石炭於乙國要之外國貿易係由二種之富價格之比例互有差異而後有無交通從此發生者也

關係於外國貿易經濟政策上分爲二種其孰失孰得爭論頗多於是自由貿易制度與保護貿易制度學者之主張相異列國之政見亦因之不同矣

自由貿易者私人之經營商業發生勢力於外國而本國政府任其發達不稍干涉者也保護貿易者政府爲獎勵本國之生產事業使之發達對於外國之輸入品或加禁制或課重稅使之與本國之製作品價格上大生差異而外國之品物不能與本國競爭者也

自由貿易有利益之點如左

（一）生產力之利用因之增多而國際的分業愈益發達　蓋自由貿易廣求市場於世界販路

區域廣豁無際生產彌多收利彌溥最適用於優勝劣敗之原則者也

(二)從來難得之貨物易於普及一般人類之慾念得以充滿而消費者獲利尤鉅　蓋雖窮鄉僻壤亦得自由交通而爲文明之導線

(三)國際分業彌盛勞力者工業者受惠愈多

(四)有自由貿易則物價均一可以免奸欺僞之弊

保護貿易有利益之點如左

(一)從於優勝劣敗之原則一國幼稚之產業爲外國品所抑制而有衰退之虞故欲使劣者弱者不受壓迫則不可不取保護政策

(二)主張自由貿易之國家平時固無大害一遇戰事則仰供給於外國經濟界之秩序因之破壞故主張保護貿易可以興起國民獨立之心

雖然自由貿易與保護貿易兩者之利害得失不能一朝判決且其優劣亦非絕對的相懸殊者是常鑑於國中之狀態何如其國之產業幼稚者則保護貿易制度固屬萬不可緩若產業發達之國工商甚盛則自由貿易又最相宜且自由貿易之國家有時因富之性質不同或課重稅或免徵收

陳珩伍

或稍示節制或全行禁止固不可概論也

外國貿易之順逆因輸出輸入之關係如何其利害可得言也或者見輸入之超過則以爲可憂見輸出之超過則以爲可喜不知超過之理由宜據國家當時之事情幷其富之性質而考察之彼挾重商主義者往往注重輸出而忌外貨之輸入殆不能眞知經濟政策者也

各國貿易比較表

國名	物品輸出	物品輸入	合計	就人口一人貿易額之比例
	圓		圓	圓
英	三,五四三,〇〇〇,〇〇〇	三,二三〇,〇〇〇,〇〇〇	八,七七三,〇〇〇,〇〇〇	二一三
法	二,二〇八,〇〇〇,〇〇〇	二,三九五,〇〇〇,〇〇〇	四,六〇三,〇〇〇,〇〇〇	一二一
德	二,三七六,〇〇〇,〇〇〇	三,〇二一,〇〇〇,〇〇〇	五,三九七,〇〇〇,〇〇〇	九六
俄	六八八,〇〇〇,〇〇〇	五七二,〇〇〇,〇〇〇	一,二六〇,〇〇〇,〇〇〇	一一
奧	七七六,〇〇〇,〇〇〇	六七八,〇〇〇,〇〇〇	一,四五四,〇〇〇,〇〇〇	三二
美	二,七四〇,〇〇〇,〇〇〇	一,六八九,〇〇〇,〇〇〇	四,四三八,〇〇〇,〇〇〇	五八
日	二〇九,〇〇〇,〇〇〇	三一三,〇〇〇,〇〇〇	五一二,〇〇〇,〇〇〇	一二

第二節　分配

陳玠伍

分配之義卽多數從事生產者對於生產上之純收入而各分得其利益者也從事生產者不外四種人格

（一）勞動者

（二）資本家

（三）地主

（四）企業家

研究分配於此數種人之順序及方法是爲國民經濟國民經濟者卽爲生產上之純收入凡新生產物之結果必有可計之價額總計之爲總收額然有不能盡算入總收額之內有三

（一）須除去生產上之消費品如原料之類

（二）須除去生產時之助成品如薪炭之類

（三）須除去固定資本如修理工廠器械之類

除去此數部分之費用所餘爲生產上之純收入則謂之純所得分配云者卽指此純收入而言之也例如生產必須勞力則勞動者須分得一分生產必須財力地力能力則資本家地主企業家須

各分得一分此洗齊古所謂之富力之分配

或疑純收入亦有不能分配者例如地主自以其勞力資本耕獲之則無分配之說然此等甚少不可執此以爲通例自普通民國之經濟論之未有不重分配之理由

分配之制度有二

（一）自由分配制度

（二）人爲分配制度

自由分配制度卽以勞力資本土地之所得自由分配雖多少不受法律上之限制者也但實際上或不以法律直接限制之而間接限制之又或不受法律之限制而受風俗習慣上之限制絕對的自由分配者未之有也

人爲分配制度乃藉權力主體之國家規定其土地勞力資本等之所得而分配多少也此爲極端社會主義甚不易行故觀世界各國無行人爲分配制度者

自受此之分配而論皆於生產上得其報酬雖然勞力者資本家地主三種人與企業家之得報酬又當分別觀之此三種人則受分配於生產之後企業家則受配分於生產之前何也企業家總其

陳珩伍

利益計算而後從事其生產則其利害均爲已所甘受苟生產無良結果卽不能有所分配終不得受其報酬也

所得之分配在勞動者則謂之傭資在資本家則謂之利息在地主則謂之地租在企業家則謂之利瀛然統觀經濟上之狀況往往有以一人而兼各資格者顧此係就事實上言若研竟經濟學欲解釋各種之分配使之明晰則又宜將事實上問題放下而就庸資利息地租利瀛等分別論之也

論富力之分配不可不研究所得之觀念何謂所得卽一定人數於一定時間以內所得一定之數量也例如勞力者每日得傭資一圓合一年計之共得三百六十元是一人者一定人數也一年者一定時間也三百六十圓者一定數量也推之資本家地主之所得亦然凡所得者雖舉其所得而消耗之而於其生產各要素無所損害譬之傭資用盡而於其勞力無損害利息用盡而於其資本無損因其所得爲生產純收入者也

所得之分類

一爲必要所得人類生活上所不可缺之額是也

一爲有用所得於生活必要外可貯蓄及可供奢侈快樂者是也

民國所得即國民生產之純收入對於外國之債權債務最有關係蓋對外負有債務時則於每年純收入中除去應償若干之數而後謂之所得若對外恃有債權時則於每年純收入中加入每年應收取若干之數而後謂之所得設既無債務又無債權即以一致之純收入爲所得也

第一欵　地租（即地代）

地租（Rent）者謂對于土地之使用所定之報酬的價格也據一般所稱之地租有指自然之剩益者有指對於自然剩益之一種價格者故麻薩兒氏里卡多氏等區別爲二種

第一自然上之地租　謂一生産期內自土地而生之產物與生產費之差額所得之純粹收益也此彌兒氏所謂之經濟上之地租

第二事實上之地租　謂自土地之使用價值以推定其剩益如何而決定地主與借地者間之地租此事實之地租更得區別爲三一曰競爭地租二曰習慣地租三曰年期地租是也

競爭地租者爲賃借土地者互相競爭所決定之地租也其亦競爭自由之時而地主之自利心因之發達即以土地賃貸于給付最高地租之人是也制定地租之標準有五

（一）耕境區域之擴張

陳珩伍

（二）需要供給之緩急

（三）位置之便否

（四）地味之肥瘠

（五）改良之應用

（一）耕境區域之擴張　競爭地租者因現在耕作最下等耕境之生產力與現在耕作高等耕境之生產力互相異差而生者也雖然土地有肥瘠之別故有時某塲所僅能生出資本與勞力之利益不能生出地租之利益所謂耕作限界地是也此等土地縱令有支拂地租之事亦不過名義上之地租而非事實上之地租矣何則借地人租借此瘠地實力上能支付此地租者固絕少也雖然如借地人償淸生產費而尙有餘裕卽不可不從事於土地之開闢而人口繁多食品之需要因之增加勢必於耕作界限地之外更耕作最下等之土地此之謂耕作限界之降下至於此時則前日僅付名義上地租之下等土地亦不可不納地租於地主惟其地租之額須以舊最下等土地之生產力與新最下等土地之生產力兩相比較而有等差耳今試舉里卡多氏所標示之例以證明之茲有一地於此分爲甲乙丙丁戊等之耕地而耕地之中甲爲最高等耕境以下順次至戊爲劣

等之耕境當人口甚少食品之需要無多之時則此地之人民耕作甲地則已無憂缺乏殆人口漸增需要漸多耕地亦漸次擴張則由乙地而移於丙地亦自然之勢至於距市最遠極不良之土地不得已而施以人力此耕作限界地之降下亦出於人事之不得不然者也

今試以甲等之最上耕地與戊等之最下耕地區別觀之

（甲）一畝之地　收50

（乙）一畝之地　收40

（丙）一畝之地　收30

（丁）一畝之地　收20

（戊）一畝之地　收10

甲乙丙丁各地之小作料依其收穫之 50．40．30．20．10．之額以爲準而最下等之耕地（卽戊）其收穫減去其一茲以方式簡易示之

（甲）一畝之地租　50—40＝10

（乙）一畝之地租　40—30＝10

(丙)一畝之地租　30—20＝10

(丁)一畝之地租　20—10＝10

據以上所列者觀之下等田地戊之地租僅名義上有之而事實上固絕無而僅有矣當初僅耕作於甲地之時甲地之地租未嘗規定其十石之收入悉歸於耕作者自身所有及至人口增加勢不得不耕作乙之地域則地租由此生焉何則乙之土地位於耕作限界地中耕者一畝有四十石之實收此爲相當之營業所得而耕甲地者一畝地之收入有五十石若以甲地之耕作者支出地租之額數比較示之

(甲)之地租　50—10＝40

(乙)之地租　40—10＝30

(丙)之地租　30—10＝20

(丁)之地租　20—10＝10

(戊)之地租　10—10＝0

由是觀之則因耕作限界地之降下其位於高等之土地必爲增加地租者此固可以比較而知之

矣

（二）需要供給之緩急　凡地租者與世運之進步同此例而增加者也例如人口蕃衍資本充盛及諸般事物進步則地租亦由低廉而至於昂貴也其增加之程度最顯著者爲競爭地租蓋土地之供給有限而人口之蕃衍無窮今資本及生產之景況無甚變動而人口之滋生有加無已則食品之需要勢必與生人之欲念相應食品之需要增加其價格因之昂貴食品既貴則農夫之所入自然超過於他業之利益而投入資本勞力於田疇者爭先恐後土地之競爭益烈則地主乃坐享地租之利益矣且人口之增加無意外變動之時其富庶之形象乃影響於資本人人樂以其資本之幾分投下於農田而土地需要之增加益顯然易見縱令所增加之資本有全然投下於他種事業者然他種事業所得之步合比較農業所得之步合減少故地主請求小作人增加地租而小作人亦不能拒絕設或反於地主之請求而以資本勞力投於他業與應於地主之請求比較其所得之利益固無差異當此之時雖地主不增加其地租而小作人亦當行增加焉故小作地之需要供給與耕境地區域之擴張相同而使地租之變動有加無已者也

（三）位置之便否　耕境位置之接近於市場與否而地代之差異生焉雖下等耕境而接近於

市塲則其地代之價格較之高等耕境遠隔市塲者猶爲昂貴是盖由於轉運之便利與否自然使人趨避遠故也

(四)地味之肥瘠　地方之肥瘠與營業所得之多少大有關係耕豐饒之地者所得頗多耕瘠苦之地者所得極少其營業所得之步合既不均一故豐饒之耕地地代必增粗惡之耕地地代必減

(五)改良之應用　地租又因耕作上諸般事物之進步而生出變動者也或因有效之肥料發明或因農具之改良或因交通運輸之便利或因學術之進化雖瘠苦之地味亦有與此相宜之植物而生產不憂其缺乏故不拘人口及資本增加與否能使從來利益極少之瘠壤忽與膏腴之區同其收穫而地租之增加亦由此益著焉(中國近日漸有趨於競爭地租之勢如都會地之地租是也)

競爭地租之外有所謂年期地租者其年限或豫定五年或豫定十年於一定年限之中賃借一定之土地約納一定之地租此種方法與競爭地租不同凡期限之短長皆以契約定明年限未滿地主斷無迫逐之事且地租之多少既已定明亦無因土地改良收穫增加而地主強迫佃戶增加地租之舉是以佃戶安心耕作且樂於投資於社會經濟其補助者不少在舊派學者之言曰則年期

陳珩伍

地租有妨碍一國農業之發達何則年限既有一定則小作人怠於耕耘而收穫減少日因農產物之價格增加而地租比較的低廉不能十分收土地之利益於不識不知中無以鼓勵農民競爭之心而漸致有廢弛之現象此年期地租所以有不便也

又有所謂習慣地租者約計收穫之餘利或三分之一或四分之一因其地方之習慣所以定餘利之幾分用爲地租由借地人納之於地主其比例之方式皆由各國習慣不同而有異焉據此方法則農民以資本投於土地而每年以一定之利益分諸地主豐年不因之增加凶歲不因之減少故時價豐年農產物價低則地主之收入比較佃戶爲少時値凶歲農產物價昂則地主之收入比較佃戶爲多不平之甚至於此矣而地主與農民之利害衝突蓋所不免晚近各諸習慣地租漸次絕跡競爭地租獨呈進步之象而靡有止境

所有地自爲耕作者則與資本家而兼企業勞動者無異也

茲將地租變動之原因列記於左

S, a 騰貴之原因

（一）需要增加

S, b 下落之原因

（一）需要減少

陳珩伍

(一)人口增加
(二)製產物騰貴
(三)製產高增加
(甲)地味改良
(乙)位置改良
(二)供給減少
(四)利息傭賃下落
(五)土地有限
(三)通貨
(六)通貨增加(實物地租騰貴通地租下落)

(一)人口減少
(二)製產物下落(生產改良輸入增加)
(三)製產高減少
(甲)地味不良
(乙)位置不便
(二)供給增加
(四)利息傭賃騰貴
(五)土地開拓
(三)通貨
(六)通貨減少(實物地組騰貴通物地租下落)

第二欵　傭資(即勞銀)

傭賃者謂對於勞力之使用所定之報酬的價格也勞力之性質有使他人代自身而使用勞力者有對於本身之業務而自用其勞力者前者概依於契約而以勞力從事後者以勞動者同時又兼

企業者之資格故普通勞動之所得往往含有勞動者之報酬與企業者之利贏或間含有從資本上生出利息之意義是故單稱對於勞力之報酬謂之傭賃者未必然也

勞動者之報酬有兩種卽對於公勞動之報酬與對於私勞動之報酬是也公勞動之報酬卽吏員所得之俸給此種俸給可視爲經濟上傭賃之一種然自法理上嚴格論之則不然是等俸給之額數爲依於法令之所定而非基於自由契約者反之對於私勞動之報酬實基於當事者之自由契約其職業之範圍與其工食多少之分量皆以雙方之意思定之且勞銀之中不得分爲體力的勞動之報酬吏員心力的勞動之報酬及技術家勞動之報酬專以心力服勞務而得之報酬者謂之俸給亦曰給料專以技術而得之報酬者謂之謝金專以體力從事於下等勞動者其所得之報酬謂之傭賃亦曰勞賃經濟學上當研究者實爲傭賃蓋受俸給與謝金者概居於中流以上其利害關係僅及於少數之人不能及於社會之全體若多數下級社會人沉淪於不幸之域則經濟的組織不完全而人類之幸福不可保矣支付傭賃之方法有二種

（一）實物支付　從事於生產事業之勞動而受其生產物之幾分以代貨幣之支付例如傭貧民以耕田而給之以米麥雇工民以製造而給之以製造品皆謂之實物支付

陳珩伍

（二）貨幣支付　如前例給以金錢者謂之貨幣支付

支付傭賃之方法以其從事之時間定其額數之多少者謂之時間拂或以其成物之數目定傭賃之貴賤者謂之出來高拂比較兩種方法則以成物之數目計算者似較以時間計算者爲優何則拘拘於時間者恒有故意延擱空費時間之虞且不據成績以增減傭賃則勤勉者無所勸怠慢者無所懲不如以成物之多多少而覈實其數目以定傭賃之高下則人知自勵而監督者不必從嚴成績既良而雇傭者與被雇者兩方俱利然其弊也品質之善惡一見難知惡品流行而工業漸憂發弛且勞工專意增加品物勤苦無節因此而損健康害身命者往往而有要之因產業之性質不同而勞銀之貴賤各異其宜須考察其性質之適宜與否然後兩種方法可抉擇也

貨幣支付之時僅以傭賃額數而制限傭賃之高下者於事不便當斟酌時候與地域而審度貨幣之購買力之多少隨宜以定之物價前貴而後廉則雖支付同額之勞銀却以物價廉賤之故比之前日却與減少勞銀無異實物支付則反之前後傭賃給付之額假令相同則物價下落之時卽不啻傭賃之下落物價騰貴之時卽不啻傭賃之騰貴矣

凡傭賃有最高限與最低限最低限者僅足維持勞力者之本身及其家族者也最高限者生計餘

裕蓄儲增多使自家之地位得以改良進步者也而經濟學上所稱爲標準傭賃者謂勞動者件於土地氣候保持相當之地位者也此標準傭賃者非謂統計已給付之勞銀之平均額而謂酌量於勞力者需用供給之割合常在此最高限與最低限之間平均昇降者也傭賃與需用供給之關係必有通例即需用之增減與傭賃之增減爲正比例供給之增減與傭賃之增減爲反比例者也

勞銀通計各種產業與各地力之情形而有向歸於均一之趨向蓋凡人皆有爲自身圖幸福計利益之意思於其所籌畫之範圍必選擇最有利益之地方與職業而以全力經營之假令某一地方有一收入最多之職業則必轉而就之焉或更猶有傭賃最多之地方則必移轉而赴之焉不限於一地不拘於一業則利益同享無彼厚而此薄之患卽傭賃均等苟同一職業亦無甲獨昂而乙獨廉之時雖然徵之事實則傭賃均一有難行者蓋因法律上精神上智力上金力上有特別之障碍不得已而甘居於比較的不利益之職業者往往有之矣

（一）法律上之障礙　例如移民條例直接間制限貧民之自由轉徙古昔則然然此條例因世界之趨勢日就開放而法律上制限之力漸減刦焉

（二）精神上之障礙　地方觀念即愛鄉心是也人或有不忍去桑梓地方而阻害進取之氣象

姑息因循以終其身者此於職業之轉換無可希望者也

（三）智力上之障礙　勞力者不知其職業與市場之關係並不知世界各市場之狀況失改良之機會又或智力缺乏雖有利之職業以無練習之能力欲求傭賃之增加胡可得哉

（四）金力上之障礙　或有志於移住轉業之事然金力缺乏不能擔負附隨之費用則職業不能進步必爲優勝者所壓抑而傭賃之多少不能均一矣

決定傭賃之多少可從勞力人口業務三項說明之勞力者對於業務其練習與否與其人天資之智愚身體之强弱大有關係而傭賃之多少亦因之而有等差者也卽人口之多少亦視都會與地方之情形而傭賃之高下以區別焉至於業務之特質則視其所習者何如其習得之時須長期之年月用艱苦之精力者其傭賃必高或爲衆人所忌惡之職業又確實之成功難期者其傭賃之額亦必高此其大畧也蓋勞動問題關係於國家全體之福祉故國家不可以不干涉而矯正其弊害如工業條例是也雖然過於干涉則經濟反生阻礙惟對於婦孺之勞動講求制限之策以防止其弊害此與國家將來之消長大有影響者也

茲將傭賃變動之原因列記於左

S, a 騰貴之原因

- (一)需要增加
  - (一)流動資本之增加
  - (二)生產物之騰貴
  - (三)生產高之增加
    - (甲)勞力者心身之發達
    - (乙)給銀制度之改良
    - (丙)分業法之發達
- (二)供給減少
  - (四)人口減少
  - (五)生計費增加(氣候不良物價騰貴)
- (三)通貨
  - (六)通貨增加(實物勞銀騰貴通貨勞銀下落)

S, b 下落之原因

- (一)需要減少
  - (一)固定資本之增加
  - (二)生產物之下落
  - (三)生產高之減少
    - (甲)勞力者心身之腐敗
    - (乙)勞動制度之不良
    - (丙)分業法之不發達
- (二)供給增加
  - (四)人口增加
  - (五)生計費減少
- (三)通貨
  - (六)通貨減少(實物勞銀下落

陳琯伍

通貨勞銀騰貴）

第三欵　利息（即利子）

利息（Zins）者謂對於資本之使用所定之報酬的價格也自資本家言之對於放下資本之餘利自借用資本者言之因利用他人所有之資本而支付其償金凡通常利息之牲質含有二要素

（一）對於資本之使用而受之償金

（二）對於資本之危險而予之保險費

以嚴格言之則利息非含有保險費者冒危險而貸付資本乃屬於企業之行爲非對於資本上直接所生之效果故此保險費可以謂之企業所得謂之爲純全之資本報償今試以利息與地租比較言之地租爲對於使用他人之物而付以報酬利息亦然雖然地租生於土地而地域有制限往往因交通運輸之機關及其他經濟的機關發達以後而地租之價額愈益騰貴利息則不然經濟界益進步而金利益低落且利息亦因資本之種類不同而其名稱殊異對於土地之利息曰借地費對於建築物器械等之利息曰賃貸金又固定資本之所有權不曾移轉故從來無喪失元本之

恐而流動資本之所有權全然移轉元本損耗之患蓋不能免是以固定資本與流動資本之間利息多少之等差從此生焉

利率者對於流動資本之利息以日額月額年額計算其多少之比例也利率之多少以對於資本之需用與供給之比例而決定之爲原則需用多則利率高需用少則利率低利率有最下限與最高限最下限者在於其限界以下雖多擲資本終不能得滿足之報酬之謂也最高限者謂資本上所生出之利益之全部也而資本之供給如何因生產量之大小儲蓄觀念之多少及信用範圍之廣狹皆得而左右之至於資本之需用如何因企業家對於產業能力之厚薄及利得之充分與否與公安保護之有無與否亦得左右之利率雖因需用供給之關係常得均等之傾向然亦因企業家之信用及企業之性質期限之長短公安保護之完全與否而生出等差者也

利息之低廉與否其效果及於經濟界上利息低廉非惟示經濟世之順潮而其低廉之原因有不可不考察者低利之原因若由於經濟資本之供給過多及放下之安全而起者則爲大可喜之現象由於需用太少而起者則又爲大可憂之情狀蓋需用減少企業不振產業沉滯此經濟界上之隱憂也

陳珩伍

上古時代有利息禁止令其禁止之理由蓋因負債之人概少智識且誤於浪費故設法以保護之然世之勤苦儲蓄而成爲資本家者非窮年累月冒危險忍嗜慾而後得此者乎若徒然儲蓄資本而無何等之報酬誰苦抑制現在之欲念冒無窮之危險而儲蓄資本者乎是故對於其勤儉之儲蓄而以利子爲相當之報酬於理由非不正者也夫浪費與否非資本家之所與知全屬於負債者之自由意思負債者雖以所借之金錢供浪費之使用然其交付利息固無可逃之義務也現今法律有利息制限令其制限之原因蓋恐負債者爲債權者所虐待而設法以保護之然因有此制限而高利貸之一派反得幸脫法網而壟斷一切利益而正當之資本家因之被害者固不能免也

茲將利息變動之原因列記於左

S, a.騰貴之原因

（一）需要增加

（一）物價騰貴

（二）生產業之擴張

（三）公債之募集

S, b,下落之原因

（一）需要減少

（一）物價下落

（二）生產業之不振

（三）公債之償還

(四)輸入品超過正貨流出

(二)給供減少

(五)儲蓄減少(收入減少支出增加)

(六)金融機關之不備

(七)固定資本之激增

(三)通貨

(八)通貨增加

(甲)資本用增加則

金利下落

(乙)流動用增加則

金利騰貴

(四)輸出品超過正貨流入

(二)供給增加

(五)儲蓄增加(加入增加支出減少)

(六)金融機關之完備

(七)信用發達

(三)通貨

(八)通貨減少

(甲)資本用減少則

金利騰貴

(乙)流動用減少則

金利下落

第四欵　利羸(卽利潤)

利羸者謂企業家對於生產之管理所定之報酬的剩價也此種剩價因二種元素而成立

陳珩伍

（一）因企業家之關於企業而報其指揮監督之勞

（二）因本身之經營事業而對於自家所應受之剩價

除去地租與利息與傭賃而計算其餘利謂之利贏地租傭賃與利息皆由於地主與勞動者及資本家企業家之間以自由契約規定之至於利贏則不然或因事情之變化或因計畫之巧拙而其結果盈虧不常是以利贏有因企業之失敗而無錙銖之利益者有因企業之勝利而超過平常收入者若地租傭賃與利息則不論其結果如何而必從於契約以相給付者也決定利贏之多少有二原因

第一　一般之原因　此謂企業家有競爭之事競爭益多則利贏減少利贏不能滿足企業者之欲念則規模縮小而企業之數亦因之減焉競爭既少則利潤加多而事業之規模益宏大矣其最高額有　於地租勞銀利息之總額而決定之者故利贏之最低限與最高額之間有互相昇降之勢

第二　特別之原因　此原因有三分述於左

（a）伴於事業之成否　凡一種企業其新得之生產物當需用緩急不能確定販路區域廣狹

不能預知之時或事業瓶始其收支相償與否尙難逆料之時設有敢於冒危險而驟收成功者則其利羸之收入之必較常大

（b）事業之愉快與否　人心進於高尙之域則猥褻之事業及不名譽之事業皆有所顧忌而不敢爲企業家之數因之減少故熱心事業者所得利羸必多

（c）企業家之才幹技能　才幹技能於事業之計算指揮監督大有裨益而利羸之多少視之他如利息低廉之時則企業家得資本易競爭力强而利羸因之低廉矣利子不廉之時則企業家得資本難競爭力弱而利羸因之增高矣而獨占的企業壟斷物價其利羸更大如近世之托拉斯是也夫利羸亦與傭賃相同恒因企業家之競爭而有漸趨於平均之傾向雖然有妨害此傾向者茲可畧舉之

（子）既投下於一種企業之資本不易收回故欲轉移於有利之事業其勢甚難

（丑）某種企業利益雖多然與此事無關係者不容易知之

（寅）縱令知其某業有利其由此業移轉於彼業之時所有損失不易回復

（卯）從事於有利之企業者要有特別之才能技藝

陳珩伍

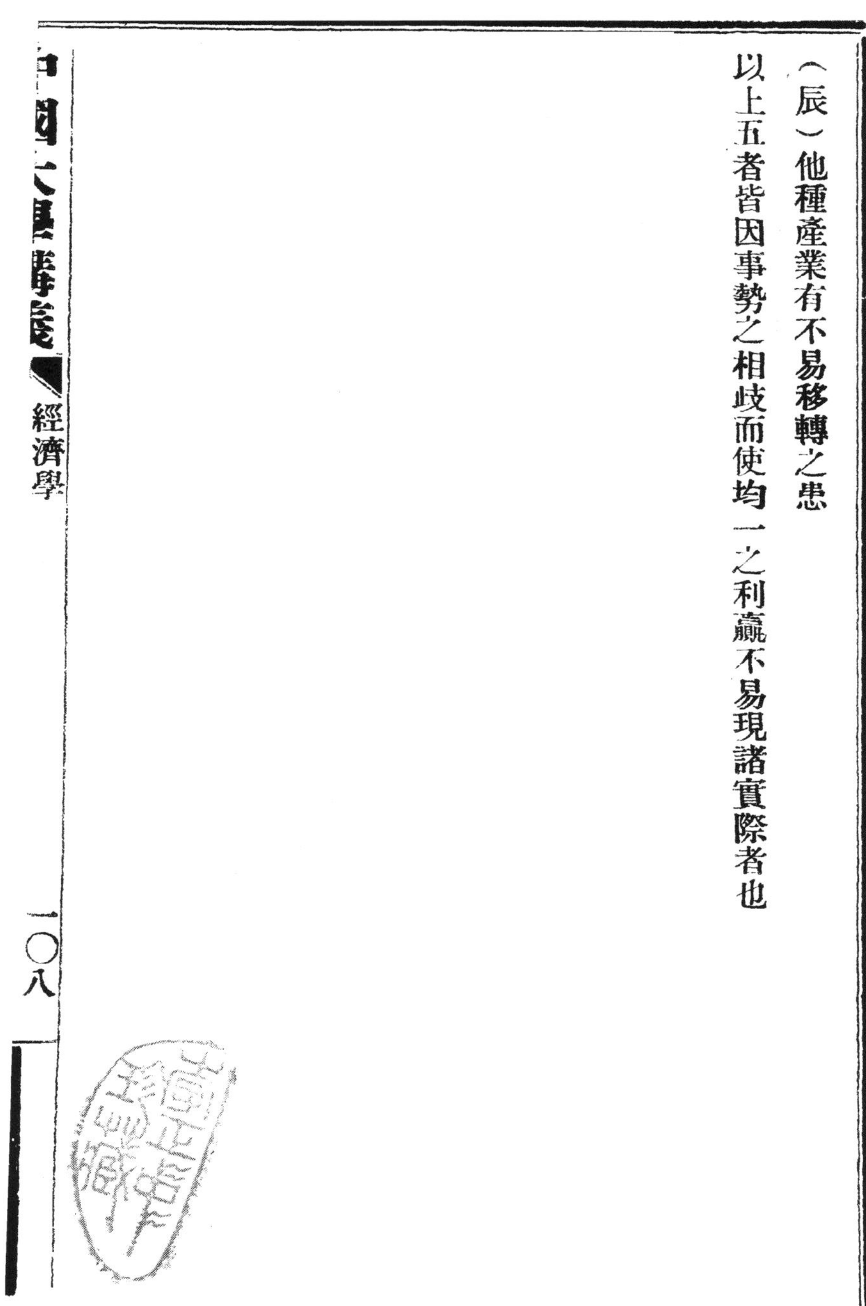

（辰）他種產業有不易移轉之患

以上五者皆因事勢之相歧而使均一之利羸不易現諸實際者也

中國大學講義　一

劉冠英

經濟學原理目錄

劉冠英

劉冠英

劉冠英

第五章　紙幣

第六章　信用

劉冠英

第五編　消費

劉冠英

經濟學原理

黃陂劉冠英講述

劉冠英

第一編　總論

第一章　經濟學之根本觀念

第一節　慾望

經濟學之根本觀念。即論慾望，財貨經濟行爲。諸事是也。欲知經濟學之意義。不可不先明經濟之意義。欲明經濟之意義。須先知經濟行爲爲何物。經濟行爲者。人生各種行爲之一也。其行爲之由來根於人之慾望。慾望者。經濟行爲之動機也。吾人飢則思食。渴則思飲。乃至求學問。沽名譽。凡此種種。無一非慾望使然。可知慾望者。非特爲經濟行爲之動機。抑亦吾人生活之基礎也。吾人每當感覺缺乏之時。往往引以爲憾。既以缺望爲憾矣。必思有以彌補之。滿足之者。慾望者。即吾人不足之感（慾）與求其充足之願（望）二者合成之心理作用也

第二節　慾望之種類

人類慾望、不惟有種種之不同、且隨文明進步。日益增加、今舉其主要之種別如左。

第一　由慾望之性質區別之。分為二種。

一　肉體慾望　Physical Wants

二　精神慾望　Mental wants

慾望之關於肉體者。如飢則思食。渴則思飲。故又名『體慾』。慾望之關於精神者。如愚而求智，野而求文。故又名『心慾』。體慾凡一切動物皆有。而心慾為人類所獨有。

第二　由慾望之時間區別之。分為二種。

一　現在慾望　Present wants

二　未來慾望　Future wants

慾望之屬於現在者。為現在欲望饑而欲食寒而欲衣勞而欲息之慾屬之。其屬於未來者。為未來慾望，節用慾御，收斂蓄藏以繼之者是也。

第三　由慾望之人數區別之。分為二種。

一　個人慾望　indi vidnal wants

劉冠英

二　社會慾望　S cial wants

慾望之屬於個人者，爲個人慾望，功名之慾，富貴之欲，卽屬此類。其屬於社會者。爲社會慾望，己欲立而立人，已欲達而達人之欲屬之。

第四　由慾望之程度區別之，分爲二種

一　生存慾望　Existence wan s

二　文明慾望　Cnltnre wants

人之所欲，在於生存者，爲生存慾望人苟欲生之，皆知所以養之之欲屬之，其慾不僅在生存，而更求通明安適者。卽爲文明慾望生亦我所欲。所欲有甚於生者之欲。蓋此類者。

人類慾望，千變萬化，固非屈指所能數。然就其所慾望者之性質區別之，則不外兩種。

一　物質慾望　Mareria1 wants

二　非物質慾望　Immrteria1 wants

非物質慾望者。卽對於無形物之慾望，欲聽音樂，欲勵品學之類是也，物質慾望者，卽對於有形物之慾望，欲儲金錢，欲足衣食之類是也。二者中。惟物質慾望與經濟有直接關係。故名經濟慾望，Ec nomie wants 至非物質慾望於經濟學之關係，非直接關係。不過因充此慾望之手段。足以誘起物質慾望耳。

慾望種類　既如前述。考其特性。又復不一。綜而計之　約有五種

其一　慾望之種類爲無限也。人類居衆生中。所以獨秀者。即原於此。人既有所欲。必求有以滿足之。亦既足矣。隨生他欲　生生不已。則求所以滿足之者。其術亦遞進而愈工。文明程度，緣茲以進。然若欲望增長。不與其本無相副。亦足以危害社會。不可不知也。

其二　慾望之強度有止境也。欲望起。則必有所需求。求而未得之時　慾望之強度必高慾望漸充則其強度亦漸縮。終乃達於滿足之度。而欲全滅　亦既滿足。而猶益之。因而感苦痛者有之　惟貨幣之欲　最難滿。足因貨幣能充一切慾望。慾望無滅絕之期。是貨幣無滿足之望，慾壑難塡。殆以此也。

其三　慾望有互競之性質也　一種慾望強大　能排除或吸收他種慾望。糟糠不飽者　不

劉冠英

務梁肉、短褐不完者。不待文繡、職是故耳，惟其然也。人能藉心理上道德上之拘束力。以善良慾望。排除惡俗慾望消費者能免於生產者之魚肉。托辣斯之壓迫者。亦有賴於此也。

其四　慾望有相需之性質也，人類享樂。大抵多數慾望。同時並起。此多數慾望。即有相需之性質。譬如車駕出遊。此時所欲。在車與馬。車馬相需而行。不可偏廢。

其五　慾望乃成習者也。一種慾望滿足後。必如期再起。久而成習。不易廢絕。是以人習於奢。雖賢者不能自拔。

第三節　財貨

人類慾望。必求滿足。所賚以滿足其慾望者。謂之財貨，goods慾望種類。既日趨於繁複。財貨品質。亦日卽於精巧。

貨物之種類極多。大別之。分二種。

一　內界物 Internal Things

二　外界物 External Things

內界物者　托於身心以內之物也。如本身之腕力，智力，健康，技藝，等是。外界物者。身心以外之物也。如衣，食，房舍，等是。他人之內界物。亦有可取爲自己之外界物者。內界物無形。外界物則有有形者。有無形者。因復分外界物爲二種。

一　有形物　Material Things

二　無形物　Immaterial Things

無形物又可分爲二種

一　勞力物　Faculties

二　權利物　Rights

勞力物者。人之勞力之謂。如工匠之體力，學者之智力，等是。權利物者，對於人及物之關係之謂，如物權，債權，之類是。有形物亦分二種。

一　自由物　Free Things

二　經濟物　Economic Things

自由物乃天然之錫。不勞而獲者也。如空氣，日光，與水之類是，經濟物則爲自由物以

劉冠英

外之有形物施相當之勞費而後可得者也。衣食服用之類屬之。經濟學上所謂財貨。即指此而言。曰經濟財貨 Economic Goods 畧稱財貨。

經濟財貨有以供交換者。有以供使用者。因分爲二種。

一　交換財貨 Goods for exchanging

二　使用財貨 Goods for using

一切品物。凡可與爲交易者。皆爲交換財貨，其供人使用者。則爲使用財貨。使用財貨。有供人消費者。有供人生產者。因又別爲二種。

一　消費財貨 Consumtive Goods

二　生產財貨 Productive Goods

消費財貨者。直接滿足慾望者也。米麥薪炭衣履房舍之類是。生產財貨者。間接滿足慾望者也。即用以生產而消費有產物也。農家之種子肥料。工廠之機械建築。皆屬此類。要之消費財貨與生產財貨之區分。不在其性質。而在其用途。同一物也。在此爲消費財貨。而在彼爲生產財貨。固不可一概論也。

使用財貨中　有經一次使用。而失效力之全部者。如食物飲料薪炭之屬是。其使用之效力亦有可繼續者。如屋宇器用之類是。茲爲明瞭起見。更分使用財貨爲二種。

一　一次使用財貨　Perishable Goods

二　多次使用財貨　Durable Goods

使用財貨。又可別爲二類

一　動轉財貨　Transferable Goods

二　不動財貨　Non-Transferable Goods

財貨之可轉動增減者。曰動轉財貨，如機械原料之類是，不可動轉者如土地。即爲不動財貨茲統前各類財貨。列表如左

物
- 內界物
  - 無形物
    - 勞力物
    - 權利物
- 外界物
  - 自由物

劉冠英

- 有形物
- 經濟物：財貨
  - 交換財貨
  - 使用財貨
    - 一次使用財貨
    - 多次使用財貨
  - 消費財貨
  - 生產財貨
  - 動轉財貨
  - 不動財貨

第四節　價值

吾人當慾望生。求財貨以滿足之之時。往往萌有一種輕重之念。由是價值之觀念生焉。價值者。當財貨滿足吾人慾望之時。吾人對於該財貨所抱輕重之念也　譬如飢者之於食。渴者之於飲。其價值必甚大蓋當此飢渴之時。其視飲食甚重也。迨既飲既飽之後。則重視飲食之念。必至減輕。飲食之價值。亦因以減少矣。是故財貨價值之大小。一視吾人二觀之見解爲轉移。不可一概而論。冬裘夏葛。南船北馬。易時易地。而價值因之互異者　職是故也。

財貨之價值。（Aalue）與財貨之效用（Utliry）不同。效用爲財貨固有之性質。永久不變者也　夏時葛衣生凉　冬時亦無不然。然吾人對於葛衣所抱輕重之念。則因冬夏而不同。故價值爲吾人主觀之見解。效力乃財貨客觀之性質也。效用與價值性質雖異。然二者之間、有重大之關係 假使有一絕無效用之物於此。則此物必不能使吾人發生慾望。而吾人對於該物亦必不生價值之觀念也明矣。故效用者 實發生價值之要件也。

財貨多數集合而歸於一人或一團體之所有。則謂之資產、私人有之。則謂有之。私家資產。國家及城鎮鄉諸自治團體有之、則謂之公家資產。資產可以滿是其所有者之慾望而有餘 則謂之富。反是資產不足以滿足其所有者之慾望。則謂之貧。英美諸學者。多有以經濟學。爲論富之學。混淆富與財貨之意義者。如約翰彌勒(Jcdn Stvard mill)福賽托(Henrg Fou ett)諸人是也。然近時亦有覺其非者 如馬夏爾(Alfras mar s'oll)等也。

第五節 經濟行爲

人類慾望。必以財貨滿足之。然足慾之際 非漫然行之者。必受支配於一定原則 所謂一定原則者何。卽於普通德義範圍內。以最小勞費。得最大效果之謂也。學者稱經濟主義Econ mic Princip'ees焉、其有本經濟主義而足慾行。是爲經濟行爲 Feonomic Activies

譬如漁人垂釣。用資市易。意在用力微而獲利大。其漁釣行爲。即經濟行爲也。若夫高人逸士。敲針作鈎以行樂者。初無所謂經濟主義。即不語夫經濟行爲、抑經濟主義之行爲。非必皆經濟行爲也。士子讀書。僧侶布教。亦常欲以最少之費用時間。而得最大之成績矣。顧其慾望。非經濟之慾望。滿足其慾望者。非經濟之財貨。故其行爲。當然非經濟行爲也。

經濟行爲。不能違乎經濟主義者。係就行爲之動機言。至其結果。雖與經濟主義相反亦不失爲經濟行爲。經濟主義。又非不勞而獲之謂。例如賑饑所得及強制收入。以無勞費故。皆與經濟行爲無關。至若竊盜之贓。似非不勞而獲。然其行動。出乎普通德義範圍之外。故亦不得謂爲經濟行爲也。經濟行爲動念。根於利己心利己心。乃天賦本性亦經濟社會所由成也。然善惡之原。禍福之門。要亦在此。同爲圓顱方趾。而成爲勤勉節約以得福。或爲貪吝苛酷以罹禍焉與利己心相互助。而促人類社會於進化者。爲公德心。執戈衛國。救災卹鄰。乃至興水利。修道路。一切興公益。去公害之事。莫非公德心之作用也。

劉冠英

經濟行爲。約分四種

一　生產行爲

二　交易行爲

三　分配行爲

四　消費行爲

統前三者。曰獲得行爲。後一者爲充欲行爲。意義云何。後當詳述之

第二章　經濟

第一節　經濟之意義

凡一慾望之發生。一財貨之存在。其間必起一種經濟行爲。吾人對於財貨。無時不欲。因之取得此財貨以充足慾望之經濟行爲。亦必循一定之規則而永久進動，而此進動無已之幾多經濟行爲。繼續於一定秩序之下而爲一體時。吾人稱之曰經濟（Economy）。由是言之。所謂經濟者。不可不備下列三要素。

（一）　經濟爲集合體　經濟行爲者。部分的名稱。經濟者全體之名稱也。經濟行爲

劉冠英

為統一性至於經濟為綜合性。兩者之差。殆如個人與國家。社員與社會。學生與學校之關係。即個人以外有國家。社員以外有社會。學生以外有學校。而經濟行為以外亦有所謂集合體之經濟。前者為具體的。後者為抽象的是也。

（二）經濟為統一性　經濟之集合。非偶然之集合。乃統一於一定秩序之下而為一體者。詳言之。即非個個獨立之經濟行為。漫然為機械的集合。乃依一定之計畫。而為組織的綜合。譬之文明國組織之軍隊。而非若散沙之一團也。

（三）經濟為永久性　經濟行為雖有一時的。偶發的　而經濟則不可不具永久性與繼續性。如商行為者。經濟行為也。然非以商行為為常業。不得稱商人。即非以商行為為常業。不得為營商業經濟。

第二節　經濟之組織

既有慾望必有懷此慾望之人。既有充足慾望之經濟行為。必有行為之當事者。吾人稱前者為『經濟主體』後者為『經濟行為者』經濟行為之行動。一從經濟主體之意思而已。經濟行為者與經濟主體　不必限於同一之人。亦不別定為各別之人。如貧窶之子。自食其力。是以經濟主體而兼爲經濟行爲者。富豪之家。僕婢甚衆。僕耕婢織。主人安座而食衣。是經濟主體與經濟行爲者。判然有別。他如手工營業。業主常養多數徒弟於家。同事操作。是業主爲經濟行爲兼經濟主體。而徒弟乃純然爲經濟行爲者也。

經濟雖有種種。然皆由經濟行爲者與經濟主體兩分子而成。而其所成之各種經濟又依分業交換而通有無。補不足以成一體吾人稱此曰『經濟組織』（Economic Onganization）其構成此組織之各經濟稱之曰『經濟單位』（Economio Uniiy）然則各經濟者。一面自營特殊之經濟。一面成經濟組織。而占一經濟之地位者也。

第三節　經濟之種類

經濟之種類。亦至不一。今列之如下。

（一）　個人經濟與共同經濟　經濟之主體。如爲一人。則爲個人。若爲一人以上。則爲共同經濟。共同經濟者。如家族經濟。公司經濟。以及城鎮等之自治團體與國家之經濟皆是也。

（二）　私經濟與公經濟　私經濟者。其經濟主體爲私人。或私法人之謂。如店舖公

劉冠英

司之經濟是。公經濟者。其主體爲公法人之謂。如國家及城鎮鄉自治團體等之經濟是也。

（三）綜合經濟與特殊經濟。綜合經濟者。多數經濟單位。相合而成之綜合體也。構成此綜合體之諸經濟單位。其自身原爲一獨立經濟。而對於濟合體。則稱此等經濟爲特殊經濟。故綜合經濟。乃經濟之集合體。而特殊經濟。乃單獨經濟也。綜合經濟爲經濟組織。至非經濟單位。特殊經濟。乃經濟單位。而非經濟組織也。特殊經濟。有經濟主體。綜合經濟。無經濟主體者也。

（四）家族經濟種族經濟國民經濟世界經濟。自經濟組織之發達上以分經濟。乃有上四種。蓋經濟組織。乃有發達膨脹之性質也。夫文化漸開。經濟組織之範圍。亦逐漸擴張。無論何國國民。最初之共同生活。必起於一家。故上古時。一家之人。協力耕織。僅謀一家衣食之生活。是時經濟組織。尚未發達也。是爲家族經濟。次則生齒漸繁。一家分爲數家。而數家復成一族。一族之中各互相倚助。互相交易。而有經濟之組織。閱時既久。一族之中。復分數族。合數族成一種族。而種族經濟。卽因之發生。其後數種族之人。互相接近。言語習慣。風俗人情。法律宗教諸事。漸歸同化。由是居於共同之地 服從於同一主權 以成一國國民。於是有國民之經濟。

國民經濟、發生以後。輪船火車電報等。交通機關。漸次發達於是東西洋之多數國民經濟。互相接近。互相交通。而世界經濟、於是發生。雖然。今日各國。其脫離家族種族諸經濟之域。固爲時已久。而仍在乎國民經濟爭衡時代。尚不能謂爲已臻世界經濟時代。

第三章 經濟之基礎

第一節 天然

寰否身之上下四旁者。莫非物力。其非全由人工而成者。有自然物與自然力。殆爲天所賦予統稱天然 Nature 天然之關於人類經濟者。曰地勢、曰地質 曰地位。曰地積。曰氣候。

第一 地勢 人類之生聚繁滋。殆隨地勢爲趨向舍難就易。避險即夷。先海濱。次河岸入內地。下平原。沿滋壑。遷幽谷。人口愈多。拓地愈遠。考民族發達之迹。知遷

劉冠英

徒之趨勢咸同。我國關於西北。拓於東南。文化之邦。昔推河洛繁盛之地。夙號江淮。地勢攸關。此其明證。他若印度河恒河之於印度。尼河羅之於埃及。亦奚異是。可知文明發達。必賴河流。經濟發展。實資良地。地勢不同。情狀亦異。平原巨津。交通便利。文化傳播。速於置郵。觀於江浙開拓後於秦晉。而文明過之。可以知矣。山嶺之區。地瘠人稀。居民之業。不外林礦狩獵。雖有農業。所產不過黍粟芋薯而已。至於高原。則畜牧獨盛。平原則宜於大農。米麥菜蔬之外。柔麻棉糖等原料品。胥產於此。工商之業。半係自給。迨及海濱。則漁業流運之業興。而有海外貿易矣。是故生產種類。尤多關於地勢也。

第二 地質 地味之肥瘠。寶藏之厚薄。農林業之盛衰係之。工商業之盛衰亦係之。考今日世界經濟之發達。雖由工業勃興。與運送便利。究其實。莫非受蒸氣與電力之賜。汽力電力。皆原於煤。產煤之豐歉。可以判其國。經濟之隆替焉。英吉利在十九世紀。稱世界第一工業國者。以其擅煤鐵之富耳。尼羅河畔。地味肥美。埃及有農作上無盡藏之譽。我國河流四通。土質肥沃。礦產饒富。無地無之。而國民經濟凋敝至於此極。則人力有所未至。豈不惜哉。

第三　地位　政治文物之中心　經濟交通之樞紐。一定於地位。地位變遷。一國經濟之盛衰之。中古時。萊因 Rhe'u 多腦 D naul 二河　當東西交通之衝　兩岸諸市。皆極一時之盛　喜望峰發見後。東洋航路　可以直通　天下繁榮。遂移於西班牙之馬德里 Madrid 與葡萄牙之里斯本 。Lison 其後新大陸發見。蘇彝士運河開通。世界經濟之中心。更轉移於倫敦。今巴拿馬運河告成。太平大西兩大洋可相聯貫。將來與倫敦爭繁榮者。其惟紐約乎。吾國上海當長江門戶。漢口爲全國中心。天津爲北洋鎖鑰　廣州乃南洋孔道。所以貨物麕集。較他處爲繁盛者。蓋即地位適宜之故也。

第四　地積　百物之產　託始於地。故產物之豐嗇　經濟之盛衰。與地積之大小。有重大關係焉。田野四辟。而民無餘積者　國土狹而食少也。荷比瑞士丹麥諸國。其經濟所不能發展者。皆坐此弊　誠以國土狹小。則人口過少　原料缺乏　生產之力不足。生產之物不豐　而經濟現象乃不得不凋敝矣　今世界上。有所謂殖民政策者。即在開疆拓土　以爲發展經濟之基礎耳　我國疆土遼闊　居民衆多。而經濟能力。轉遜於東

劉冠英

鄰島國之日本者。是又人力所未至。不可以一概論也。

第五　氣候　氣候之寒燠。不獨於生產有關。而分配與消費亦係焉。熱帶之人。生存最易。同一面積之地。熱帶植香蕉。比之溫帶植米麥。可多畜二十五倍乃至百三十三倍之人口。墨西哥某地。一人兩日勤勞之所獲。可爲一家終歲之畜養。顧以天賦過優。易流游惰。氣候炎熱。多致萎靡。振奮之心弱。而經濟之發展無望。寒帶地方。年惟冬夏二季。冬季半年皆夜。不能從事勞動。夏季半年常晝。植物又不易發育。且因勞多功少。得不償失。致甘暴棄。經濟之不能發展。與熱帶異趨而同歸。溫帶介乎其中。天賦既不若熱帶之優。人事自不能不勉。工力所獲。又不若寒帶人之失望。故春耕夏耘。秋收冬藏。爲之而爲間。人多活潑振奮之精神。有勤儉儲蓄之美風。經濟發達此爲最盛。

天賦之係乎人類經濟。既如前述。雖然。人定勝天行。亦事所恒有。蘇彝士河開歐亞交通之捷徑。巴拿馬運河爲東西兩大洋之樞紐。皆以人工矯天賦也。他若施肥料以腴土壤。造森林以禦風雨。莫非以人力代天工。亦文明社會所數見。文明愈進。人力愈張　天然物力。乃漸受支配。然人力擴張。亦非漫無限制者。愚公詎可移山。精衛終難塡海。變沙漠爲膏腴。終非事實。易寒帶爲熱帶。勢所不能。是知人力可以勝天。決非天行之必能受制。此天賦所以重有係於人類經濟也。

第二節　人口

人口者。P.pultino 住居一定地域內人類之總數也。國以民爲本。舉凡國權之張弛。兵力之強弱。財富之盈虛。皆有係乎人口之衆寡焉。譬有二國。彼此境遇。莫不從同。獨人口衆寡互殊。則人口寡者。兵微力弱。租稅負擔力亦小。而國勢乃見差別。然若人口過多。又往往爲行政之梗。此人口之關於政治者也。就經濟方面觀之。關係尤爲重要。國之人繁殖愈盛。則用物益宏。生產事業。亦稱是而增。又以同業相競爭也。各奮其能。以蘄生產之演進焉。且生產之事。必待羣力而後舉。民族衆。則勞力者多。通功易事。分業並進。生產發達於焉是賴。又生產消費。兩相關切。有生產即有消費。二者不必同爲一羣。有無相通。交易繁興。又係之矣。顧以人口繁衍之故。勞力者多。人工易致。生產家往往抵拒抑勒。汚其所處。或重困辱之。設爲貴賤尊卑之分。於是社會始有

劉冠英

階級。財富分配。或生變動設此時生產既有定額。財富分配。亦有定率。則以人口增殖故。發生劇烈戰爭。貧富之殊。將益懸絕。傭主間以資本人之異勢。卒至冰炭而不相容。羣競將無或已。是則人口之影響於經濟者。乃漸及於社會。而釀成社會問題矣。

世界人口。號稱十五億。而日月既往。時有增減。且戶籍法求周於各國。調查時或憑估計。求其確數。殆不可得。茲據德國斯泰格姆（G.Stegemann）之調查。世界人口。共十五億五千三百七十五萬四千人。其分布於五洲之狀況如左。

各洲面積人口及其疏密表

洲名	面積（一方基羅米突）	人口（千人）	人口密度（一方基羅米突內之人口）（人）
歐羅巴	一〇，〇四九，〇	三九六，八七一	三九，
亞細亞	四四，一八二，五	八二〇，六二六	一八，
亞非利加	二九，八一八，四	一八五，〇〇〇	六，
澳洲及太平洋諸島	八，九五八，六	六，四六二	〇，八

亞美利加	四一，八一八，〇	一四四，七九五	三，
兩極地	六六五，〇		
總計	一三五，四九一，五	一，五五三，七五四	一一，

次就世界主要各國之人口、及每方里人口之密度列表於左

各國面積人口及其疏密表

國名	面積（方哩）	人口（人）	每方里人口之密度
中國（全國）	四，二七七，一七〇	四九九，三九一，〇七四	一一六，八
俄國（仝）	八，六〇九，九五六	一四一，二〇〇，〇〇〇	一六，四
美國（本國）	三，五六八，三六九	八三，一四三，〇〇〇	二三，三
德國（仝）	二〇八，九八三	六〇，六〇五，〇〇〇	二九〇，〇

日本（仝）	二四六，三五〇	四七，七五五，〇〇〇	三二六，〇
英國（仝）	一二〇，九九六	四三，二二一，〇〇〇	三五七，二
法國（仝）	二〇六，八四二	三九，三〇〇，〇〇〇	一九〇，〇

各國人口。年有增加。茲舉一八九五年至一九〇五年間增加之數及增加率於左。仍以前列各國為限。我國則莫得而考焉。歐戰時死亡甚多。人口之數。不惟不能增加。且恐因之減少。惜無確實統計。以相證明耳。

國名	一八九五年	一九零五年	平均每年增加數	每千人之增加率
俄國	一三五•〇〇〇•〇〇〇人	一四一•二〇〇•〇〇〇人	一•六二〇•〇〇〇人	一三•〇
美國	六八•九二四•〇〇〇	八三•一四三•〇〇〇	一•四二一•〇〇〇	二六•〇
德國	五二•二二九•〇〇〇	六〇•六〇五•〇〇〇	八三三•〇〇〇	一六•〇
日本	四二•二七一•〇〇〇	四七•七五〇•〇〇〇	七五〇•〇〇〇	一三•〇
英國	三九•二二一•〇〇〇	三四•二二一•〇〇〇	四〇〇•〇〇〇	一〇•〇
法國	三八•四五九•〇〇〇	三九•三〇〇•〇〇〇	八四•〇〇〇	二•二

人口增減之、由不外出生。死亡，遷徙，三種。出生之數，視人口之增加而益增。結婚之遲早，妊期之長短。妊娠之度數。與夫法制習慣。亦有關於出生之多寡焉。茲畧舉一九一〇年各國出生之狀況如次。

國名	出生數	千人中出生率
俄國	六，四一四，〇〇〇人	五四，〇人
德國	一，二九五，〇〇〇	二九，七
法國	七七四，〇〇〇	一九，五
意國	一，一一六，〇〇〇	三一，九
奧國	九二二，〇〇〇	三二，三

死亡中有壽終，夭亡，死產之分，老而死者無論已。夭亡之中。有赴疆場冒鋒的而死者。有染疾病罹災厄而死者。有因凍餒轉溝壑而死者。有因事自殺者。有因罪刑決者。而皆罪社會惡有以致之至於死產。則關於母體虛弱。與人爲之墮胎。虛弱已非人種之樂觀。而墮胎則尤風俗人心之大憂也。茲畧舉一九一〇年死亡之狀况如次。

國名	死亡數	千人中死亡率
俄國	三，二一八，〇〇〇	二七，一
德國	一，〇四六，〇〇〇	一六，一
法國	七〇四，〇〇〇	一七，一
意國	七三八，〇〇〇	二一，二
奧國	六〇一，〇〇〇	二二，〇

遷徙中。有遷來，移往，之別。外人來居於本國者謂之遷來， Immigration 本國人移居於外國者謂之移往， Emigration 而皆謂之僑， Migration 僑居之故，約有四種。

其一 緣於母國政治上社會上宗教上之壓迫也。往昔猶太人初徙埃及、後復脫離 是爲政教上之關係。近時朝鮮人 群趨於我東三省。則又政治上與社會上之影響也。

其二 緣於人之趨利也。新闢之地。財富豐饒。群相趨往。以冀獲武、荷蘭人之徙居美洲及南洋島者卽此例也。

其三 緣於母國生計之窮迫也。我國僑外苦工、雖屢受虐待、而接踵以去者。猶復不絕於道、則飢寒所逼迫也。

其四 緣於國家之殖民政策也、日人雜居滿洲。卽此例也。

人口問題、自十七世紀來。卽爲學者所研究。重農重商兩派。雖意見分歧。而於生聚之說、莫不從同、斯密亞丹 A. Smith 亦嘗認人口增加之必要焉。十八世紀之末、英人顧溫 wil'am Gdewin （1759—1880）稍有異議、馬爾薩斯 L. B. Malthus 則力主之。而甚其辭。造爲人口論 An Essy on Thr prmciple of populatjon or a View of its past and

劉冠英

present Effects on Human Happinest）爲世所重。立論要旨。約有三點。

第一　民智非不日開。產業非不日進。特以土地之生產有涯。而人類之蕃育無限苟順其自然。毫無所阻則一夫一婦。平均產四人者。至二十五年。人口即可增倍。但人口雖依幾何級數而遞加。食物則僅依算術級數而遞加二百年後。人口之率爲二百五十六。食物則僅爲九。三百年後。人口人率爲四千四百九十六。食物則僅爲十三。二者失其平衡矣。茲將此說作圖以明之。

人口增殖圖

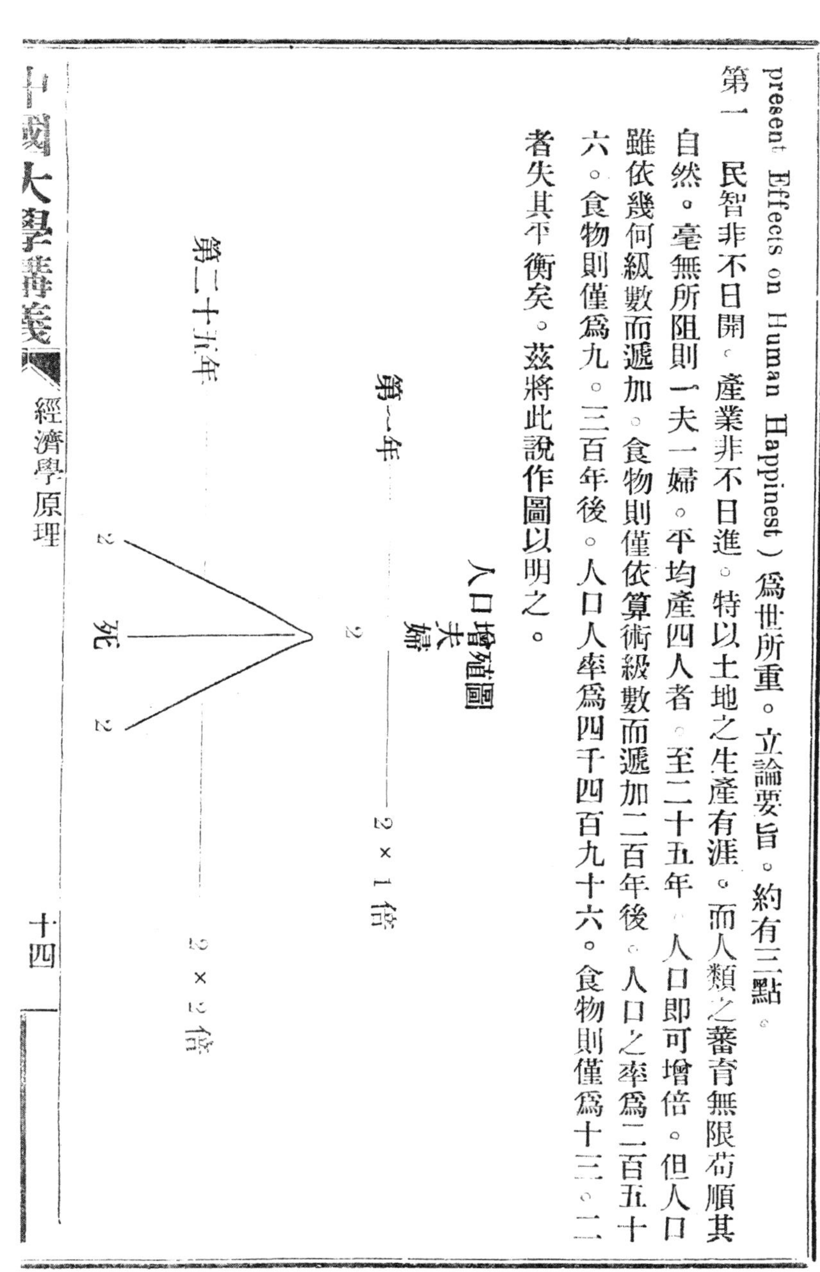

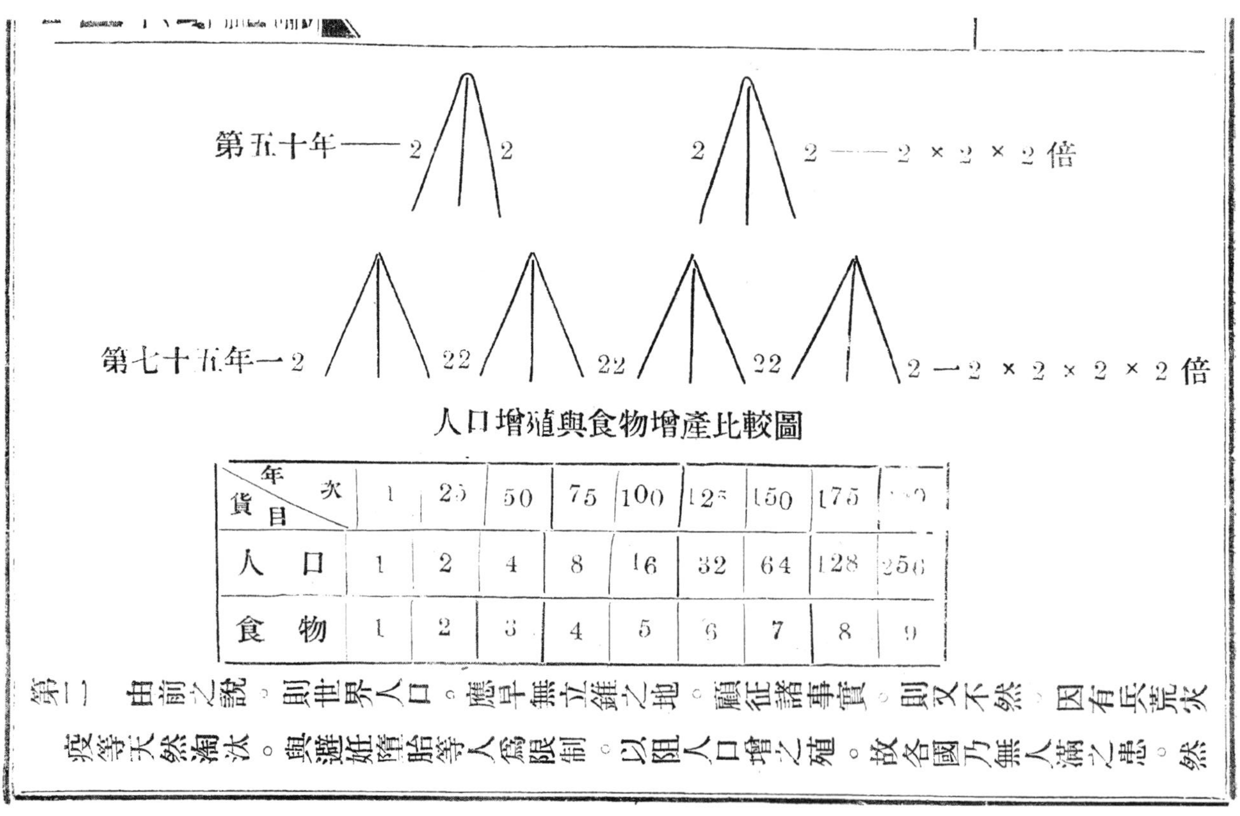

人口增殖與食物增產比較圖

年次 / 貨目	1	25	50	75	100	125	150	175	[illegible]
人口	1	2	4	8	16	32	64	128	256
食物	1	2	3	4	5	6	7	8	9

第二　由前之說。則世界人口。應早無立錐之地。顧征諸事實。則又不然。因有兵荒疾疫等天然淘汰。與避姙墮胎等人爲限制。以阻人口增之殖。故各國乃無人滿之患。然

忍此之救。是亦可悲也。

第三 救濟之法治標則戒早婚治本則勵農業。舍此無良策也。

馬氏之論。不在限制人口之增加。而在力謀自給。救濟社會上因饑饉所生之罪惡。以保人類生活之平衡 固非無見。獨於人口食物增加之率。誤認為一成不變。而於國家，人民，及文化程度。足生二者之變動與否。則悍然不顧。無乃為一偏之能。不免為識者所譏 氏所謂人口增加同於幾何級數。一夫一婦平均產四人 二十五年而加倍者 徵之各國統計 則殊不爾。且各國異情 時代有別。生聚之事。詎可一概論也。食物產量。亦隨國勢與時代而異。不必同於算術級數之增加。況夫世界通郵。有無相異。果能國力充盈。何患食無所取。氏之論未可執也。

第三節 國家

有生之初。即有經濟行為。不自有社會國家而後始也。魯濱孫孤居荒島。其經濟生活之不可。須臾離固無殊於羣居之時。然欲人類經濟。確定不搖。而期於發達。則非有羣居之社會不可。人類中有所謂國家者。亦屬羣居之社會。卽多數人民在一定區域內，統一於獨立主權下之團體也。國家與人民既團結不解。則凡國家之政治法律。莫不與人民經濟有密切關係。茲舉其大要如次。

第一　國家之維持公安益　保護個人權利。維持社會秩序。發展國民教育。微國家之克盡厥職不足以語此。

第二　國家之徵收租稅　人民生計。既賴國家以維持。而國家租稅。亦賴人民以分擔。蓋國家政務。必資政費。而人民經濟之豐嗇。又與稅制相關也。

第三　國家之生產與消費　國稅愈增，則政費愈鉅。集合多數人工。運用鉅額資財。消費之大。固以國家爲獨特也。因此之故。國家稅收。或慮不濟。於是煢政。郵務，鐵路，等事。有劃歸國有者。烟酒鹽硝等類，有變爲專賣者。企業範圍與生產種類。爲所左右。國家人民經濟之關係乃益切。

第四　國家之行政　即國家之經濟政策也。其施行方針與實行程度。皆與人民經濟之煢瘁。有密切關係焉。

第五　國家之立法。國家立法。最足影響於人民經濟者。厥爲私產制度與自由競爭制度

劉冠英

，茲述其概要於次。

一　私產制度　私產（Private Property）制度者。對於一般私人認各種財產私有權之制度也。中包所有與繼承二義。稱所有權與繼承權。

甲　所有權　所有權 Possession 者謂人於法律範圍內，對於其所有物。得自由使用與收益並處分之也。其種類如左。

第一　客體之區別　其一爲有形物所有權，即對於金錢器具土地房屋等有形物之所有權。再細別之。則屬於金錢器具之類者，曰動產所有權，屬於土地房屋之類者。曰不動產所有權其二爲無形物所有權，例如版權著作權等是。

第二　主體之區別　其一爲私有財產權。即所有權之主體屬於私人或私法人者也，例如個人所有之金錢。公司所有之房產是。其二爲公有財產權，即所有權之屬於公法人者，如官有土地國有鐵路等是。

所有權之起因，基於人生自然之需求，人之生也有欲。遂至不能無爭。互爭也。而得失隨之。於是財產上之擯斥與占據。自有莫之能已者。其始不過土地之侵奪耳。寖假於天生萬物。凡所以爲養生之具者。莫不爲强有力者所支配，而財產私有。亦遂權與於此。其終也以法律之追認、而基礎益臻鞏固。可見所有權之所由起。不緣於人類之平等，實起於生存之競爭。此人類進化之說也。雖向之學者。派別不同，立說各異，究之皆斤斤然致辯於所有權之如何發生。而於所有權之存在。固無議其非者。迨共產主義Comunism與社會主義Social sm之說興。迺始否認之矣。共產主義之說曰。天賦人權本自平等。一國財產。均宜化除畛域。視爲公有。社會主義之說曰。土地資本。若爲私有。則以富役貧。益滋社會之罪戾。故此二者。宜皆與衆共之。二家之說。皆以社會不平等而思有以補救之。但就人類經濟發達之程序觀之。所有權之設定。確爲一時代所需要。人類文化與經濟生活之演進。未嘗不重食其賜。而法久弊生。亦屬事理所必然。變通之矯正之；初無定則。要在應時代之需求，以期適存耳。

乙　繼承權　繼承權Inheritance者自被繼承者言之。謂以遺產男人之權利。自繼承者言之則爲承受遺產之權利。人生治產作業。其對於相維相繫之家庭。未有不樂盡扶養之義務者此種觀念。不特生前有之。並期及於未來。是以早作夜思。孜孜然盡力於生產。國家因勢力利導。故認其有繼承權。以勵其企業儲蓄之心，社會經濟之發達。亦嘗賴之矣，有持反對說者。則以人類不能離社會而生存。財產構成。由於一已之奮勉與儲蓄者半。由於社會相與有成者亦半。故個人財產。殊無任其獨占及自由處分之理。況子孫繼承。等於不耕而穫。必至飽食終日。廢其手足耳目心思而不用以養成驕奢淫佚之劣性。弊害所至。不獨喪家蕩產已也。人類經濟。必由是而阻遏其發展矣。雖然繼承權者。中言之。卽承繼其所有權也。國家如承認其所有權。則於繼承權。又烏得而否認之。於是孰兩用中。於認可中隱寓限制之意。乃有三說

一　繼承者限制說

二　繼承額限制說

三　累進繼承稅說

繼承限制說，限制繼承者之資格。卽除有遺言外。繼承人僅限於近親。而不及於疏遠。繼承額限制說，不限繼承者之資格，而限制其繼承額，即不論遺言之有無，與遠近親。區別，均可繼承，惟於繼承者金額附以一定限制。而限制之大小。又因繼承者之直系。

旁系，近親，遠親，而有等差。繼承餘產則沒爲國有。累進繼承稅說者。課稅於遺產繼承時。稅率大小。視繼承額之多寡而累之進也。卽於繼承者與繼承額。均無限制，惟繼承額愈多。則所課稅率亦愈重。是說也。最爲學者所主張。其理由有六。

其一　收入係取諸承受遺產之人。必以素有財產者爲斷。於貧衆則毫無所取。合於扶貧抑富之旨。

其二　富人子孫。席先世餘業。往往於流於驕縱而不自知。課以遺產稅於富人不過毫末之損，或因此而有警覺稍知節儉。則家產亦可永保。

其三　民間因爭產興訟，往往拖累經年。遂至傾家者甚多。繳納遺產稅。則承受遺產者。可恃最强之保障，而爭端自息。

其四　凡人有所依賴。則性情易流於懶惰。難期振作。育產相傳。則依賴之心必重。課以遺產稅。俾稍受痛苦。或可鼓自立之精神。

其五　以事由地方官辦理。毋庸特設機關。合於徵收費少收入欵多之旨。

其六　何人身故。何以繼承。爲事實上所難隱。以此標準而課稅。毋庸特別調查。已可究其稅源。以上所理由而課繼承稅。尙屬折衷之法。但累進率有視繼承者之資格而歧異者。未爲允當。至對於少額遺產之繼承。尤宜完全免稅。免奪貧者之生計焉。

二 自由競爭制度 與私產制度相並。而造成現時經濟生活之基礎者。自由競爭 Free Competition 之制度是已。自由競爭者 人類社會於一定範圍內互相之競爭也。所謂一定之範圍者。指一國家一社會之公安公益而言。人類之經濟行爲。苟無碍於一國家之社會之公安公益、得以種種方術。互相競爭競爭。

在昔國民經濟。常被國家干涉。其於工業。則限以一定之合夥。加入合夥者。必具一定之條件。一定之條件者。卽於一定期限內。先爲學徒次爲夥友，再次則盡力各方。修其技術。以一定之製品。經一定之試驗。而後爲合夥之一分子。其能爲合夥而營業者。又必經政府特許。更設營業特權制。以阻相互之爭競。迨夫世治演進。制限漸除。人皆享經濟上之自由。而自由競爭之制度。起

自由競爭。種類不一。依其範圍之廣狹。大別爲二種

一， 同階級競爭 Competition of individuals with each other in same class

二，異階級競爭Competiton between bifferent Classes

同階級競爭者。同一社會階級之人。相互競爭也。如商人之爭顧客。工匠之爭雇傭是。異階級競爭者。社會階級各異之人。相互競爭也。如買賣間之爭貴賤。主僕間之爭庸資是。競爭之人。有爲個人者。有爲多數人者。故又別爲二種。

一，個人競爭 individual Competition

二，團體競爭 Collecloni Comptetition

例如同一生產者之競爭而有個人企業與共同企業之分。同一消費者之競爭，而有單稱消費與共同消費（如購買公社消費公社）之別。

自由競爭制度。利害參半。茲分於次。

第一，自由競爭之利。

一，自由競爭。則適者生存。常能激刺人心。使發揮其經濟能力。以爭優勝。其究也。促事物之改良。而躋社會於進步。

二，競爭自由。則個人意思及行爲。皆得自由發展。權利攸歸。責而旁貸。可使高

劉冠英

其自覺之心。養成敬愼之習，社會基礎。可期健全。

三，競爭自由。則人思奮發有爲。圖勞力資本之增加。致一國企業於發達。且使分業技術。兩有進步。一國生產力可期澎漲。

四，自由競爭。不獨使一國之生產力增加。且因內外交易之便。財貨供給豐裕。而物美價廉。一般人得獲最大福利。所造於國家者亦大。

五，自由競爭。能使需要供給。當趨於平。租庸息利四者之分配，亦可期諸平允。

第二，自由競爭之害。

一，競相生產以逐利，則生產有過剩 over Production 之患。物價暴落。損失不貲。經濟恐慌 Crises 矣。其究也。被庸之家。失所業而窮無所歸。

二，恐慌起。則殖貨之家。資厚者獨利。而財薄者必蹶。企業乃漸爲豪强所壟斷。

三，富豪壟斷企業。中產之家。次第消滅。社會中。惟餘少數巨富與多數奇貧。而不成健全之狀態。

四，貧者無自立之能。常傭於資本家而依爲生活。貧者之數既多。競傭之爭必劇。

傭主利其相競。則苛其待遇。抑其報酬。至使沉淪苦海。歷刼不復。社會文明。乃無增進之望。

五，競爭既烈。則人皆圖自生存。無暇顧及他人利害與社會公益。汲汲於目前得失。而不能久遠之計謀。驅天下人為不正當之爭力。而世態日卽於澆薄。

六，即使競爭之方。尚非不正。事業改良。生產費或因減少。然競爭時。難免無特別費用。卒至增加生產者之負擔。而同歸損失。

自由競爭制度。利固餘於其弊。然若漫無限制。不免趨於極端。苟於公益攸關。自宜加以干涉。當其任厥者。惟國家與其他政治團體。干涉之標的。則法律所現定也。方今社會組織。日趨複雜。自由競爭。勸受限制。國家限制外。（法律上之限制）有因私有財產之互差。而受限制者。（財產上之限制）有因社會習慣與個人事勢而受限制者。（個人事勢指事業之協同。（Cooperation 與獨占 monoeoly）欲求完全之競爭自由。殆所罕覯。要之競爭之自由與限制。貴得乎中。如或偏於極端。難免卽生流弊。不可不察也。

劉冠英

第四章　經濟之發達

第一節　發達之次序

人類由野蠻而進爲文化。其經濟社會發達之次序。學者主張不一。其所擇定之標準。亦因之而異。茲將各種主張分列如左。

（甲）有以經濟單位爲標準。分人類經濟之發達。爲四期者。

（一）獨立經濟時代。或家庭經濟時代。

（二）地方經濟時代。或城市經濟時代。

（三）國家經濟時代。

（四）世界經濟時代。

（乙）有以交易爲標準。分人類經濟之發達。爲三期者。

（一）自然經濟時代。

（二）貨幣經濟時代。

（三）信用經濟時代。

（丙）有以人工爲標準。分人類經濟之發達爲六期者。

（一）殺戮戰時俘虜時代。

（二）奴隸時代。

（三）農奴時代。

（四）習慣下之自由工人時代。

（五）契約下之自由工人時代。

（六）團體下之自由工人時代●

（丁）有以生產力爲標準。分人類經濟之發達。爲五時代者。

（一）漁獵時代。

（二）遊牧時代。

（三）農業時代。

（四）手工業與商業時代。

（五）大實業時代。

劉冠英

以上各派之主張。各有理由。然研究社會經濟發達之次序。卽在人類能否制勝天然力。人類初生之際。隨其所處之地勢。或專狩獵。或事漁業。以維持其生活。迨後解識飼養之術。始從事於蓄牧。人智漸開。發明耕種。則棄蓄牧而從事於農業。其後由農業而進於工業。由工業而進於商業。雖實際上。各國經濟發達。不必盡歷五期。各期界限。亦未必如此明晰。然以人力勝天。其表現之最大能力。實莫過於生產。故依此而分期研究。對於人類經濟之發達。亦可以知其次序矣。

第三節　漁獵時代

原始時代之人類。其生活仰賴於天然方面較多。既不解製作之法。稼植之道。所恃以充其食慾者。惟在其發現之能力。其始也。於野生之莓。與夫草木根實者。雖聊取以充饑。而未遽以爲滿足。則魚肉獸肉又爲其主要之食物矣。如狩獵之蠻族。須以五千哀克爾(Acre)之大地面。資養一人。迨人口日繁。遂陷於饑餓之境，彼等既未解生產之方。其取諸自然者。又日卽於匱竭。慘無人道之行爲。加食人肉之習俗(Cannibalism)由是發生。雖然人相食者。劣等之蠻族。有此惡習。但不過一時耳。彼蠻族者。習於親同種。而忍於殘異族。則又當時一狀況也。其時於同種。則有無相共。患難相扶。而待其同種以外者。則概以敵視。或肆刼掠。或行噉戮。亦有親疎厚薄存於其間。

以上所述。爲狩獵種族之狀態。若以漁獵種族之狀態比之。亦大致畧同。此兩種族之職業逈異者。以其所處之地位不同也。漁獵比較獸獵。面積較小之地。能供給多數人口。操術須精。用器須多。由狩獵而進於漁獵。實人類進化之一階級。其制勝天然之能力。似較獸獵之種族有進步也。

第三節　牧蓄時代

蓄牧時代之經濟生活。與漁獵時代之經濟生活。根本不同。獵人只知捕獲野獸爲能。而牧人則知蓄殖蓄類爲事。其所以資爲生活者。不專恃乎獸獵。而注重於飼養。以家蓄供人口之食。於此時代。有簡單之器具。如弓矢斧鏃之製法。可以窺見。其當時智識之啟發。不但可補易於馴養之獸。卽極凶惡之活獸。亦可捕得。動植物利用甚廣　與漁獵時代不同。茲將關於經濟發達之要點。分述於左。

(一)飼養發明　在此時代。所需要之食物。並不專恃獵獲之法。同時並能飼養各種

劉冠英

禽獸以供人食。其最著者。卽畜羊之事。且以打獵而言。亦較漁獵進步。因彼等幷知養狗與馬。以備獵時之帮助。因爲飼養禽獸之原因。每人所需要之地面。較漁獵時代每人所需者減少。不過平均每方里。猶只能養活二人至五人。因此爲爭地而起之戰爭。仍不能免。而殺戮之現象。仍極慘酷。但食人肉之事。以食物較多之故。其風漸改。對於俘虜。則作爲奴隸。以供各種勞役。與其殺之以食其肉。不如留作奴隸。以供其驅使之爲愈也。

（二）移徙靡定　人民居址。由甲地遷往乙地。是其常事。因爲一地之青草有限。而牛羊之生殖日繁。一處地方地力既盡。勢不能不另覓新地。以養活其禽獸與增殖之人口。中央亞細亞之民族。在于百年前。伸張其勢力於歐洲。或抑此種人民。是以游牧之民族。易棄其故土。奪他族之所有。以闢其新居。移徙靡定。市府之興。此時殆絕無可望也。

（三）所有權薄弱　此種民族。習於浪漫之生涯。對於土地所有權之觀念。甚爲薄弱。雖其牧畜佔有定地。一部落若干之領域。或有時與他部落。發生爭端。然土地私有之說。因未見其萌芽也。且所謂部落全體所有權者。與吾人今日所行之意義。殆相懸隔因吾人利用土地之法。其途甚多。則私有之觀念愈發達。若遊牧民族。除牧畜以外。所有土地盡付之荒閑、是彼時之所有權極其幼稚。不過餘土地外。各物私有制度 介乎個人與個人之間。似已普及。如裝飾上所用之金銀寶石、貴重物品、多爲各人所有。貧富之**階**級，已發生焉。

(四)商業未發達 人民在此時 **個**人之財富、如家畜金銀寶石之類。雖漸增加 但商務之往來 仍屬極少 因貨物之種類無多、交易之事實甚少、若以牛易牛 以羊易羊是得謂爲商業發達乎。此時號稱爲富者 惟家畜爲其重要耳 甲與乙較 其富之種類。既相同，則交換非其必要矣。雖然。此時亦有物物交換。非必絕無貿易之存在也。

第四節 農業時代

農業時代 繼遊牧時代之後。人類表現於生產方面。其成績最大者。莫過於農業。擴充其食養動物之本能。而培養各種植物。其功效有可卓舉者。

(一)人口繁殖 牧畜須廣大之地面。而人口不見增加。農業則雖爲地無多、比之前

業可分為
三時期
手工業　與工業行
今有密切關係
通行直至十三世
紀
家庭工業　在英
德二國最爲顯著
通行於十七十八兩
世紀
工場工業　於十八
世紀下半期興
於英國至十九世
紀德法二國亦
繼續努力

劉冠英

者。反足容數倍之人口、其於生活之道、亦不感困難。

（二）居址固定　無領土之國民。則無可紀述之功績。惟有一定之居住與鄉國者、其新發生之事業及技術。始日見其繁榮、則學農業之道、非於於人類有至大之關係乎。

（三）私有權立　人口日密。居址固定。土地私有制度，相因而起。蓋土地之耕作，需個人特別注意之處甚多、非使各個人專司一地、則事不一而績不舉。於是有分配土地以委諸個人管理之必要焉。

（四）奴隸勞働　奴隸之起源、游牧時代已有、但到農業時代、始成爲經濟上一種重要之制度、牧羊之事。需要固定之勞工尚少、而耕種之事。所賴於勞工方面至多、古代之人、多耽安逸之風、不耐勞苦之事、故利用戰時之俘虜、以爲彼等耕作之奴隸、從事於耕種之勞役、亦非甚悖乎人道。蓋比之上古蠻民。互相仇殺、絕無可恤之生機者。相形之下。而喜其進步也。

（五）思想變遷　人類之生活改變、其思想亦隨之而大變、此種改變之思想、影響於此時之法律習慣者甚大、農業未興以前、雖有互定之規則。與夫習慣上之制裁、然較之農業時代。而有天淵之隔。因居處之確定。而國家成立。因國家之發生。乃立裁判教育保護諸種制度及命令。而人民始隨在居於制限之中。實無異乎共謀利益。乃自嚴其制限。鄰保相接。期於彼此不侵自由。此規約之所由起也。羣居而各謀殖產致富。期永協於和平。始覺人事日繁。僅少許之規約。不能適於應用。此法律制裁所由加密也

第四節　手工業時代

手工業時代。物質文明。起於工業。工業可分爲二種。一，由手直接爲之。而輔以單簡之器具。二，由手間接爲之。而成以機器。在工業初起之時。凡製造物品。皆從手起。爲謀工作進行之速。與夫製造之精。於是乎利用獸力風力再進而用汽力電力。以及各項機器。故就製造名詞之字義釋之。原不過造物之意思。且當初所謂造物。專指用手而言。并未指機器造物。直至今日。其義始廣。有用手製造。與用質力造之分。用手製造。即現在所述手工業時代之基礎。人工與資本之作用。至此時而愈明。人既知用其聰明。以變化原料之形式。織蔴成布。用鐵製器。各種淺易之工業。均因緣而起。綜此時代

劉冠英

形觀之。其中特點。分述於下。

（一）專業　因手工製造之發達。而專業與商業始勃興。僅言製作。而不論其精粗。競於製作。而不分其巧拙。是皆未盡製造之能事也。技精者。其練之也必純。術工者其需時也必久。故一人而兼數技　與一人專營一術者。其效力必大相徑庭。此分業之事。所由漸起也。鍛冶也。靴工也。機業及染工也。各種之專業並興。而手工製造始盛矣。

（二）商業　同一營業。則商業無由興。人皆事牧畜。則畜類無交易。人皆事耕耘則穀類無交易　何則。己之所給。不必爲他人之所需也。夫惟以有餘補不足。而通工易事之義行。乃始有商業。商之性質。以運賣爲能者也。惟製造品日頻於繁。商業乃愈趨於盛。故此時代　可名曰工商業逐漸發展時代。在此時代中。自生產方面觀之。手工業佔重要之地位。然貿易日繁。專營商業之人。亦爲社會上所不可少。有人於此。一時業製造。而一時又業運賣焉。則其需時也過費。故營商業者有商人。所以利物品之通行。而免個人交換之煩勞也。由是國內貿易盛行。而國際貿易。亦愈謀其便利。不過其時交通不便。商務興盛之地。多在瀕江河水路之處。

(二)貨幣　物物交易　其不便於社會者甚大。有靴工於此。其所求者爲麵包。然安得業麵包者　其求靴之急。適與靴工同。其交換也。賣者之所欲。與買者之所求。一時大不相同。豈非交易間一大困境乎。乃於物品之間。謀可爲交換之媒介者。作爲貨幣。而後交易間始稱便利矣。甲以其靴易貨幣　轉而得其所求。乙以其麵包得其貨幣。適以順其所欲。皆貨幣之功效。他物因之。得以流通而無阻。惟貨幣之種類。在古代用獸皮貝殼。降而用五金。其中惟金銀之屬。歷久而其用不匱。

(三)市府　農業者聚而成村落。工業者聚而成市府。營業之民。欲製品交換之便利也，則搆居以密接爲宜。而人口之繁。乃相因而至。凡市府之設。爲商業上謀利者。必其人民之趨於製造工業者多。則市府亦愈達於隆盛。此自然之勢也。

(五)行會制度　以同業日多。自有組合行會。維持其公共利益之必要。故在此時代中。每一業必有一行。凡在同行之中。以防冒濫之故。對於新加入會之會員。及招收徒弟等事。不得不公訂行規。互相遵守。凡規則員役教育諸制。皆詳定之。其所訂之規約。亦與法律同其效力。

劉冠英

（六）政治之自由　農業時代之終。而諸侯之封建制度起。其握權等於家長。其領地得諸佔有　其驅使之工作者爲附地農民。此農民者。爲封建諸侯之奴隸。終其身服義務而無敢或違焉。其奉公所得之報酬。或承諸侯焉斷之賜。否則沿於習慣。或決之教會。是農民絕無自由之樂利也。及手工業市府崛起。其勢力足以抗諸侯。相爭不息。則言歸於好。迄於其終。市府之勝利。遂促封建制度之瓦解。而市府乃有政治上之自由矣即彼附地農民者　亦脫羈絆而歸於自由之鄉。

第六節　大實業時代

實業時代。雖截至今日。爲時較短。而以其中變化之大。可分爲三時期。自一七六〇年至一八三〇年。爲蒸汽力適用於機器時代。自一八三〇年至一八七〇年。爲蒸汽力適用於轉運業時代。自一八七〇年以至現在。爲大實業集中時代。人類在昔日　能知用手製造。已爲物質發達史中之大紀念。乃能更進一步。用其智慧。使昔之用手者。今一變而用自然界之質力。經濟社會。遂因之根本改變。非復昔日漸進狀況。因爲人之筋力與自然界之質力相較。其中不可以道里計。故在今日。回視手工手業時代情形。處處均覺其幼稚。實則人類所以異於其他動物者。以善用其腦力。征服自然也。一千七百六十九年。蒸汽器械見知於世。其利用雖不大。然不久遂呈急激之進步。而工業乃促一變遷矣。人類竭其筋力以從事於製作。衡之於利用機械。其效力之相差。自一般言之之恒爲一與十二之比。若特種之製造。如製鋼鐵軌條或鋸木材。則機械或至千百倍於一人之力。夫器械新而製作物品亦新。斯固其進步之可驚者矣。然使用新製品之道。未能盛興。至分配販賣之法。其應規畫講求者。尤病其濡滯。則生產過剩。勞工罷免諸弊。乃疊相起伏而未有已。手工製造者。不堪新器械之壓迫。遂蒙倒產之憂。其或棄舊業以就役工場。其間亦倍遭艱厄。試比較新陳二代之情狀如次。即可知矣。

（一）階級間之關係。手工製造時代。有營業之店主。其使役之雇工及徒弟。至他日皆有店主之望。同時工作。實無階級之分。名義上雖有店主雇工徒弟之不同。其實業生活上並無大異。甚有徒弟娶店主之女。以繼續其職業者。以言今日。則大不同。自蒸汽力適用於機器以後。各種機器。皆由工廠主備辦。同時召集多數工人。以從事於工作。由家庭工業制度。一變而爲今日工廠工業制度。工人除得工資外，工廠之營業。發達與

劉冠英

否。均與彼等無關。且以生活而言。廠主與傭工。亦有天淵之別。前者工人。皆有獨立傭主之望。今也欲以雇工而爲獨立之傭主。乃絕對不可能之事。故有謂實業時代發達之始。即隱伏階級戰爭之惡根。且自工廠制度發達以後。社會上尙有一大變化。即紡織等業。以及昔日用手工製造各業。均代以機器。因機器所需筋力小也。婦女兒童。皆從事於工廠。以代成年之男工。

（二）工資制度　一人製一物。故靴工鍛冶各擅其所長。是得目爲分業矣。其時以製物易金錢。非盡以勞力易金錢也。迨於機械工業興。則所謂分業者。殆合數人製一物。比之一人製一物者。更密其工作矣。如彼靴業。一人製底。一人製面。而資本器具。則傭主供之。彼工人者。惟各輸其勞力以成此物耳。由是觀之。名爲分業。實乃一合力之法。夫一靴之製。乃成自數人。故傭主但取全數已製之靴。而以勞銀付之工作者。所謂工資制度是也。此制之行也。自表面觀之。似簡單而公允矣。惟細審之。則不得目爲完全無缺。何也。即工人竭一日之勞力。果須若干之工資方爲適當乎，工資之額。果以何標準而決定之乎。一時盛行之學說。則曰競爭。夫競爭之急。影響常及於工資。其大勢誠足以屈傭主矣。雖然。一世紀間研究之結果。凡僱傭契約。不能受適當之分配。陷工人於窮憫不利之境者。尙比比皆是。則斯制爲今日之一難問題可知矣。

（三）競爭　手工業製造時代。物價爲行會制所羈束。故廉價販賣者。必爲同業所排逐。而競爭事業。因之不發達。迨於機械製作興。出品愈多。則供給者愈衆。非廉價以競爭。則物品必壅滯。惟競爭之風既啟。工場以互爲軋轢。亦相率陷于困窮。由是製造家益銳意於改良。發明品愈臻於進步。是則競爭之效力爲之也。且是時人民享物價低廉之利益。而學者間之議論。亦謂殖富之原因。全出於自由競爭之賜。故力排國家干涉主義。而絕對採工業自由主義。其重視競爭。亦可謂至矣。

（四）銀行與信用　手工業時代。貨幣使用。便於交易矣。迨於此時代。則信用之爲效益著。何謂信用。凡大宗交易。往往不爲現金之授受。惟用一紙之支票期匯票等信用證券。而交易遂以告成。於是賣主乃持以入銀行。而銀行於簿中記入購物者之借數　及賣主之入數。其一付一收。僅以銀行簿記爲憑。彼此了無異議。若賣主與買主各異其銀行。則甲銀行與乙銀行交換此支票。由票據多換所（Clearing house）爲收付之計算。

劉冠英

是現金授受 幾無所用之。自銀行信用發達以來。而貨幣之用途。惟有小商人買賣之間行之耳。此近代實業之所以發達也。

（五）交通運輸　往日之運輸。所恃者車馬船舶與人力耳。數者之中。以帆船爲稍便利。故海港交通之處。則市府盛興。蓋有由也。自汽車汽船發明。運輸之迅速。今昔頓殊其狀況。不但此也。往者都市必依較而繁榮　今則平原草莽間。隨在創繁盛之都市。因之遂生輕視水路之弊。昔日仰仗自然之轉運法者。今日能用人力方面以制勝矣。

（六）道德及法律之制裁　往昔人類對於本族與外族之界限極嚴。設法律習慣以防權利之侵害。其爲內國人也則周密。其爲外國人也則疏。至於工業時代　而內外之差別幾於消廢矣。夫人類果皆平等於同胞　抑不能不互相仇敵。二者果將何所擇。其答此疑問者雖不一。然於商業往還之際　則人類必相親暱也。蓋可斷言　其所不敢必者。謂撤去從來保護居民之法律習慣。則四海同胞主義斯得暢行。固無敢爲是言之學者耳。惟工業界愈變遷則舊時之法律習慣。不合於日新月異之社會。遂謂國家之設施。乃一無可採。則一時之社會心理所不能免者也。因是可窺知工業時代之初期。其於經濟生活。趨利之心迫。則法律道德之觀念稀 是又不可掩者也。蓋當時進步之急速。使人不暇爲道德之考慮。遂視經濟生活。可超然出乎倫理之外耳。

第五章 經濟學之派別

第一節 經濟學之研究法

經濟學之研究法 約有二種。(一)爲演繹法(Deductine method)(一)爲歸納法(Eductive method) 依演繹法之主旨。先定許多公例。然後按照此種公例。推斷一切。例如幾何上之公例正宗派(Classical School)之經濟學者。以及後來算學派心理學派之經濟學者。在自然科學極昌明之時代。專思將經濟學與其他各種自然科學一樣。先立許多公例。例如報酬漸減公例 供求定例等。以免他人非難經濟學爲非科學。此種用意及其方法。在經濟學初成之時。實有極大之供獻。卽後來經濟學者如馬夏爾(A.marshall)等。時時欲修正原有之公例。但正宗派學者。運用演繹法至極端之時。亦生許多弊病。例如經濟人(Economic man)之說。謂人類行爲。具有經濟的動機者也。其有異乎此抽象人行爲之動機者。皆排而棄之。存而不論。可謂武斷 而過將越於其功矣。

正宗派而外。用演繹法研究者。尙有二派。

（一）數學經濟學派（Mathem aticul School） 此派研究經濟學之方法。乃將人類間相互之關係。供求兩方面之情形。取而列諸算式中。意以爲經濟社會中之影響。亦如代數上公式。據理還元。一如算法。此派創於法儒孔拉（Cournot）。以英國學者節溫斯（Jevons）馬夏爾。德國學者（H,H, Gussen）。瑞士學者華拉士（L, Walras)等同用此法研究後。數算派根基固定。後來又得德國學者老哈德（W, Laun hnrdt）。英國學者愛基瓦斯（Edgeworth）。法國學者李本（R, Lieban）。美國學者費雪（J, Fisher)意大利學者伯勒圖（V, Parcto）等。重爲介紹。此派遂大放光明矣。

（二）心理學經濟學派（Fsyceogical School）亦稱奧國學派（Austrian School） 經濟學上。關於價值一方面之研究。所謂邊際效用。以奧國學者著作最爲精透。因價值上之討論。涉及人之慾望。故以心理學派名之。代表此派中之最著名者。爲孟加（K, menger）威色耳（Wisser）及本威克（Pahn-Bawerk）三人。

十九世紀以來。人智進步。漸知演繹法之不足恃。則推崇歸納法。而新學派以與 歸納法自培根（Bacon）以來。在自然科學中。行之已久。效果良佳。其在經濟學。則今日盛行於德國。稱爲確實之方法。此派攻擊演繹派最烈。其於經濟人之說。非之尤力。意謂研究時。宜根據於統計。或旅行報告。或基於過去歷史。故又稱之歷史學派。以歷史爲吾人之良師。教吾人以經濟社會制度之成立。語其變遷。最爲確實。謂欲闡明社會之眞相。舍歷史外別無他法。其尊崇歷史。可謂至矣。近世科學進步。經濟學研究之方法。亦日趨神密。一掃舊說之偏。兼用二法之長。許木樓爾（G, Fnw.elles）有言曰。演繹歸納二法。如左右手之不可偏廢。白夏爾（C, Bur cher）亦謂考察事實而不求其理。則不能明事實之眞相。蓋亦二法並用之意也。且在應用經濟學。觀察事實。徵之原理。以期見諸實施。尤不能不兼用演繹歸納二法。

經濟學上之法則。常有假定性。其前提之確否。則賴歸納法證明之。德國學者康氏（Co-hn有云。專恃演繹。而不用歸納法。則所得結果。將爲空論。使用歸納法。而不知演繹。其所觀察之事實。則其說將爲盲說。可謂知言

第二節　經濟學之學派

劉冠英

經濟社會。由簡入繁。經濟學說。因之亦時時在變動之中。若溯其源。則經濟學成立。實在一千七十六年亞丹斯密（Adam Smith）所著之原富刊行之日。至關於經濟思想方面之研究。則發達最早。是以經濟學之歷史。當從亞丹斯密叙起。而經濟思想史。則非從上古叙起不可。其獨立成爲一種科學。爲時雖遲。而思想方之發達。如希臘哲學家對於經濟問題之研究。吾國儒墨諸家對於富國生財節用等議論。其述極早。不過古人以此爲一種常識。多附在哲學與政治方面中研究。始終未承認其爲一種獨立科學也。自經濟學成爲科學以後。與經濟社會之發達。大有關係。試將經濟學成立科學以前及成立以後之各種派別。分別述之。

一，重商學派 mercrantilst

重商學派之成立。與其名曰思想發達。不如名曰當時環境所逼成。在十六七世紀時。歐洲各國。爲擴張國家威力起見。均主張練兵。其結果非大闢富源。不足以供給。加之當時新大陸發現。美洲金銀各礦。强半爲西班牙人所佔。各國旣咸以金銀爲富國之要素。又見西班牙人暴富。自不免垂涎。至一六一三年。意人捨哪（Antonio Serra）著有一無礦國採金銀法」一書。其意謂取金銀之方法。不僅在鑛。可從製造貨物方面着想。一國將自己貨物。販運出口。以換進外國之金銀。如果貨物出口日多。則金銀之來源。自然加多。無須乎專注於鑛產也。此說一出。全歐風靡。各國政策。均本此議論而行。勵行最力而成績最著者。爲法路易十四之宰相哥魯巴（Colbert）。世遂稱哥魯巴主義（Colbert-ism）從學理上觀之。此種主義。可分爲三點如下。

（一）擴展國富　國富之眞義。自重商學派觀之。與一般人之思想不同　據威廉比得（W. Petty）之學說。貿易之目的。在進多數金銀。與如何取得金銀之方法。其通商之目的。專在擴展國富。卽專在收入金銀。以二千鎊價値之貨物。可換得二千鎊之金銀。每年有此二千鎊之金銀入口。國雖無鑛。亦可以富。其同派學者蒙恩（mun）之意見。亦與此議論相同。

（二）注重國外貿易　擴展國富之唯一方法。卽國外貿易。其鼓勵國外貿易之方法。則尊重商人。提倡工藝。發達海運。改良關稅。並圖商品輸出超過輸入。是以當時學者之意見。有農業所得。不如製造。製造所得。不如商務。契耳德（J. Child）更進一步。主張抑壓外國之海運。以圖本國運輸業發達。其意以爲貨物之外。可得大宗收入者。爲運輸貨物之運費耳。

(三)貿易均衡　欲收國外貿易之實效　必使出口貨物。超過進口。並須定貿易上禁止制度。以信護幼稚國之工業。必使貨物出口日多。金銀進口日多。而後又以作爲國富增加之標準。不過對於標準之主張　意見不一。有以金銀進口多爲標準者。有以商務發達爲標準者　有以實利爲標準者。有以匯兌率及運費總數爲標準者。與此主義相彷彿。在德國當時。尚有一種國庫主義。其目的亦在注意金銀。抵制外力。原則而外。所實行之結果。一切皆以國家權力。爲之干涉。爲之制限　爲之指揮監督而後可　由是成爲極端干涉主義。結果至十八世紀時。反動派出現。重商學派不得不歸於消滅也。

二　重農學派 Physiocrats

重農學派之成立。可名曰重商學派之反動。與受法國當時政治學說之影響。自十八世紀中葉以來。全法人民之思想。均趨重於自然一派。就政治學說而言　盧梭之民權論。孟德斯鳩之法意。皆以此此種相號召。孟氏所謂萬法之源　均趨重於自然　尤爲當時人民所服膺。從經濟學說而言。有如路易十五世之侍醫圭利（Franc is Quesny）路易十六之宰相屠爾果（Turgot）等。不僅將此主義。於其著作上發揮盡致。而且能依其主張。從各方面實行之。茲將重農主義之根本觀念。分爲四項。

（一）自然哲學　欲明重農主義在經濟學上之根據。必明重農主義在哲學上之根據。彼等曰。人類社會。如物理界。基於人類自然之性情。而有自然之法則。是之謂自然法（Natural Laws）惟此自然法爲物之自然。故亦爲事之正義　順之則榮。逆之則衰。國家徒反此自然之法則。而肆爲干涉束縛之舉。有百害而無一利。惟保護增進個人之自由。抑制個人權利之濫用。以期自然法則完全實行　乃可謂盡國家之職務。

（二）純生產　一國之眞正富源爲農業。一國財富之增加。亦爲農業。其勞力上所得之報酬。不僅足以供養民。而且有餘資。可以供給其他各階級之人民。以此種餘資之原因。所以重農學派皆以農業實駕乎工商之上。至於其他各階級之人民。只可謂之寄生虫。純然仰給農人者　是以除土地而外。無可謂國富也。

（三）經濟表　據重農學派所造之經濟表。分社會上之人民。爲三類。一爲有生產能力之人。如農民是、二爲土地之人。如地主是。三爲無生產能力之人。如前述之各階級之人。因爲自已不能生產 純仰給於他人者。

（四）單稅制 依重農學者之眼光、只有土地爲一國之富源。所以一國之租稅、理應專徵諸土地。其主張單一稅之理由。則曰。一國之富。生之者農。國家租稅。取自農業。地租以外一切之租稅。究極仍歸於土地之上。故雖勿論何人。以何種租稅而支付。結局仍歸於地主之負担。何若國家自初卽避其迂迴。單刀直入、採用土地單稅主義。重課地租之反爲簡便乎。

以上所述重商學派與重農學派。一趨重干涉。一趨重放任。各懲於一時之情形 均不免流於偏激。關於價值一點。是否可以完全由國家强力代定。通商一層。是否可以完全不顧互利。單以自利爲目的。此皆重商學派之缺點也。至於農業以外。別無財富。工業商業。果眞不能生利。此皆重農學派之缺點也。然從他一面言之。經濟學成立。未嘗非兩派所貢獻 由是亞丹斯密出 折衷於二派之間。經濟學於是成立爲獨立科學矣。

三 亞丹斯密與正宗學派 Adam Smith and Classical School

分工之利益
(一)技術增進
(二)時間節省
(三)發明改良

亞丹斯密。實爲經濟學之始祖。一七二三年。生於蘇格蘭之克卡狄村(Kirkcaldy)其學說實受當時及以前學者之影響。如蘇格蘭哲學派。重農派。及大哲休孟(David Hume)等。均爲斯密所師承。其初本以文學著於時。其任格那斯哥大學教授時。担任論理學與哲學。後來集其平生之研究。著成原富(The wealth of nations)一書。於一七七六年出版。其思想之大綱。可分爲三點。

(一)分工與工人在經濟上地位之重要。分工之利益。雖人所共知。但研究最精。議論最透澈。莫過於斯密。據其觀察。分工後可使工業發達。可以盡量擴展工人之能力。可使工人專務一種工作。熟能生巧。他如時間經濟。工具經濟。以及學習時間之減少。均爲分工莫大之利益也。其論分工之利曰。今日製針之實況。其製造分十八種之順序。使以勞働者十人分担之。於一小工塲。一日可製四萬八千以上。今若不依此方法。使此勞働十人。各事其業務之全部。按此十八種手續。一一按次爲之。則每人一日祇可造一個。極多不能過二十。乃知依分工與不分工。其一日製造之針。竟有一與四千八百。少則亦有一與二百四十之差也。

希拉哲學家柏拉圖曰各人各其所長以行交易即分工之觀念爲後世學者所共道休謨後亞丹斯密諸人之始祖

斯氏關於國際貿易亦有保留之條件
（一）國內特種企業——如造船業等——須保護
（二）土產納[illegible]稅保護
（三）外國對於本國撤[illegible]

劉冠英

（二）經濟社會之組織根諸個人自利心　分工而外　關於經濟社會之組織。據斯密之思想。皆根諸人類之自利心。一人之需要。決不能事事自造。其勢必起於相資。相資之作用，起於自然。各隨其所欲。而偶然相合。幷非相約而爲之　其言曰。個人自爲之心。與生俱來　不自知其所止。此自然之說也。又曰經濟社會之進而不退者以此。此則以爲自然卽有利矣。又曰。人之自利心。天所與也。故爲己　天之命也　人人爲己而社會以利。天也。重農學派亦稱天。斯密之道不孤矣。

（三）經濟上之自由與自由貿易　斯密以爲一國之政費　不能不取諸租稅　而征稅之方法　以不侵害人民自由爲原則　其言曰。抑揚限制。皆無所用。則社會之人皆得奮其力用其財於公平範圍之中　以與他人競　此經濟之自由也。人非神聖。不能全能全知　一社會之內　必無能知皆全。足以干涉私人之經濟活動而無誤謬者　經濟自由　政府得卸此責矣　是斯密之主張　均以保護個人經濟上之自由爲標準也。

由個人之經濟自由　推之而至於國際貿易。其論保護政策曰。國內工業　以國內資本之多少爲限　保護政策。安能增加資本　亦惟有激資本出於不自然之一途而已　故保護政

護關稅時保撤後之
以期取消

（一）生產說
（二）勞力價值說
（三）工資說
（四）消費說
（五）人口說
（六）地租說

策。不但無益。而且兩害。一家之主。其供一家之需也。或由自製。或由購入。購入之便宜大。則必購而不製。一家如是。國胡不然。蘇格蘭人欲食葡萄。購之於法國便宜乎。抑建暖室於嚴寒之蘇境。以植之然後食乎。雖至愚者知所擇矣。而奈何保護關稅。必不使國人所需之貨物入口。非壟斷之工商利令智昏。何以至此。英國宜減少關稅種類。擇貨若糖酒烟草可可者，徵入口稅。稅之目的。宜在收入。不在保護。如此制度。不礙自由而收入豐。廢止保護。不無損失。此制收入。足以抵之。後來英國。廢止保護。實行自由政策。一從斯密之言。

斯密而後。擁護其學說者。並爲修正者。有理嘉圖（Ricard·）米爾（J.S. mill）等。經濟學賴此派之研究。日益進步。其主張秉承斯密遺著。有獨到之處。與人不同之點有三焉。（一）人在社會之中。實爲自然法（Natural law）所支配。經濟學者之研究。亦不過探索此種自然法。以昭示大衆。且自政府以至於人民。職分所在。亦只有本此自然。以糾正其行爲。（二）此種自然法。實與人生自由權。不相違背。並能相融和。在社會中。人與人之關係。表面上雖相衝突。實則各如其量以相與。而成一種經濟上之調和

劉冠英

。此處所謂之經濟上調和。即社會中自然秩序。人造之各種行爲。均不能與之相競。（三）凡立法事業。必注意自然之秩序。與社會之進步。使法律之效果。能發展人民自動之能力。凡有防礙人民之處。均當剷除。而個人間相防之之舉動。亦可以制止。換言之卽政府干涉人民之範圍。以使足維持全體安甯爲止。不可與放任主義相違背也。

以上所述。爲經濟學中之舊學說。然後起者莫不胚胎於此。雖後來贊成反對者。各居其半。不過斯學之成立。實受此派之所賜。其受心指責之處。即是以一時之經濟情爲盡善。以一時之制度。可行之永久而不變。殊不經濟社會與經濟思想。日日在變動中也。

四 李士特與歷史學派 F. List and Historical School

歷史學派之成立。實因正宗學派之學說。有不能十分貫澈之處。代表此派之首領。爲李士特。其反對正宗派之評論與其主張。分述如下。

（一）李士特之評論斯密之學說。關於國內與國際方面之研究。只可名之曰。重農學派之繼承人。因爲國家在經濟上應有之地位。完全忽畧。國家之權力。與政治上之影響。亦完全不顧其根本謬誤。在不顧各國之經濟狀況。而以絕對自由。爲國際貿易之格言其所主張並非研究所得之結果乃先以其所抱定之宗旨。再從而證明之。以斯密對個人主義過分之吹噓。於是正宗學派之學說。只能稱一國內各個人之私經濟。或全人類各個人之私經濟。而此經濟能否發達。必先使世界上無各別之國家。與國家利益。亦無各別之政治組織。與文明程度。並無國與國間之妒忌。正宗派之著作。與其名曰經濟學不如名之曰價值論。因此中學理。乃一般店商或買賣者個人之學理。個人之利益。斯密看之極爲透澈。而利於個利益之國家。未免疏忽。所謂只見其偏。未見其全是也。

（二）李士特之主張　李氏之主張。可分爲二點。（甲）國家經濟觀念。卽在現在情形之下。欲保持一國之存在與獨立。必先發展本國之權力。與本國之富源。卽以個人而論。生產力之雄厚。與事業之興旺。均依國家之輔助。故研究經濟學者。應當首先注重國家經也。（二）生產力說，李氏所指之生產力。與他人所謂之生產力。完全不同。一般人以爲生產力不過工人之技能與推解力。而李氏所謂生產力。則範圍極廣。凡道德

劉冠英

上學術之進步。思想上與言論上之自由。以及宗教由自。奴隸制度廢除。印刷事業發達。報紙推廣，郵務貨幣度量衡等制度之確立。警察交通等項之完備。皆可認爲一國生產力之源泉。爲發展國家經濟與生產力起見。李氏以爲研究經濟學之人。首先應當注意者。爲各國經濟之況狀況。與經濟發達之程度。例如工業幼稚之國家。爲保護本國工業起見。可以施行保護關稅。至工業發達之國。自可高唱其自由貿易之說也。

李士特雖爲歷史學派之首領。但其在歷史學派中之地位。亦如亞丹斯密在正宗學派中之地位。正宗學派之學者。後來修正其學說甚多。故經濟學史上。有新正宗派之名目。歷史學派亦然。李氏已成爲歷史學派過去之人物。其新歷史學派之中心人物。則首推薛磨勒（G. Schmoller）他如洛瑟（W. Roscher）希得爾布南（B. Hildebrand）及克尼斯（Karl Knies）等。均爲此派之中心人物。其貢獻之學說極大。

五　馬克斯與社會主義派Karl marx and Socialism

社會主義派之名稱。千差萬別。有所謂集產主義。有所謂共產主義。有所謂農業派社會主義。有所謂國家社會主義。有所謂耶穌教社會主義。有所謂連帶主義。名目不同主張各異。又有以各人所師承之學說不同。於是奉其領袖之名目。自成一派。如西斯蒙第派（ Sismondian ）蒲魯東派（ Proudhonian ）傅利葉派（ Fovrier ）以及其他各派。凡此各派。均後來所謂烏托邦社會主義是也。集合各派之學說。並爲之修正。而造成社會主義之泰斗。並自命爲科學的社會主義者。馬克斯是也。試分述其學說如左。

（一）唯物史觀　馬克斯以爲人類思想之變動。其結果影響及社會組織方面者。均爲生活上之物質。而各種物質品之生產。純恃生產力。至於生產力之組織。一面由於天然或物質。如土壤天氣水潤原料品工具機器等是。一方由於人之本身。如勞力發明創造機師等是。在此組成生產力之中間。佔前列者。爲用苦力之勞働。與用心思之勞動。此等人在資本主義之社會中。實爲交換價值之眞正創造人。在社會中。惟此有改變改造之能力。所以物質上之生產。實爲社會之根基。他如法律政治宗教道德哲學以及科學等。加一屋內之樓上各層。若當新生產力漸漸披露之時　則舊時之生產條件。只適合得舊生產力。必漸覺其不適用也。社會上之上層構造。亦必不願與新者相呼應　則社會上越軌之事。必不能免。社會恐慌。因之而起。此時社會。遂轉於革命之漩渦中矣。

劉冠英

（二）階級戰爭　自私產制度發生以後。於是社會之內　分爲若干階級　馬克思根據經濟上之性質。將近世社會中分爲兩種階級、一部份人。其生活之源泉。由於勞働。遂組成工人階級、其他一部份人、由於產業。如地皮房屋工廠礦產公司等、遂組成資本階級　換言之。前者依賴工資、以維持其生活。後者依賴財產與利益。以維持其生活、工人雖有時可以得紅利、但其數甚微。資本家所得、雖亦有薪水在內　但非依此以維持其生活。據馬克思云　社會只有此兩種階級。彼此利益。不能相和。具有勞力之工人。日望其工資增高。具有資本之資本家、則望工資減低　因是工人階級與資本階級。利益居於相反之地位。時有衝突之事情發生。而其結果。階級戰爭。自不能免也。

（三）剩餘價值　據馬克思之觀念　惟勞働能生價格。資本不能生產。所有租息利益之來源乃由於剩餘價值。此項餘值。即價值之之一部份、由於勞力者或勞心者之人工所生產、爲資本家所剝奪　未曾付與生產之人、資本家因謀餘值之增加、一方極力延長工作時間。並用多數婦孺。以替代男工。一方復運用機器。以節省人工、並減少工資　爲其事業之發達。與餘值之增多起見　遂不顧勞働及民衆之利益、分配非法。險象環生。

此馬克斯之精髓、剩餘價値學說之著名也。

自馬克斯所著之資本論出版後。風靡一時。社會主義學者。咸尊若聖經。凡各國社會黨之領袖。皆與馬克斯主義。成一聯絡。直至最近。以各國中心人物所定之計劃不同。遂分爲數派如下。

(一)基爾特社會主義(Guild Socialism)此派自十九世紀末葉。始活動於英國。其代表人物。爲柯爾(G. D. H, Cole)霍伯生(H. G. Hobson)等。其主張各種實業之管理與佈置。均應責成實業中之勞工。各業勞工之組織。一如中世紀之行會。

(二)費邊社(Fabian Society)此派初創之時。本爲一研究學術之團體。後來始成爲一社會黨。並爲英國獨立工黨之中堅。其主張在社會黨中。比較緩進。在政治方面。極力活動。其代表人物。爲蕭伯納(B, Shaw)及衛蒲(S webb)等。會員不多。

(三)德國修正派社會(Revisionism) 此派對於馬克斯主義。有所討論。而主張直接從利於工人方面之事業進行。在歐戰以前。本與德之社會黨民主黨聯合。至大戰

時。始各自分開。而自成一派

（四）馬克斯主義派　此派與前派相較。乃主張從政治方面。實行激烈之活動。以實行馬克斯之學說爲目標。

（五）工團主義派（ Syndicalist ）此派不主張從現在之政治方面。有所活動。而以實行階級戰爭大罷工等爲手段。法國之工人聯合會　美國之世界工人聯合會。均屬此派。

除以上所述各派外。英國之工黨。德國之社會民主黨。在初創時。均各有歷史。與以社會主義相號召者不同。不過歐戰以後。均有趨向社會主義之趨勢。

劉冠英

劉冠英

第一編 生產

第一章 總論

第一節 生產之意義

天地絪緼、不生不滅。圜氣運行 變演無極。人類芸芸。終不能于自然界中有所增減故生產Pr puction云者。非自無而之有。乃即有以享有也。夫既卽有以享有。又何事乎生產。不知物之自然存在者、爲各種貨物之原料。不盡能直接供消費也。山之果。鮮可食水之魚 美可茹。似可直接供入消費矣。若若不採之釣之，何由得而茹食。採之釣之。而梯鐙筐筥之備。綸竿鈎餌之需。在所必要矣。卽以農夫力田論。收穫之數必倍蓰於所播之種。顧自萌芽以至果實、其間雨露之灌漑。日光空氣之蒸蔚。肥料之助長。根荄之删夷。集多數原因。始獲此果、試取植物之葉。以科學原理剖析之。所含空氣幾何。炭素酸素各幾何。卽能顯然察其所自。從知宇內物體。非吾人所能增減。所謂生產者。乃就天然存在之物體、或分離之。集合之 或移動變化之。藉天之所賦，與其助力。加以人工資本。以生長或增益其效用而已。由此觀之。則生產意義。不言而喻矣。

考生產之意義。歷來學者。各異其說。其最顯著者。則有四派。畧述如次。

第一　重商學派之生產說　重商學派 Mercantilist School 謂一國之富。以其國所存金銀量爲準。欲計國富之增進。首在增殖金銀。金銀者。財貨也。增殖金銀之行爲。卽爲生產。

第二　重農學派之生產說。重農學派 Physiocrats 攻擊重商說。謂金銀之爲物。飢不可食。寒不可衣。一國貧富之由　不在金銀之多寡。而在國民生活必需品之多寡。凡百財貨俱爲天賦。能利用天然力以造物者。厥惟農業。故惟農爲生產。若在工業。不過變化財物之形質而增其值。在商業。則僅轉移其位置而益其價。皆不得謂爲生產也。

第三　斯密派之生產說　斯密派 Smithian School 之論生產也。首駁重農說。謂重農派以農爲生產　實誤以生產爲造物。且混殖物與造物爲一致　詎知自無生有。惟天能之若在人類　祇能收天地所生之物。加以工作。或易其形。或變其質。化物成財。以充所欲。至於造物不惟工商不能。卽農亦何嘗能之。農之生產也。不過綜合天賦之物。以利用足欲耳。其所產者。乃爲生殖原料。要非創造物質也。是故變物之性質者爲

劉冠英

農。變物之形體者爲工。易物之地位者爲商。業雖有精粗不同。其能創造增益物值則一也。明乎創造值增益物值之理。則生產之義。可了然矣。

第四　歷史派之生產說　斯密派之說。久爲定論。迨十九世紀中葉　歷史學派 Historical Sch ol勃興。始有異議。其中又分兩派。

甲　有形及無形生產說　此說法人塞氏 J, B, Say 創之。和者甚衆　德之羅夏爾 Wi h lm Rosoher 其最著者。意謂斯密派所稱生產。專指有形財貨而言。其實有形無形之財。均可足欲。重有形而輕無形。爲說似多挂漏。且謂生產爲增益物值而非創造物質。其說亦未完善。有形財貨。人力固不能生滅。無形財貨。未嘗不可以人力生滅之。例如頒布法律而設定所有權。或修改法律而消滅物權之類。皆人類所造也。

乙　生產營利區別說　是說費里薄微絜 Enagea von philipp vich 倡之。謂斯密派之說。混生財與營利爲一。實則二者間。顯有區別。斯密派謂生值增值之行爲。不問其爲農工商賈。悉爲生產。而此派則謂同屬生值增值。其間有生值與儲值。殖財與儲財之別。且謂生值者。生產也。儲值者。營利也。生產由財之性質變易而增值　營利由財之關係變易而增值、閉戶經濟時代、生產與營利無殊。值此交通經濟時代、則殖財儲財之法迥然各別。生產與營利、亦判然兩途、是故農工殖財是爲生產、商賈儲財、是爲營利。

重農重商兩派、說多紕謬、不爲學者所取。第三第四兩說、學者間多有主之者、斯密學派闢舊說。能中其癥瘕。但其所謂創造物與增益物值、而不言效用。偏重主觀不能無議耳。歷史派有形無形之說、與吾之所謂經濟財貨者牴觸、未便強同、殖財儲財之說、雖分析細緻。然以語夫生產、實無區別之必要。何則。夫物之所以能足欲者。以其有效用耳。效用之有無大小、一惟其物之性質地位以爲衡。農工變物形質以創造或增益其效用。其宜列爲生產、固無疑義。即在商業。雖僅以貿遷通有無、而無關於其形實、然物之效用、因他而異、遷有餘之物。達於不足之地。充欲之效。遂以增益、是故農工商賈、雖名異事、其爲創造或增加物之效用也則一。農工也而曰生產、商獨不能謂爲生產乎。

第二節　生產之種類

天賦人工之效。能使無用者有用。變小用者。而爲大用、其種類可得而言、抑此非財物

劉冠英

之種類。乃生產財貨所由方法之種類也。玆畧舉如左。

第一　占有天然存在之物體。如漁獵採鑛之類是也。

第二　以生財貨爲主旨　自使用自然力其所產者爲植物。或動物。如農牧森林之類也。

第三　用上列二種生產所獲得之原料。或變其形狀或分析結合之。以製作財貨　則工業是也。

第四　就上列三種事業所產生之財貨。使與消費者接近。如商業運送業之類是也。

第三節　生產之要素

生產財貨。必假助於物力。而此助力爲生產所必不可缺者。曰生產要素Factors of Production　宇內物力。不上一端　助財貨生產者　亦非止一事。孰爲生產要素。歷來學者。頗各異辭。玆別爲三派而畧述之。

第一　英國派之生產要素說　此派學者　謂生產要素有三種。曰天然Nature曰人工 labour曰資本Capital　馬夏爾A. Marshall　雖以土地代天然而意仍未變　三要素間，此派設爲區別以天然人工爲必不可缺之要件。資本則有時無所用。必所生財貨歷時始成。

勞力者口體之欲。不能不仰給於人者。則資本始見其必要。米爾J. S. Mill不必資本列入生產要素。而伊里R. T. Ely以天然人工爲第一要素。以資本第二要素者。職是故耳。

第二 德國派之生產要素說 生產三要素。爲歷來學者所公認。迨德國派興。更於三者外。加入國家一項。瓦格納A. Wagner其最著者。晚近如柏倫屯諾L. Brentano則有生產因與生產要素之區分。以人意惟一要因。而於生產要素 則分爲土地人工資本國家文化等五種。意謂近來學者。以土地資本人工三者爲生產要素。卽稱生產要因。其實兩者性質 迥然不同。生產要因者。財貨所由生之原動力。而生產要素。則生產所不可缺之材料也。有材料而無原動力。財貨仍無由生。生產原動力者。人意耳。土地資本人工。固爲生產要件。卽國家與文化。亦生產所不可缺。故加入而爲五要素也。

第三 社會主義之生產要素說 持社會主義者。以人工爲生產之惟一要素。以爲土地爲天然恩澤 資本乃生產結果之儲蓄。生產爲原因。資本爲結果 無先於原因之理。故無資本亦無害於生產。生產者以人力利用天然之材料也 生產基礎。安得不歸諸人力

劉冠英

。是說也馬克斯 Karl Marx倡之 社會主義派多有宗之者。以上三說各有異同。孰是孰非。不可不加以研究。方今生產上不可缺之要件。實不外土地人工資本，三項若天然，國家，文化，等項。雖與國民經濟關係重要。但祇可謂爲國民經濟發達之要件。不能專屬生產。且所謂地土者。乃狹義之土地。與英美派所稱土地者不類。蓋自技術方面觀之。天然與人工同爲生產要素。然自經濟方面觀之。則天然中之日光空氣等。均爲自由物。不能不措諸經濟財貨之外也。至柏倫屯諸要因要素之分。不能謂無見地。惟所謂人意。殊欠明瞭。不如用企業二字爲當。企業者。企圖事業之謂也。

第二章　土地

第一節　土地之意義

經濟學上所謂，土地，Lend 有廣義狹義之分。廣義者謂土地與天然同。一切天然物力屬之。次則統地球表面之水陸稱之。狹義土地。即如通常所稱。專就地球表面地而言也。本諸廣義。則地勢，地質，地位，地積，氣候等。均在研究之列，顧此諸項。雖爲人

類經濟之基礎　第就生產言、尙可置諸弗論。卽混水陸而言土地亦屬名實未副　甯取狹義爲允當也　然則天然之中。舍陸地外、遂不爲生產要素乎。曰否　天然物力、皆與生產有關、顧其關係。不僅及於生產　舉凡經濟之發達、莫不有賴於此。

土地之爲物，何自而成乎、或曰天所賦予　或曰人力所造。執天予說者、謂土地爲天然中之一物。未有人類、土地卽已存在、執人造說者。謂經濟乃言物値之學。物之有價値者。始見重於經濟。未有人類之初、土地無價値可言。草昧既闢。乃見效用、故經濟上之土地爲人力所由致。雖然　二說多偏。無當於理　土地爲天然存在物。乃不可泯之事。特以歷年悠久。人類施工於其上者、已非一日。經田設井　築道通渠、以造成今日之膏腴平壤者。人亦與有力耳。惟是地力人功　既已不可分析　則言天然者。不忘本耳。

第三節　土地之性質

土地有二種性質　一爲技能性 Technical peculiarity 一爲經濟性 Economic peculiarrty 就技能性言之。土地有三種能力。一爲載力。載力者。言地能網羅萬象。不僅爲人類行止之基。且載有各種天然力。以供人類取用。二爲植力、土地有植力。故能長育萬物。三爲養力。地上生長之物。得土地滋養。而後繁茂。就經濟性言之。土地分量。爲有限不變之物。土地品質。爲無限變化之物。分量有限。故不能增減其面積。品質無限。故可用灌溉施肥等法改良之。抑此所謂有限無限者。特言其大畧。詳言之。則滄海桑田之變。地面有增減焉。深耕易耨而後。地力有窮時焉。惟事不經見。故以語夫常而不及其變耳。

第三節　土地之效用

土地既具二種特性。故爲生產要素。而其效用。則有三事。一在供給生產根據地。蓋人類生息。惟在地表。生產事務。亦惟土地是據。譬之毛附於皮。皮之不存。毛將焉附。是故都府之區。地日之貴。誠以生產之土。由僻壤而集於都府。人皆欲於都府便利之區。立其生產之業。而土地所以爲生產根據者。益見重要矣。二在供給植物養料。一芥之種。植之土中。而能勃然以興。得穫豐實者。皆土壤滋品 Fertility 所由致也。三在供給各種鑛產。晚近工業。所賴於礦物者日多。金屬品爲機械器皿之原料者。效用固日見其廣。煤炭瓦斯之類。猶爲生產上主要助力。惟此等燃料。皆有限量。取用日多。則供給益少。後此以往。將有以電力替代之趨勢矣。

第四節　土地之報酬

土地有滋生力。故植物於地者。皆得收穫　以爲資本人工之酬報、滋生力有大小　其報酬即有厚薄　滋生力之大小　視土地之位置形質以爲差。亦得以種種方法更改之。使進於善　但其滋力　究有定程。苟達於一定限度。則雖重加勞費助長之。報酬量終難準勞費之數量而並增。地方初墾。養力有餘。收穫增加之率。恒過於所增勞費　其少進也。則收穫增加之數。僅與增加之勞費相當。過此以往。則報酬之量、視勞費之益增而遞減矣、學者稱曰報酬遞減法 law of Dimtnishing Retnrns 譬如耕地百畝。第一年用農十人投資百圓、穫穀百石。則其產額。每農平均十石　每圓平均得一石、第二年農夫增爲二十人資本增爲二百圓。若準前例。則所穫量必爲二百石。乃以報酬遞減。故其產物在一百石與二百石之間　設爲一百六十石。則所增十人與百圓資本。其產物僅爲六十石。平均計之。每人得六石。每元得六斗而已。視第一例之人得十石。元得一石者減少矣。第三年增農爲二十五人。資本爲二百五十元準第一例則收穫量必爲二百五十石。準第二例。亦

(1)谷量之收穫
(2)金錢之收穫
總收穫增加即技術上之增加
實收穫增加即經濟上之增加
(一)依穀之產生增穀價之增加否
(二)依人口之增加
從農人私經濟言是有利益
從國民全体經濟

劉冠英

當爲一百九十石　乃以報酬遞減故。其產額在一百六十石與一百九十石之間。設爲一百八十石。則更增之五人與五十圓。其物產僅爲二十石。平均計之。人得四石。圓得四斗而已　以視第二例爲益減矣。

土地報酬。旣爲遞減。則當人口繁庶時。每有生計之慮。學者乃欲培養地方。使報酬量免於遞減。即如傍栽輪植。向土地施肥之類。務使物地相宜　滋生不絕　但遞減法係屬天然。縱令緩其實見。終難消滅也。

土地收穫之故。有總穫與實收之別。實收者。於總穫中除去勞費之所餘也。總穫之增加。不必與實收一致。而從事耕植者之去就。一決於實收。所謂報酬遞減者。亦以實收計不言總穫也。

第三章　人工

第一節　人工之意義

人工者。人類經濟行爲上之動作。由心力或體力表而出之者也。是故牛馬耕田。雖有利於經濟。而非人類行爲。不得謂爲人工。登山臨水。讀書求學　雖爲人類心體之動作。

而非經濟主義之行爲　仍不得謂爲人工。且卽有經濟行爲之意思。而不由心力體力表見之。亦無人工可言。故人工之要件有三。

第一　須有心力或體力之動作。

第二　其動作須爲人類之行爲。

第三　其動作須爲經濟之行爲。

第二節　人工之效用

在昔經濟思想。重商者務多金。重農者恃天然。鮮有以人工爲生產要素者。是皆昧於人力效用。而未審財富之所由來也。迨亞丹斯密出。始知人工之不可忽。誠以天然物產。不能直接供人消費。多有賴於人力。人類欲望日以多。欲望程度日以進。僅恃天然。實難供用。卽就土地而論。土壤雖爲天成。其能養育植物。滋生不絕者。實歷來人力所造作以言帝力。殊覺微少。考諸生產方術之演進。則知天人消長。而人工效用。亦可知矣。

第三節　人工之能力

劉冠英

人工之能力。以種種關係。而有差別。畧述如次。

第一　年齡　人以年齡差異。而有老幼壯之別。以老幼例壯者。其能力之强弱判然矣。故欲測一國人民工作之能力。則以壯者對於人口總數之比。即可知其梗概。

第二　男女　近世以生存競爭。女子從事工作者。雖亦有之。究之生理不同。能力各異此盡人而知之也。

第三　性質　體力有强弱。知力有優劣。人之所得於天賦。固不能無差異也。

第四　健全與不健全　盲啞廢疾。是爲肉體上之缺陷。囚盜游民　是爲精神上之不全。斯二者之數愈多。卽人工愈少。救濟之道。則在衞生行政與社會教育而已。

第五　外圍之狀況　外圍關係。亦至多矣　即以氣候言之。寒帶之民逸。熱帶之民惰。溫帶氣候得其中。人工能力。故亦較强。

第六　生活之狀況　工人日耗其身體心意之力。不可不有以補益之。養成之。而補益養成之能充分與否。則視乎其人之生活矣。

第七　職業　一國之民。常患失業。或雖有業，而非生產。均足減少其國人工之能力他如貧富之懸隔。法制之不備。教育之不振。以及社會政治經濟組織之不善。職業選舉之不自由。無所事事。有長莫展。亦莫由增進國民之工力也。

第八　熟練之程度　農之子恒爲農。工之子恒爲工。商之子恒爲商。遺傳使然。而實業教育。則又有進焉者。

第九　前途之顧慮　日務衣食。以此自足者。則工力薄。日積月累。志在求富者反之。

第十　法制之完否　法律之保護不密。政治之維持不周。則財產莫保。人民失望。寖至游惰成性。而人工之能力減矣。

第十一　社會對於人工之觀念　譬如官尊民卑。相習成風。則國人羣趨宦途。薄勞役而不爲。則工能又減少矣。

第十二　利害之關係　人工能力。視乎其動念。動念之强弱。又視乎勞役關係之疏密。事不關己。則操勞出於勉强。而工力薄。此奴隸與自由民之所以異也。

第四節　人工之訓育

工人能力有大小。其原因不止一端。已如前述。而執業之工拙疾徐。要不能不歸諸訓育

劉冠英

工。事無論精粗。皆非不學而能。使不得其術　則無由施其力。苟非素習、則舉措艱澁。人類經濟日發達。生產器物日精巧、工人技藝。尤爲必要。訓育之方。益見重要矣。習藝之法。約有二種。一曰普通訓育 General training 二曰專門訓育 Specified training

第一　普通訓育　普通訓育　不外家庭社會之薰染　與夫學校之陶鑄。童時志性未定。舉凡父母兄弟之言行。戚友往來之習尙。於不知不覺中爲所同化　習於善則善。習於惡則惡、幼而成習。而老不變。至在普通學校。所學不過書算。似無關乎技術、而啟發智慧。鍛練心思。大有造於工效。Industrial effeciency

第二　專門訓育　各種工業、各需特種機械。各有特種程序。必具相當知識。乃能操作靈敏。不至廢時損物　普通訓育。足以增長服務之本能。專門訓育。則造就特殊之技藝也。習藝者。或修業於學校。或投身於工場。皆可增益其所不能　而尤貴熟練焉。可見人工能力之大小。視乎有無相當之訓育　古代徒弟制度　Sppreaticeship system 已不適用。而專恃學校　亦覺功效不著　現在各國制度　除普通訓育不離學校外。專門技藝　已漸置重於工場實習　工廠組織進步。青年訓育於此者亦易收效。然亦有身在工廠而工餘就學者。是以人工訓育之所。不外家庭學校及工場。固未可偏廢也。

第五節　人工之動念

人工之動念者　工人趨向工作之意力也。所繫於生產力者至鉅。其動念强。則生產力亦强。弱則生產力亦弱。而其動念之所以强弱也。則原因非一。畧述如次。

第一　社會之安寗秩序　專制暴虐之國，寇盜充斥之邦。民不安其所業。則人工之動念弱。而生產之力微。

第二　欲望之多少强弱　欲望浸熾。不可抑止者。則人工之動念强。否則弱。

第三　享有利益之程度　例如奴隸於歲勤勞。而利不歸已。則其工作之動念弱，而生產力微。自由之民視此有加。然即就自由之民論。限期受俸者之動念。必薄於計工得金之人。此因報酬之方法不同，所以誘引其工作者各殊也。

第四　對於勞役之觀念　社會之上獎掖勞役。則人工之動念强。如輕賤之。則弱矣。

第六節　人工之種類

經濟學上所謂人工。雖非僅爲生產之人工。而爲生產要素之人工。則固生產之人工也。

生產之人工。約分四類如次。

第一　由人工之性質區別之。分爲二種。

一　勞心工

二　勞力工

人類本其知力學力。而爲經濟動作者。如技師醫士之類。即爲勞心工。其有使用腕力體力如工役者。則爲勞力工。

第二　由人工之範圍區別之。分爲二種。

一　指導工

二　執役工

負指導監督之責。而不躬自操作者。爲指導工。直接用力於生產者。爲執役工。

第三　由人工之能力區別之。分爲二種。

一　熟練工

二　不熟練工

工作之先。須經熟練程度不至。無能爲役。如鐵工，船工，紡織工，之類者。爲熟練工，不經熟練而能服務者。如脚夫雜役之類。爲不熟練工，

第四，由人工之雇，傭，區別之。分爲二種。

一 獨立工

二 非獨立工

從事於自已業務。如農人自耘其田。與工廠主自營其業者。爲獨立工。爲人作嫁而受取工資者。如工匠雇役之類。則爲非獨立工。

第五 由雇傭之時期區別之。分爲二種。

一 常雇工，

二 臨時工，

工人雇傭。有繼續性者。爲常傭工，其雇傭僅在一時者。則爲臨時工，

第七節 人工之供求

人工如百物然。有其需求與供給焉。供求之多寡。因時地事情而殊異。計其關於人工之

劉冠英

供給者。約有三事。

第一　人口　人口繁滋。工力易給。居民稀少。勞役難求。是以美洲爲新闢之地。嘗用華工　而庸貲之鉅。亦優越於他邦。

第二　生活　物力豐厚。生存較易。則人尙優游。不耐勤苦。而人之工供給少。生事維難。勤勉而後衣食甫給者。則人皆欲於事業之途，致力以遂生。而工人之供給自裕矣。

第三　事變　非洲黑奴。向爲白人所趨使。嗣連奴業廢。奴價亦距。美禁華工。使中國工人。不復能於新大陸上。謀遂生之事。而美國工人之供給。亦緣茲而銳減。他若工聯之操縱。時序之遞易，（謂工事性質按時序而興廢。在一定期內。需工甚殷。過時卽無需要也）。以及殖產恐慌。戰禍災疫。皆與人工之供給相關切也。

關於人工之需求者。則有六事。

第一　殖業　殖業發達。需工必多。事業凋零。需工必減。

第二　機械　機械所以代人工也。機械之用途愈廣。斯人工之需要愈少

第三　貿易　輸出貿易愈發達。則國內之殖產愈盛。而人工之需求亦增。反是則日用所需。半資舶來之品。國內人工。即少致力之地。

第四　恐慌　殖業家以自由競爭之故。擴張事業。相與爭存。致使生產過剩Over Production經濟恐慌　方其殖業之擴張也。需工固多。迨其恐慌。起事業廢。人工之需求。乃銳減矣。

第五　季序　工事中有所謂季序需求，Seasonal Demand者。一年中人工之需求。皆有定時。例如農忙。每在夏秋。風霜嚴寒。即少建築。當其時者尙慮工力不給。時序既往。即無所需。業此者有生事艱難之感焉。

第六　時間　此言勞役者之日功也。早作夜息。乃事之常。日課八時。人所倡導。然若時間有多寡焉。則需求有增減矣。

第八節　人工之分業

第一項　分業之意義

人工之於生產。以工力分合而異其效用。故有分工協力之說。分工有二類。一爲同業分

劉冠英

工。一爲異業分工。同業分工者。言就一業。而分任其勞。俾事之易於成就。如數人操舟。互相爲助是已。異業分工者。言各爲一事。相助於無形也。或稱分業。Division of Labour。分業與協力。名異而實同。蓋就各個人言之。則爲分業。就其終局主旨言之。實協力也。

考分業之起因。亞丹斯密謂由於人類有相資之性，分業交易。相因爲用。然細考之。氏論不能無議。夫分業。在未有交易前。早見於家族間。不自今日始也。揆厥眞原。蓋有廣狹二義。地利不同。政俗各別。廣義之起因也。男女異性。智力互殊。狹義之起因也。是以山居而獵。近水而漁。不幸相易。則地利之不同也。甲地務農牧。乙地競工商。不相從同。則政俗之各也。女正位乎內。男正位乎外。則男女之性異也。勞心者治人。勞力者治於人。則智力之互殊也。然分業之演進。能止於精微如今日者。固亦有賴於交易矣。

分業之論。導源希臘。以斯密氏言之爲最詳。抑氏之說。僅就一事一物言之。猶不免失之狹隘。蓋分業爲經濟社會所必需。今日之經濟社會。即由分業相維而成也。

第二項　分業之種類

分業之類別甚多。撮其要者。約有三種。曰地域分業。曰職工分業，曰技術分業，

第一　地域分業　地域分業者。因地之宜。各爲特種之業是也。細別爲二。

甲　國際分業。國際分業者。各國各從事於特長之生產。以相交易者也。國際貿易之根源。卽在於此。例如英倫輸送工業品於各國。其原料及食品。則仰給於他邦。法蘭西以美術著名。俄羅斯以農產立國。又如鄭之刀。宋之斤。魯之削。吳粵之劍。遷地而弗能爲良者。皆此類也。此種分業。一基於地質，風土，氣候之異同。一基於國民性質，才能，之各別。故隨時勢之變遷。相爲消長。且其所分程度。亦有限制。藉使無限。遇有事變。供求阻隔。往往危及國家。是言經濟學者所甚注意者也。

乙　國內分業。國內分業者。一國中各地之分業也。更細別爲三種。一曰都鄙分業。例如田舍務農收，都會業工商是。二曰都會分業。例如江西產磁器。蘇杭業綢緞是，三曰市區分業。一市中，各以其類。而分集一區。例如北京之肉市。米市，騾馬

市，珠寶市，等是。

第二，職工分業。 職工分業者，通功易事，互相交易，以贍足望之法也。士農工商之別，固無論矣。同一商也。而有米商，絲商，布商之別。同一工也。而有木工，金工，土工之殊。是卽分業之及於職工者也。當夫草昧初開。人民專務漁獵，或爲牧畜。職工分業，未見推行。卽在以農立國之時。分業尤未大著。迨工商業盛。分業之用益宏。夫業分，則生產日增。致用充裕。一國文明。緣茲益進。國民地位，得置重於列國之間。雖謂職工分業爲社會之大分業可也。社會之大分業者，隨社會進步以俱增。亦卽所以助社會之進步者也。此種由簡趨繁 自組而精之次第。斯賓塞爾 Herbert Spencer 稱爲社會之分科。古人每謂人有萬能。今人則不能孤立以營生計，豈今人之不若古哉。社會益進 欲望彌加，欲足無窮之欲。勢非簡單事物所可賴，職工分業之日益加甚。蓋必然之勢耳。

第三，技術分業 技術分業者。各職業範圍內個人之分業也。斯密亞丹原富首篇所舉分功之例，蓋卽指此而言。氏謂『譬諸製針之業，使不習者一人爲之窮日之力，幸成一針欲爲二十針焉必不得也今試分針之功而使工各專其一事拉者，截者，挫者，銳者或鎈其芒。或鑽其鼻。或淬之使犀。或爇之使有耀或純選焉。或納匣焉。凡爲針之事十七八。或以手或以機。皆析而爲之而未嘗有兼者。則計一日之功。可得八萬六千針。而或且過此數此見諸實事者也。使十八人而爲此。是人日四千八百針也，往者不分其功。則一人之力。雖至極勤敏。日不能二十針。今一分其業而爲之。則四千針而裕如。然則以分工之。故而益人力二百倍有餘也。治針如是。其他製造可類推矣。』

第三項　分業之利害

人工分業。所以從事生產之成敗利鈍。生產家與消費者皆受影響。故分業關係。不僅及於執役之工。且直接關係於企業。而間接波及於社會。分業之利害、亦當於三者中求之。

第一，勞役上之利害

甲　勞役上之利

一，技術易熟練　業分，則勞役者各事其事。反復操練於一業。其技術當日卽於純

劉冠英

熟。因之功效與傭資並增。而日功時間。亦可減少。

二，少年易立業　業分。則業務性質。趨於單簡。習之者易。而少年之致身於經濟社會也亦易。

三，任事易自擇　業分。則業務之種類增。勞役益趨於簡易。人能各隨所好。擇業而務。卽屬婦孺老弱。亦可免於坐廢。

乙，勞役上之害

一，人身易虧損　分業使勞役者永操一業。朝夕不變。非惟有害康健。且致精神鬱結。

二，工人易失業　分業。使勞役者固着於一部業務。雖有一技之長。而不能獨立從事於職業偶直閑散。卽難他務　蓋技止於是。不及改業也。

三，家政易頹廢　分業使老幼男女。各得其業。固屬甚善。然舉一家之人。出事勞役。不惟減殺家族雍睦之風。而一家之政坐廢矣。且婦孺勞役。影響於種族與道德者綦大。則尤分業之弊害也。

第二，企業上之利害

甲，企業上之利

一，得因材而使業分。則企業者得應工役之技能。使爲一部相宜之勞役。

二，得利用機械業分。則企業者得應業務之一部。利用適當之機械器具。

三，得改良生產業分。則企業者因材而使。利用機械。可使殖產改良。易於着手。

四，得兼用夜工業分。則機械之運轉。得以不息。企業者可兼用夜工。免資本閣置之損失。

五，得減少依賴業分。則業務之性質簡單。選工較易。且既用機械。則雇工亦可減少。故其依賴人工之程度較爲減殺也。

乙，企業上之害

一，業專而交易狹，業分。則人各從事於一部分之專門事業，交易之途，亦即限於一部。消費者之購買力。則相關爲益切焉。

劉冠英

二，業分而相需殷，業分。則企業家所用之原料機器。多賴他企業者供給。彼此間有相需關係，而其相爲依賴也亦切。

三，貨積而恐慌至，企業家既相爲倚賴。則生產交易上。一方有榮枯之象。即波及於他方。遇有偏枯。則材貨停滯。而恐慌至矣。

第三，社會上之利害

甲，社會上之利

一，財貨品直之便宜。業分。則產物之品質分量。可使增益。凡物價值。亦可低廉。社會之人。同食其賜，

二，獨立職業之繁榮。業分。則社會職業可以增加，獨立之業。於以繁榮。

三，殖產力量之增長。財貨品直。既可便宜。獨立職業。又易繁茂。則一國生產力增。而對外貿易之競爭。在易操勝利矣。

乙，社會上之害

一，減事業安全之程度。各業間既相依倚。則一髮牽動。往往波及全局。故其安

全程度。較之自成一局者爲減殺。

二，有生產過剩之恐慌。各業間既相依倚。則彼此需供。失其平衡。卽有生產過剩之弊。凡與相關連者。皆必受其影響。而恐慌起矣。此不獨國內爲然。國際間亦若是耳。

三，啟社會階級之爭端。業分。則社會間自成階段。階級制度於以興。而階級間之爭端亦於伏是矣。

分業利害。既如上所列舉。然利究餘於其弊。使工業不分。萃其事於一人之身。則廢時失業。窮其弊。有過於前述之萬萬者。且分業之弊。純係間接。而其利則係直接。利可常覩。而害不必有。要在補偏救急。總之。使利可常有。而害不數見。則分業之效。其庶幾矣。

第四項　分業之制限

分業之利餘於弊。既如前項所述。抑功業之分。非漫無限制也。有自然之限制焉。有技術之限制焉。有社會上與經濟上之限制焉。自然限制。根諸天時地利。譬如田功。春耕

劉冠英

夏耘。秋收冬藏。各有其相宜之季序。若於耕耘收藏之事分其業而各不相兼。則三春之候。耕者獲得其所。而餘三者坐食矣。盛夏之時。耘者得業。而餘三者賦閑居矣。季序入秋冬。事亦相若。得業者一。而失所者三。言利者所不取也。技術限制者。謂工事性質。宜兼不宜分也。譬諸眼耳之醫。必兼習人體之生理。優孟之儔。當並擅聲音與笑貌。社會上之限制。則原於政俗之陶鑄。事雖可以分功而仍爲一人兼業。談星相者。必兼地理。村婦力耕。輒曉紡織。皆此類也。若夫經濟上之限制。大率因乎需要之多寡。需要以市場爲廣狹。視品質爲屈伸　山城僻壤間。貿易所通。範圍甚狹。細分其業。而專攻之。則產物之數量增而種類少。有餘者既乏交易之途。不足者又無致用之地。厚生利用。事在兼營。又物有日用所必需。有爲豪侈所玩好。日用所需。銷路必廣。分其業而多產之。尙無積貨不售之患。若爲玩好品。卽非常人之力所能致。需要既少。多產奚爲。徒見母財不復。又何取乎分功。是不外限制之一端也。

第九節　人工之協力

分業所以利殖產也。而分業之所以能利殖者　則在協力　Co-operation協力者何。事非獨立所克舉而集力以助之之謂也。方其業之未分也。人各自營其生。曾無彼此相助。業分矣。則人各專其一業。而同業異業間。又復有相協之必要。就地域言。則甲地有專業。甲地之人協其力而業之。以備他地取給。他地協力以相資者亦如之。就職工言。則工以瞻器用。賈以通有無。各不相兼。而各相協助。就技術言。則分業愈精。相需益切。一業既殆。則必有同敝者。若夫殖產發達。事業擴張者。人工之相協。尤其顯而易見者也。是故人工協力。大別爲二種。

一，異業相協

二，同業相協

異業相協。又可細別爲二類。

一，職業各別之相協

二，同工異事之相協

同業相協。亦可視別爲二類。

一，同時相協

劉冠英

二，　異時相協

集多數人盡力於同一事務。如協力以舉重量物體者。卽屬同時相協。工事連續。歷久而後成者。則前後異時之工力亦相協矣

第四章　資本

第一節　資本之意義

人類生產。在求財而充欲。財物 Goods 之類不一。而統稱之曰富。 Wealth 財富之屬於一社會或個人者。卽爲一社會或個人之財產 Proparty 。財產之積貯有二用。或卽物以享用，或治業以求嬴。資本 Capital 者 用以治業求嬴之財產也。財產之爲資本與否。不關於其物之形質。一以其人之意旨爲衡。同一物也。備享用以給旦夕者。不曰資本。而曰支費，資食功以規後利者。則不曰支費。而曰資本。譬如米穀。以資日食，卽爲支費　若以食傭工治生業。則爲資本。又如馬匹　用於耕稼卽爲資本。以供驅策。則屬支費矣。

資本中。是否可以概括土地 Land 嘗爲學者所紛議。或曰土地未闢，純屬天然。固無關

於財產之貯積。若已經田設井、或已變爲平原、則人力所積、資本所貯。已與他物無殊。用以治業求贏、孰得曰非資本。此一說也、或曰土地有原始與改造之分。原始者非資本。而改造者得爲資本、其意未爲不是。然二者之間、殆難區別、區劃不淸。則將混成土地資本而爲一、轉不若置諸資本之外。尙爲直捷了當。此又一說也。夫土地雖爲天然存在之物。第自草昧以迄於膏壤。所費人工資本。實已不可殫計。工力所貯。自不能列之天然賦與。區而分之、又誠不易。二說所執。固各有其理由也。雖然。土地資本。各異其用。人力資本之積於土地者。其效用又爲土地所範圍。求於理論事實。兩無乖隔。則惟有爲理想上之區分、應乎論旨之所指。而標以土地資本之名耳。

抑資本之義尙多解釋。正宗派 Classical School 之言曰。資本爲殖產之具。無資本。則無以爲殖。社會黨 Socialists 之言曰。物之不待勞力而可藉以獲利者。資本也。標義不同、遂相抨擊。在正宗派。則以人類生存、惟資本是賴、在社會黨。則目爲無道魔王。謂係奪他人勞苦所得。爲一已之優養。前者以自然理法爲根據。後者以歷史事實爲權衡。然以生產本質言之。資本之義。以前說爲宜。蓋殖產之有需乎資本。爲事實所不可掩

劉冠英

耳

第二節　資本之效用

工欲善其事。必先利其器。器資本也。長袖善舞。多財善賈。財亦資本也。是資本之利於工商者甚著。惟農亦然。或有力而無資。或欲耕而無措。貸其種食。假以犂牛。而農事興種食也。犂牛也。皆爲資本。則資本之利於農者。又章章矣。

英國經濟學者米爾J S Mill 有言曰。『生產受制於資本』是以資本不足者。不能宏其業，而利其生，臬克在 J. S. Nicholson 亦曰。有因橫暴奢侈。減少資本。而致一國生產於凋敝者。亦有因銳意維新。踰其資本限制，有反害其生產之發育者。』可見一國生產。重有類於資本。欲利羣生。則積貯資本。在所當務。且在積貯也。多多益善。既利本國事業。又可斥所餘以資外國。融通周轉。無往不利。資本萬能之說。非無謂也。抑學者中。有謂有資本卽可坐收其利者。是殆昧於資本之效用者也。說者所見。蓋在股票債票之類。股票債票之收利。似爲不勞而獲。實則資本必待人工而後完其用。資本人工。如輔車相依。不可偏廢。工有利器。閣置不用。則失其所以爲器。賈有多財。不知營運。則失其所以爲財 農有種食犂牛。任其腐朽老死。則失其所以爲種食犂牛。工無以瞻器用。賈無以通有無。農無以供桑麻黍稷。利用之。營運之。惟人力是資。安見有具資本而坐收其利者。卽如債票股票。其利亦必有自所。向使出此票者。坐食而無所作爲。則利亦何由而得。卽有以貨幣供支費而得息者。其息之所從出。或得之祖業之收益。或得之家產之變賣。祖業家產。固皆先人勞苦所積。是豈從天而降束手而得者。觀夫此則資本之效用可知矣。

復次 社會主義者之非難資本。在攻擊現存之資本制度。不在資本之本身。學者於此。往往誤會。不可不察也。

第三節 資本之種類

第一，由資本之作用，區別之。分爲二種。

一，卽用資本

二，備用資本

卽用資本者 現方用於生產之資本也。亦稱生產資本 Productive Capital 或曰活資本 Active Capital 備用資本者。資本雖已存在。而未用於生產者也。譬如工廠閉歇。則所有資本。因而廢置。然若未失其資本之效能。有之者未嘗不備爲再用。或轉由他人使用之也。有資本之效用而未用。故稱備用或曰死資本Dead Capi'al 曰活曰死者。乃日籍所稱。蓋直譯西文者。名不雅馴 且所謂死資本者 與窖藏財貨。易致混淆。財貨之窖藏而不用者。絕與資本之性質不類。備用資本。則雖未致用。而有之者常有致用之意。資本而區以卽用備用。應與窖藏而不用者有別矣。

稱二，由資本之性質區別之。分爲二種。

一，流通資本

一，固定資本

僅供一度之用。遂失其效力者。如貨幣原料之類。曰流通資本Cirulating Capital 其能供多次使用。逐漸消耗。如器具機械者。曰固定資本FixedCapital。抑所謂流通與固定者。非全基於資本之性質 亦有對人之關係焉。同一貨幣也。自個人經濟言之。一經使用。其效力遂隨之以去。自不得謂非流通資本。然就社會全體觀之。此幣之用。可歷久而不滅。則又爲固定資本無疑。同一機械也。自其業此者觀之。則一變交易卽失所據。藉此資生產者。得反復而用之。而所以名此資本者。自不得無所區別。顧通常區爲流通固定者。第就個人經濟言之耳。又此二者。常相得而益彰，例如汽機。待燃料而運轉。又如布機。得棉紗而後用　汽機布機固定資本也。燃料棉紗。流通轉本也。相需者不能相濟。則減資本之效用。此二者之所以貴有平衡也。

第三，由資本之形體區別之。分爲二種

一，有形資本

二，無形資本

資本由有形物而構成者。如貨幣鈔票房地機械之類。謂之有形資本Material Capital　其由無形物構成者。如債權物債之屬。則爲無形資本　Jmmateriel Capital　按物之可爲經濟財貨Economic Goods者，惟有形物。而此獨以無形物列入資本者。因無形物雖非經濟則。而得由之以獲財。且其相爲交易。與財貨無殊。學者稱之曰准財Quasi-goods云。

第四，由資本之用途區別之。分爲二種

一，殖產資本

二，益收資木

資本有直接用於殖產者　如工場之機械原料。商店之設備存貨。農家之耒耜種子。皆為殖產資本　Productive Capital　其間接用於生產，而由之以收益者。如富家之金錢。商店之屋主。不自用之。而以資他人之生產。因而坐食其利者。皆為收益資本Lucrative Capital　擁資食利。雖非生產，顧其所繫於生產者綦大。故亦列入

第五，由資本之殖產力區別之。分為二種

一積效資本

二減效資本

資本之殖產力有漸增性。如機械貨紙等資投資愈多。殖力愈大。而產額亦愈增者。為積效資本。其殖產力有漸減性。如土地原料與單純勞力等。投資雖增，而報酬漸減者。則為減效資本。

第四節　資本之構成

資本既爲生產所資。則資本之大小。有關於生產之盛衰。而資本之所由來。不可不研究之也。學者於此約有三說。有歸功於儲蓄者。有原本於人工者。亦有持生產儲蓄之說者。在第一說謂節約貯積。而資本始生。主第二說者。則謂貯蓄之物。人乃工所造。與其歸功於儲蓄。毋寧原本於人工。第二說則謂資本者。乃因生產使用。所貯之生產物。欲事儲蓄。必先生產。亦既生產。而儲蓄之。而資本始生。故生產與儲蓄。並爲資本構成之要件。雖然。持前二說。固失之偏卽主生產與儲蓄並重。亦未底於善。蓋資本雖爲貯積之財。而儲財以爲資本者。不必先事生產也得財之途。約有數事。殖產與收益一也。先占無主物二也。餽贈與寄存三也。繼承四也。報酬五也，獎償六也。借貸七也。租稅八也。竊盜九也。自然得利十也。統此十事。生產僅居其一。則其說之不可恃。昭然若揭矣是故資本之構成。既不能專歸功於貯蓄。而生產亦非所必要。然資本根於財產。爲不可掩之事實。財產何以能爲資本。亦非無故。得財之途十。而皆可名曰收入 Income 化收入而爲資本。。厥爲貯積。收入與貯積資本之所由也。抑所謂貯積者。與貯藏有別。藏而不用。不能爲資本。以供生產使用爲主旨，則雖貯積而未用。仍不失爲資本

劉冠英

也。

第五節　機械之利用

第一項　機械之意義

機械所以代人工也。民生未進。殖産稀微，未見有機械也。民智未開。學術粗疏。亦未見有機械也。機械之爲物。構造複雜。運用便捷。與所謂器具者異。然亦器具之複雜者耳。故機械器具二者間。殆難區別。通常區別之標準。則在自動與他動之間，因人力調轉而動者，曰他動器具 Tool 之類也。不因人力而動轉者。曰自動。機械 Machinery 之類也。抑所謂不因人力而動者。亦非無假於人力也。特其動轉之主力。不爲人力。而爲其他之勢力耳。

第二項　機械之特質

機械之特質有三。

第一　機械能發非常强大之力。

第二　機械之動轉均一精密。迅速不休。與人勞動。因疲勞而作輟無常者異趣。

第三　機械之運動。需人工甚微。且得以極微之人力制止之。

第三項　機械之種類

機械種類。大別爲三部一曰發動機。二曰傳動機。三曰作業機。第一部爲動力之原。力之所由出也。蒸氣機關，電氣發動機，瓦斯發動機，之類皆屬之。第三部直接當工作之任。紡紗機，織布機，裁縫機，之類是也。第二部則介乎第一第三之間。傳達第一部之力於第三部以利作業者也。電氣機械之電線，蒸氣機械之皮帶，等屬之，

第四項　機械之利害

機械之於生產。既爲代人工而用。而其作用。又有上述三種之特質。因而用機械以生產。恒利害參半。條舉如次。

第一　機械之利

一　得成立從來未有之生產事業，機械有非常强大之力。生產事業。向以限於力而未舉者。得藉機械以舉之。巴拿馬運河之所由成。機械之力也。

二　得大增生產物之額量，生產雖不必盡藉機械之力。而用機械者。其產額必較人工

劉冠英

爲多。試就吾國紡織業觀之。自用機械以來。產額較昔增進。所謂爲之者疾用之者舒也。

三 能改良生產物之品質，世俗之人。每謂機械造物，外飾觀而質薄弱、顧此緣生產者之粗疏。非機械之罪也。

四 能減少生產物之價格，機械所以代人力也。機械用，則人力省。生產費亦省。而生產物之價格。緣以貶損矣，

第二 機械之害

一 機械之用廣而手工失其業， 夫經濟社會。既已成立。人工分配。亦已粗具。職工各恃其業以治生。機械之業代興。則工以累年熟練。歸於無用。

二 機械發達而工業之貧富懸殊， 機械値昂。得之匪易。資本小者不能致。而工事阻滯。不能與富者競爭。

三 工業用機械則使婦女幼者勞動過度。爲害於一家及全社會者綦大。婦女幼者。勞動過度。不惟破家族之團聚。且於生理及道德上 均有妨害。

雖然利害相緣。爲事理所皆然。要在取其利而矯其弊耳。當夫新機發明之時。手工容或有失業者顧機械之運轉作業。亦不能無假於人力。造機械者人也。用機械者亦人也。機械之用漸廣。人力之需要亦漸多。且欲望有相需性。一種工業。以用機械故。能爲疾而用舒。則他種工業必有相緣而振興者。而人工之需要益增。前此人工。方以機械而失業者。乃不旋踵而仍從事於業務矣。不觀夫運輸業乎。自鐵路肇興。業搬運者有朝不保夕之慮。豈知鐵路既日趨於發達。運輸業亦日卽擴張。其間人工之需要。過於疇昔。雖然。資本家與人工。往往不相能也。苟工人無獨立之精神與自助之能力。則資本家務於利己。未有不抑制人工者。是在工人之自覺與國家之防維耳。

第五項　利用之限制

機械雖可以代人力。然其利用。亦非漫無限制也。所以限制之者有二事。

一　技術上之限制

二　經濟上之限制

夫使用機械。須爲單純事業。而有同一周轉之性質者。否則，如彫繪刺繡，及其他美術

劉冠英

品。執役之變化繁複者。即無所用之。此技術上之限制也。又使用機械以便利為前提。用機械而獲豐利。用之可也。假令運銷不廣　則多產適以廢置。即無采用機械之必要。又或資本未充　工資過貴。雖欲利用。亦所未能。則又經濟上之限制也方今科學發達。技術日進。說者謂機械日新而月異。將大影響於人工。其主樂觀者曰。機械愈進。人力愈省。工人得餘暇以優遊。主悲觀者則曰。機械愈多。失業者亦相緣而益多。實則機械之使用。有此二種限制。人工之於生產。或能保其常度耳。

第五章　企業

第一節　企業之意義

財貨之生產。為天賦。人工，資本，三者之結合。而此三者。未必具備於一人。能勞動者。不必有資本　有資本者。不必有土地。要素雖具。尤須結合。此企業，Enterprise所由起也。企業者結合生產三要素。冒失危險。而行生產事業以營利者也，以廣義言之。則有以滿足自己欲望為目的之意。以狹義釋之。則以自己之計算。受他人之報酬　而為他人生產財貨之謂。故為企業者。必具備三種要件。

一　須以自己之計算而生產。
二　須以營利爲主旨而生產。
三　須有營業之組織。

第一，自己之計算　夫所謂以自己之計算而生產者。謂生產上一切損益。由生產者自負之者也　生產家經營事業。原冀利益歸己　以企圖利益故。雖其結果相違。致罹損失亦所不惜　本其損益關己之自覺而而行之。故曰自己之計算。

第二，營利爲主旨　所謂營利爲主旨而生產者。謂生產家以交易獲利爲主旨。而營業者也。縱使殖產之意。不止於營利。然若以營利爲主旨。仍不失爲企業，是故生產而自給者非企業。官立之兵工廠與造幣廠非企業。庠序學校以及圖書館貧民院等。皆非企業。他若國有鐵路。公賣事業。雖爲國家所經營。顧其營業之意在獲利。則背企業也。

第三，營業之組織　所謂營業之組織者。謂其事業。有一定之秩序與賡續之性質也企業之爲組織體固無待論。卽如臨時拍賣家具。或因破產公賣田宅，及由庭園摘售果實之

劉冠英

類　縱可謂爲生產行爲。要不過偶發之事。與獨一之行爲而已。無所謂一定之秩序與賡續之性質也。

第二節　企業之種類

企業之意。既如前述然其性質各殊。種類不一。自其規模，大小區別之。則有大企業，Enterprise on alarge scale 與小企業， Enterprise on a small scale 之分。自其主體，言之。又有公企業，Peblic Enterprise 與私企業，Private Enterprise 之別。更自其組織言之。則又有個人企業，Irdjvjdual Enterprise 與團體企業 Assoiated Enternrise 之別。茲分述如次。

第一項　大企業與小企業

企業之大小。以其規模廣狹言之也。然所謂大小者。乃比較之辭。初無確定界限。茲述其顯著之區別如次。

其一，大企業者　業主身親工作。或僅有少數夥伴之營業也。主伴地位相等。工作亦在一處。通常嚮業咸屬之。

其二，大企業者。設巨廠，集巨資，備機械，役衆工，規模宏大之營業也。主人任指揮監督之職，而不躬親勞役。甚或指揮監督之務，亦委之於人。已唯總其成而已，此種企業。雖亦有個人經營者，而各種團體企業，則皆屬之。

其三，介乎大小企業之間者。尙有一種企業。業主雖躬自操作。要以傭工相助爲常。稱曰尋常企業，大率爲個人企業，其爲團體企業者亦間有之。

大企業自十九世紀而還。日就發達。其發達之故。則有數事。

第一　因放任制度之確定。

第二　因受交通機關之擴充。

第三　因機械之發明。

第四　因分業之發達。

大小企業。所有利弊茲畧舉之。

第一　大企業之利，

一　資本足。則信用厚。可得廉價材料。且能擴張銷路。

劉冠英

二　生產勞費可減少。所產數量可增加，

三　器利術精。可免濫費。廢物亦可利用。

四　市場恐慌之際。仍可維持事業。

五　有充分競爭之力。

第二　大企業之弊，

一　規模大則危險多。一朝敝敗。經濟界咸蒙影響。

二　傭主間少德義心。

三　衆工羣集。有傷風害生之虞

第三　小企業之利，

一　營業者與所業之關係密切。故能忠實從事。

二　規模既小。整理監督之責。躬自任之。故能無濫費。

三　性質上不適於大企業者非小營不足以獲益。

第四　小企業之弊，觀夫大企業之利。則小企業之弊可知矣。

工事爲報酬遞增營業，規模愈大獲益愈厚。故今社會中。大企業日趨發達。幾有囊括小企業之勢。小民生事日益艱難。言生計者。往往憂之。顧人之趨利如水就下。大企業之發達。爲事理所必然。小企業者。欲圖自存。宜相聯合集其勢。一其事，以與大企業者平衡。庶當耳。

第二項　公企業與私企業

企業之區爲公私者　自其主體而言之者也。企業主體爲公法人如國家及市鄉等之公共團體者。爲公企業。其主體爲私人或私法人者。則爲私企業。公企業中又有官業公業之別。官業爲國有企業。如國有鐵道專賣事業，官營工廠等是。公業爲自治團體之業。如街市鐵道，瓦斯電燈等業是。私企業中。亦細別爲二類。曰私人企業，曰私法人企業，前者爲自然人之企業。一人一家之業屬之。後者爲私法人之企業　公司及合夥之業屬之。

公私企業之區分。有以營利主義之有無爲標準者。謂私企業成於營利主義。公企業則基於公益主義 Principle of public welfare 其實不然。向使公企業純基於公益主義。則失其所以爲企業矣。世界各國關於郵電等業。純以公益爲主義。而不以收入爲意旨者。皆不得爲企業。

抑國家團體經營之事業。以營利之主義者、決非置公益於度外。以公益爲主義者。亦非全不計其收入。特其收入乃基於財政上之理由。究殊於私人之營利。

近代國家。以軍備擴張。政務增劇需財孔亟。而不欲以征稅方法。重取於民者。往往以專賣政策行國營官營事業。是殆應時勢之需。亦不得已之舉也。惟是公私企業。互爲消長者也。公企業既日增月盛。則私企業自不得不因之減縮國民企業心亦因之減殺。此在經濟幼稚之國尤有重大危險。且官營事業。易於僨敗。國家政治。往往爲所紊亂。不可不顧慮者也。

第三項　個人企業與團體企業

個人企業者。個人以其一身一家負責而企業者也。其由二人以上以結合。以資本或勞力。從事於共同生產。而均分其損益者、則爲團體企業、個人企業。形式簡單。私人企業皆屬之。團體企業。則較複雜。私法人企業屬之。至於公企業。雖亦爲團體公有之企業。而無均分損益之事。故不可與團體企業同日而語。個人企業與團體企業。性質既各不相同。利害自不相一致。茲略舉之。

第一，個人企業之利

一，損益歸己。故能熱心事務。

二，不受牽制，故能措置自如。

第二，個人企業之弊

一，資能不足，事業失之狹隘。

二，個人麻給，影響及於業務。

觀夫個人企業之利弊。則團體企業之利弊。亦可從而知矣。蓋個人企業之利。卽團體企業之害。個人企業之弊卽團體企業之利也。

個人企業中。惟小企業適於生產事業但企業大小不易區別。要之所謂小企業者。生產之額必不大。而其物亦祇應小區域之用而止。且企業者多直接從事於勞務其智識及社會上之地位。與受雇傭而執役者無殊。方今經濟發達事業繁興。藉機械以利其生產。需資本以宏其規模。個人企業日漸減少。團體企業日漸多。團體企業之於社會，愈見重要矣。

劉冠英

團體企業。既日趨於發達。故其種類。亦即於繁多。玆更端述之於次。

第四項　組合

組合者，Friendly Societies 二人以上之當事。人互結契約。公同出資，以遂同一願望之，企業也、其種類有二。一曰匿名組合二曰產業組合。

甲，匿名組合。匿名組合。謂以定額資本。加入他人事業。不居其名。不司其職。而於營業之損益。則與有關係也。

乙，產業組合。產業組合中。復細別爲六種。曰信用組合。曰生產組合。曰販賣組合。曰購買組合。玆分述如次。

一，信用組合。此以共同計算而融通資金之合夥也。常爲小農小工商所組織。即以共同之力。厚集資本。擴張信用。促各人之儲蓄。成共同之金融。藉保小企業之獨立。而與大企業相對抗也。此外又有以特種銀行每不能爲小企業而專設卽有之。又或不能零星通融。組成此種合夥。則人微力薄者。存欵借欵。交相便利。合夥人且能於從來難償之債。悉數完結之。不復受重息之累。則尤關係深切者也。

二，生產組合。此以共同計算而生產物品之合夥也。意在謀工人之獨立 法爲團結多數工人，各出相當資本。建築工場。購置器械。集原料。力合作。以均霑其利益事業擴張。則更傭工以協之，然就大體言之。生產組合。乃勞動者。資本主。企業家。三者合爲一體之組織也。利在使人工脫離雇傭關係。自成一小企業。又因利害相關。有勤儉儲蓄之美風焉。

三，販賣組合 此以共同計算而販賣產物之合夥也。多爲小農工所組織。意在杜經紀之壟斷 免中間之損失 各出微資。而成此業。各主體所產之物。概由組合爲之經營配置。求善價而沽之。無居間者從中取利。則獲值可以較多。各主體又不必別設倉庫則營費又從減省矣。

四，購買組合 此以共同計算而購買原料及日用品之合夥也。其屬於購買業務所需之肥料，種子，農具，機械，原料等物者。謂之原料組合。小農與手工業等皆得爲之。其屬於購買日用所需之米麵油鹽薪炭等物者。則爲消費組合。通常人亦得爲之。組合之意。亦在杜奸商之壟斷耳。

第五項　公司

公司 Coripany 者　以商行爲爲業而設之團體也。其種類有四。一曰無限公司 Origiuary Corpauy 二曰兩合公司 Limited Partnership 三曰股分有限公司 Joint Stock Company 四曰股分兩合公司 Joint Stock Limited partnership 分述於次。

第一，無限公司　此爲公司組織之最單純者。僅以無限責任股東組成者也茲分三事　說明於次。

其一，組織　以二人或二人以上之無限責任股東組織之。

其二，特性　股東各以定額資本　購成公司財產不論出資多少。均有執行業務之權而義務亦緣是以生分配盈虧。例以出資數爲準。於公司債務。則有連帶清償之責任。股欵之收回。有以終身的期者。亦有以公司存立之年限爲期者　非遇有不得已事故。不能隨時退股其可以爲股者。亦須於每屆結帳之六個月以前。向各股東聲明之。又股東欲以自已股分。轉讓他人時。亦必經他股東全體允許而後可此無限公司之特性也。

其三，利弊　股東各負無限責任。對外信用厚。而交易便利，其利一　股東既負連帶責任。則休戚相關。任事忠實。遇有利害。必相規勉　其利二。股東相互之信用非達於最高之度不易組成。其弊一。即已成立。則遇有缺額難於選補而事業亦難於擴張其弊二。要之無限公司。利在組織穩固。而弊在創作艱難其於需用鉅資之大企業。則猶多不適。可斷言也。

我國公司條例。尙有所謂分責無限公司者以分擔無限責任股東組織之。其性質大致與無限公司無殊。所異者。公司財產不足清償其債務時。各股東按其出資額爲比例分任清償之責。但股東中有無力完繳。或回其執行顯有困難者　他股東仍當按上比例。代任其責。

第二，兩合公司。此由無限公司進化而成者。以無限責任股東與有限責任股東合組而成者也。分三事說明於次。

其一，組織　以無限責任股東與有限責任股東合組之。

其二，特性　有限責任股東。僅得以金錢或他種財產爲出資。非經無限責任股東全體

劉冠英

允許。不能以其全股或一部讓轉於他人。對於公司所負責任。僅在額定之資。抵補公司虧欠。亦卽以所出之資爲限。其於執行業務。代表公司。匪爲權利所不及。亦非應盡之義務。故於營業上之贏利。分配較少。所有無限責任股東。則既任額定資本。復供必需勞力。有代表公司者。有執行業務者。遇有虧欠。財產不足抵補時。必負連帶責任竭其私人財產所有。而淸償之。故於公司贏利、分配獨多。此種公司所由作在使富實業智能者與資本家相與有成耳。

其三，利弊，公司一部、既爲有限責任股東。則比之無限公司。利小而害亦輕、蓋組織之堅固　雖遜於無限公司而其成立較易也。

第三、股分有限公司　此有限責任股東所組織之公司也。分四事說明於次。

其一，組織　以股分組織之

其二，股分　公司資本、應分爲各股　每股銀數。應一律平均、至少以三十元爲限。如係一次全納。有以十元爲限者。股分總數。由七人以上之發起人分任之除自留之股分外。餘則於公司成立前招足之、發行股票應在公司註册之後、發行定價不得較少於票面。應募之人，自一股起，無論多寡，均有股東資格股分之數在十一以內者，每股賦予一議決權，過於十一之數，則有限制股東應繳之銀已再受公司催告，而到期仍不繳納者，則喪失其股東之權利，但股東所有股分，在公司註册後，如無專章限制，則自由轉讓無須公司允許。股東責任，既皆有限，故分配利益，例以繳入股銀爲準。其於公司債務除繳足股金外，不負何等責任。

其三，特性　公司發起之初，限定七人以上，所以杜少數人詐欺之行爲也。又因謀營業之確實，設置三種機關，其一爲法定之股東會所以司議決權也，其二爲股東會選出之董事所代表公司執行業務者也，其三爲股東選出之監察人所以監督董事者也。

其四，利弊　股票有買賣轉讓之自由招股增股，較爲易辨其利一，應募諸得應其資力酌量投資，其利二，按股分利，則世人參與企業之利廣其利三，公司係股分所組成。非以人爲主體，則能維持永繼大業亦易於告成其利四。但遇有要事，必須由股東會議決，操業難期敏活，其弊一。發起人與監察人均爲有限責任，則營業或欠誠實。其弊二。公司爲資本之結合。董事監察等。又常由多股中被選。則公司易爲資本家所左右。其弊三。

第四，股分兩合公司。此亦無限責任股東與有限責任股東所組成。分三事說明於次

其一，組織，股分兩合公司之股東，至少須有一人負無限責任。餘爲有限責任。各股東按照所認股分。納資於公司。

其二，特性，股分兩合公司之所以異於兩合公司者。以有限責任股東之所持。皆爲股票。所以異於股分有限公司者。在發起人中有人負無限責任。足以代表公司。執行業務。故公司選舉。僅在監察人。而不及於董事。

其三，利弊，無限責任股東城行業務。代表公司。與兩合公司同。而實心任事。則與股分有限公司異趣。其利一，股票得自由買賣任及轉讓。集資之易。不亞於股分有限公司。而又非不適於大企業者可比。其利二。但世人如不明其性質。不慣於運用。貿然行之，往往致誤。其弊一。無限責任股東。自始即居執行業務地位。其負有限責任者。雖投資甚鉅。亦無被舉爲董事之望。好事者或不願投資於此。非若股分

有限公司能投其所好也其弊二。

統上述四體公司觀之。其組織與信用並皆鞏固者，首推無限公司。兩合公司次之，其組織容易而投資便利者。以股分有限公司為最。兩合公司次之，股分兩合公司則集諸公司之長而又皆未完備。是故無限公司。適於個人企業。股分有限公司。則適於團體企業。兩合公司及股分兩合公司皆位於二者之間兩合公司既類個人企業　而不如無限公司之甚。股分兩合公司。雖為團體企業其程度亦遜於股分有限公司。利弊所在。固已分述於前。參之第三項個人企業與團體企業。則更了然矣。

第六項　業聯

業聯 Indurtial Combination 為團體企業之一種。係由多數既存之公司結為一體。而經營事業者也。其類別約有二種。曰托拉斯 Trust 曰加迭爾 Cartel 托拉斯者。同種之業。以壟斷市場為旨。而聯合者也。如迭爾則以避不利之競爭。圖共同之利益為旨而聯合。兩者不同之點。約有數事。

其一，托拉斯為企業之合同。加迭爾則為企業之聯合

劉冠英

其二，托拉斯爲永久之合同。加迭爾則爲一時之聯合

其三，托拉斯常以壟斷市塲爲旨。加迭爾則不必以壟斷爲旨。

要之托拉斯爲統一團體•如迭爾則爲聯合團體前者猶統一國。後者猶聯邦國也。是故組織托拉斯之公司。同受支配於一主體之下。而失其獨立性質。其在加迭爾。則共同盟約雖足以拘束其行動。其他各事。仍可任意經營。不失其獨立之性質。且在加迭爾。常載盟期於約中。以理論之。期滿後當然各不相屬。托拉斯則多爲永續之合同。同期間之限制。又加迭爾之起因。在防止競爭。以免物價低落。意尙不專注於壟斷托拉斯則固始終以壟斷爲意旨者也。茲分述於次。

第七項　加迭爾

加迭爾雖始於英吉利。而盛行於德意志。就其聯合之性質區別之可得二種。曰購買者加迭爾曰販買者加迭爾。

第一，購買者加迭爾。此以減輕生產費爲旨所結之同盟也，其意在使傭資低廉者。爲雇主加迭爾意在使原料廉價者。則購買加迭爾也。

第二，販買者加迭爾　此以增長賣價爲旨所結之同盟也。其於定期內議定生產額。以冀供求適合者。爲生產加迭爾其按一國或世界之銷路。分配其同業者。爲銷場加迭爾其以製品賣價相約者　爲賣價加迭爾又有約定淨利之分配者。則爲淨利加迭爾其設共同販賣所。不許各自單獨銷售者。則販賣加迭爾也。

加迭爾爲經濟上一大組織其與經濟社會有利害之關係。爲學者所不可忽。玆條舉其利弊如次。

第一，加迭爾之利

一，避無益之競爭而事業得臻鞏固。

二，減無用之勞費。而消耗得以節省。

三，促企業之統一。而外競得以較力。

第二，加迭爾之弊

一，舊業既相聯合。則足以妨害新業之勃興。

二，競爭既不自由。則足以妨害產業之改進。

劉冠英

三，市場既為壟斷則足以助長物價之騰貴。

要之加迭爾之組織。在生產者交相牟利。而消費者獨罹其害。其影響社會。甚重且大。國家於此。宜加嚴密限制法美諸國以組織團體。協定物價。或抬高物價者。定為刑事犯。英國初嚴禁之。後雖弛禁。而法律上不認其規約為有效。德奧諸國。雖於法律上認為有效。而在事實上須受政府種種之監督。是皆所以限制者也。顧此種組織。乘時而起。有自然之趨勢決非僅憑法律所可制止也。

第八項、託拉斯

託拉斯為企業上一種秘密結社發生於美國。亦以美國為最盛。原其組織之初。大低由數人發起。此數人者。於產業上有特種知識與信用。互相協商。確定計畫。對於散處全國之同業。首以利誘。繼以威迫。迨合併基成。而創設中央本部向之發起諸人因知識經驗信用無所不備為諸共仰。自為領袖。將合併各公司股分。悉為無條件之吸收。所謂無條件之吸收者。即按數倍實本之數。予以託拉斯證券。使將來享益。亦數倍於各舊股之時價。新向託拉斯投資者亦以較多於出其資額之託拉斯證券與之。一旦計畫告成。則維持其證券價格。使被併之主與新加之人。均獲重利。常人趨利若鶩。徒見一時信用不惜以鉅萬股票付之。託拉斯資產既厚。被併者獨立之資已失對於業務。而支配之權。即查核各公司工場實況。擇其有利者。全力生產。其少劣者。則使應市面之必要。而利用其機械。甚或逕使歇業由是體察市情。限制產額。務使生產費減。產物價增。而壟斷之局成矣。

託拉斯有最新之組織二種。曰股東託拉斯 Holding trust 曰議決權託拉斯 Voting trus 股東託拉斯者。各公司仍舊獨立營業不使解散而於其上設一總公司 Parent Compauy 收買各公司股票而掌握其財政權。此種方法。起於千八百九十九年如美孚煤油公司。及美國烟草公司等是也議決權託拉斯者原有公司。並不解散或合併各惟公司之議決權。委之數大股東稱託拉斯替 Trustees 者。外表雖無甚變更。而議決權既大半入少數人或一公司之手。仍與託拉斯無殊也。美國之製油公司即屬此類。

託拉斯影響於社會者綦大。利害所繫。須從下列三事觀之。

第一，影響於企業者之利弊。市面既爲所壟斷。則競爭泯絕。產物無壓積之虞。物價無暴落之事。基業不至動搖。市面可免恐慌，企業之家。易自謀其發達。此其利一也。托拉斯爲大企業中之最大者。其不適者 悉被淘汰。則鉅資良工。從事生產、企業者不僅有大生產之益。且易得副產之利。此其利二也。同種事業之大部、全歸掌握 他無牽制。經營事業。可期敏活。此其利三也 顧利雖若此。而弊亦匪輕，壟斷勢成。則小企業爲所壓倒。後起者亦無以施其能 有束縛營業之弊一也 獨斷專行。則無激刺以促其改良 事業難期發達二也。秘密結社。無所不至往往增股投機。苟圖私利。或所靡底止。敗則映及池魚三也。

第二 影響於人工之利弊 以巨資爲大量生產。則工人庸資、易於增高。一利也。洞悉需要情況。則生產無積滯。市面無恐慌 人工無失業之患。二利也。言其弊。則因其勢力雄厚。人工無力對抗。而永爲其隸屬。一也。設或强與抗衡。則失業隨之。二也

第三 影響於社會之利弊，多財善買。工巧價廉。消費者多食其賜。一利也，殖產力厚。利於外競。可福國以利民，二利也。言其弊 則操縱物價、壟斷牟利。一也。因資財之集中 有金錢之作用。官吏議員 或入彀中 其究也。社會無秩序 國家無法律

而成黑暗世界。二也。

拉斯之害。既餘於其利。且較加迭爾爲尤甚。故不得不加以限制。限制之法大致如左

其一，全然公認之

其二，以對待公司之法。使之遵例註册。且公示其會計。

其三，政府得酌斟時宜。派員實地檢查帳簿及其他事項。

其四，其製品已無保護之必要者。撤其保護稅。

其五，課以特別之累進所得稅。

第三編　交易

第一章　總論

第一節　交易之意義

交易 Exchange 有廣狹二義、以廣義釋之。交易者。人類於經濟生活中相接觸之謂也。凡人之交通。財之授受。及通信等。咸屬之。以狹義釋之。交易者。本經濟方法之授受財貨之謂也。經濟學所論即爲狹義交易。此種交易。簡言之。卽爲財貨之交易。申言之則爲財貨之循環。

第二節　交易之起因

考交易之起原、有三大原因　一爲欲望之發達。二爲分業之發生。三爲財產之私有。蓋吾人之欲望。隨時運而推移。文明愈進。欲望愈增。昔時取給本身之勞力而有餘者。今乃時形其不足。不足。則不得不借助於他人之力。而交易之道生。顧欲借他人之力。以贍己身之欲望者　人同此心　果用何法以行之。始能各得其所乎。則分業尚已。分業者因土地之所宜。從人性之所適。各營其業。互通其所無者也。惟在自足經濟時代。分業

劉冠英

雖已發生。交易仍未肇始。此無他故。因此時財產爲一族所共有。其家長雖因各人不能取足於已。而行分業之法。其業務所得。曾未有自專者。故財產之屬我屬人初無確定區別。交易仍不能行。迨財產私有制爲社會所公認。而交易始興。此自然之理也。然則交易者。隨社會進化而生之一大現象也

第三節　交易之障碍

顧交易生矣。而欲企其發達。則必有契約自由之制度而後可。否則。雖有交易。動多束縛。轉不如不交不易之爲愈。今之交易。雖有一部分之自由。而仍未達於完全之域。其所以不能完全自由者。有三種障碍。其一爲經濟上之障害譬有財貨於此。而人欲之。使無購買之心。或有其心而無其力。則交易卽無由發生。其二法制上之障害交易以兩利爲要義。彼此交易。固可各享其利。而國家爲圖永久之安全。或因維持社會之階級。往往立法禁止。使交易不能自由。如保護關稅法。世襲財產法。等是也。其三爲技術上之障害交易之事。本不限於一地一時。使生產者與消費者相隔太遠。無由交易。則沽者常有待價之難。而市者亦無由覓其所欲。或因財貨之數量性質。彼此不齊。而不能爲之剖析

劉冠英

○縱各相等。又或因財貨之大小多寡。不易周知。不艱與爲易。則交易之事。必有時而窮矣。是諸障害。在前二者。非變更生產方法。及國家法制。無由補救。其在後者。則可以交易機關之設備補救之。

第四節　交易之種類

交易分類。亦至多矣。就其形式言之。有實物交易。貨幣交易。信用交易三種。就其範圍言之。則有國內交易。與國際交易之別。又就交易之時期言之。又有現時交易。與定期交易之殊。觀察之點之不同。其類別亦自異耳。

第五節　交易之機關

易之機關者。輔助交易。俾臻方便之論備也。約而計之。可分四種。

一　度量衡

二　貨幣及信用

三　交通機關

四　商業及市場

此四種中。除貨幣及信用當更端詳論外。茲就於三種機關而解釋之。

第一，度量衡　度量衡者　計物長短大小輕重之具也。當交易之際。苟無度量衡諸器則物品之分量。無由均一正確。而於計算物價等。亦大不便。是以度量衡之制作愈正確簡便者則其補助交易之效用愈大。而使複雜參差。即滋不便。一國之商業信用及社會安甯。均蒙其害矣，古代列國分立。制度不齊。度量衡之制作。亦甚複雜。彼此交易。不便殊甚。今歐美各國。技術進步。度量衡亦臻完美。以法國之制爲尤精，度量衡進位之法，以用十進爲簡便。西歷一千八百七十五年。德國及其他十數國。在法京締結盟約。通行密達尺之制。迄今同盟之國。凡二十有二　世界度量衡之制　將漸趨於一致矣。

第二，交通機關　交通機關者。輸送人，物，及通信之機關。俾生產者與消費者易於交接者也。交通機關。通常分爲二種。一爲運輸機關。二爲通信機關。前者爲輸運人物所資。有形物之交通機關也。後者爲傳達意思而設。無形物之交通機關也。運輸機關。又可分爲陸運機關。與水運機關二種。道路橋梁，鐵路，電車，及各種車馬等，屬於

劉冠英

前者。水路。運海。港灣，船舶等。屬於後者。至通信機關。則郵政，電報，電話，報紙，等皆是

第三，商業　商業者，以貿遷有無爲專門之營利事業也。蓋財之需供。往往不能相合有貨物者　苦無消路。需貨物者　苦無求處，彼此交病有人焉。挾資營運。致貨於過多之地，而銷之不足之處。或收貨於價廉之頃，待價貴而後售　營運者固有利可圖。社會亦咸蒙其利。此商業之所由起也。

在昔交通不便。民知未開。生計界之競爭不劇　貨物之價　悉操諸商人之手　故商業之利益豐厚　近則事業集中。生產者往往自原料供給以至販賣　均歸一手經營。益以消費聯合之發達。消費者自任販賣之勞　生產者與消費者可相接近。介於其間之商業。乃漸就式微焉。

商業之造福於國民經濟者。約有數端。便供求之相濟一也。減物價之變動二也。輔佐產商之發達三也。增進世界之平和四也。然亦有弊焉。增長自然淘汰之弊一也。激動事業轉換之弊二也。因有此弊。故自由貿易主義與保護貿易主義。久成國際貿易間之

爭點。而終無解決之期。近世鼓吹社會主義者、且以商業爲有害無益之舉而欲廢止之。則又當作別論矣。

第四，市場 經濟學上所謂市場。有廣狹二義。就廣義言之。則市場爲包括一切貨物買賣之機會。就狹義言之。則市場爲供求兩方集會之所也。夫僅以二人相交易則値之低昂。殆難決定。或因互爭一價而交易終不能成者有之。若此市場。則賣者買者。悉集於茲。既知貨物供求之眞相。則物價可止於適宜之度買者賣者。得所依據。便莫大焉。

狹義之市場。可分二種。一爲定期開設之市場。一爲常時開設之市場。定期開設之市場。如中國古代之日中爲市。及今之廟會市集等是。當夫商業未發達時。定期市場所在皆有。今則漸就衰微。半移之商家之手。半易爲常設市場。常設市場。亦有兩等。一爲日用品物之市場。如肉市。菜市陳列所。等是。一爲大宗買賣之市場。如歐洲日本通行之交易所是。交易所大率分爲兩種。一爲證劵交易所一爲商品交易所歐洲大陸，往往合兩種爲一而兼營之。

交易所之買賣有現交與定期之別在現交之買賣。契約定後。即當銀貨兩交惟亦有猶豫數日之習慣 定期交易。則或限期一月或兩三月，均不必有現貨期內市價漲落。可以隨意轉賣或買回。日本更有所謂延期交易者 不限定一月兩月。由當事者兩方。定一期日 以相授受。其期日以百五十日以內爲限。但不准轉賣及買回。此數種方法中。因現貨交易及延期交易。均難自由。故未十分發達。定期交易，則有轉賣及買回之便。故各國均甚習用 惟定期交易。往往有買空賣空之弊。投機過甚物價漲落靡常。商家易於破產。市面爲之動搖 歷來經濟界恐慌之起。大率由此各國中除英美取放任主義外。無不專定法令。嚴加監督。亦事勢所不容已也。

第二章 價値

第一節 價値之意義

價値之意義。既於第一編畧述之矣。顧歷來經濟學者。每於價値各異其說 考其究竟實在價値起原之不同。試詳述諸家之說 而加以論斷焉。

第一，勞力說是說也。舊派經濟學家列加都 David Ricardo 之倡唱。之新派社會主義者

劉冠英

羅夏爾 Rocher 馬克斯 Karl Marx 等亦主張之。意謂生產上所施之勞力。即價值發生之本源。亦即爲決定價值多寡之唯一原因。然世固有有價值之財貨，而可以徒手得者。亦有消耗費幾許勞力。而毫無價值者。其說之謬。固無待辨卽使價值之起因果爲勞力而勞力價價之所由起又一疑問矣。

第二 生產費說 是說由米爾 J. S. Mil 克雷 H. C. Carey 等主張之，意謂財貨之價值 由其生產費而來。價值之大小。與生產費爲正比例。此說視勞力說爲進。然財貨之價值。決不能悉與生產費爲正比例。且不過生產費之範圍。較勞力爲廣。其思想之根據。則仍與勞力說無殊。不足徵信。雖克雷有節省勞力之說謂價值大小。不決於生產之勞力。而決於節省之勞力。Quatty of Labour Saved 卽再生產時所需之勞力以無須再生產。從而節省之謂也。亦有以果爲因之弊。而於不能再生產者之價值。仍無由說明之。斯密亞丹 A. Smith 雖認價值有使用與交易之別。而其價值之起因。仍有屬生產費之意義。不過斯密氏發明供求相濟之理。足爲近世欲望說先路之導耳。

第三 欲望說 是說也首發於德文戈生 H.H. Gossen 英之蔣溫斯 Stanley Jevens 近則

劉冠英

如澳派之門焦 Karl Menger 彭巳維克 Rohm-Bawerk 威塞爾 von Wieser 諸子德派之瓦格納爾 A Wagner 柏倫屯諾 L, Brentano 里斯克 Pr fessor Lexis 富黑斯 C, J. Fuchs 克蘭瓦黑退爾 Klsinwaehter 等。均贊同之。幾成爲最新價值之通說。意謂財物價值。由人對於財貨之欲望而生。價值大小亦因此欲望而決定。視前兩說進步多矣。

綜觀以上三說則價值之發生。或以之歸於物德。或以之歸於人意。前者爲唯物論。後者爲唯心論。均有所偏。不足爲法。夫價值所由生。實在物德人意之結合。物德即財貨之效用。人意即財貨之欲望。苟缺其一。即無所謂值。此價值所以有贍欲程度之說也唯效用與欲望二者。雖同爲搆成價值之要素究不能全無區別。細爲考察。則欲望實居主位。而效用爲從，誠以財貨之有無效用。必驗之於能否贍欲。不能贍欲即無效用　價值之大小。不以效用之大小爲衡。乃與欲望之大小直一致耳。

人之欲望。非一成不變者也。有以贍之。則必減殺。不則增加。故人於一種財貨。其欲望常與財貨存在之量爲反比例，而一定之財貨，對於一定之人。其價值亦常與財貨存在之量爲反比例。欲明此理。當先明效用界限之說，是說於緒論中已發其端。謂財貨效用有總與分之別。總效用爲財貨全部之效用。分效用則爲一部之效用，總效用大率相同。分效用則隨人隨時而各有等差。財貨效用。初爲最大，繼乃漸小。終則爲最小。此最小者。即決定財貨之價值者也。舉例以明之。假有米一石。其總效用足。充吾人口腹之欲。其中一升一合之效用。即爲此米之分效用，設遇餓饉，則勺米可以止餓 勺米之效用即甚大。少益其量。則其欲漸贍。第二勺之效用。必較第一勺爲減迨其量增至盈升盈斗。則效用必漸減以至於無。蓋其欲已饜 其效用亦止耳。所以米每勺之效用。其間大有區別。而價值即因之而異也。又如水爲吾人生活所不可須臾離者，其有效用也明甚。炕旱之時。足以解渴。故效用爲最大。其價值亦爲最鉅。若夫連朝陰雨。溝澮皆盈。則以供啜飲炊爨濯沐而有餘， 效用必減而價值亦低矣。此因效用有界限之故。而價值亦從而變異者也。

效用界限說。一名效用遞減之法則當今學者。均公認之。視爲經濟學之定則。然有以財貨效用。固著於財貨。財貨無變更。效用亦不能增減者。財貨價值。則視欲望之增減爲

轉移 與其謂爲效用遞減。毋寧謂爲價値遞也。由斯以言。則效用限界之說。當酌爲改易如左。

其一 財貨價値有全部價値一部價値之二種。

其二 同一財貨之全部。價値常同。而各部之價値常不同。

其三 財貨最初之分效用爲最大 最終之分效用爲最小。

然效用遞減之法則。與價値遞減之法則，初無二理不過觀察之點不同。異其說耳。謂效用漸減者。係就財貨方面言之也 。二說本可並存特就價價之眞諦言。後說較爲明顯耳。

第二節 價値之種類

財貨有二種效用。亞里斯多德夙已言之。其言曰。同爲一靴。其用有二。一足以供服用。一足以供交易一就財貨之技術性質言。一就財貨之經濟性質言也。前者名曰使用價値後者爲交易價値斯密亞丹亦云。財貨價値。有以利用言者。有以交易言者。物有利用甚宏。而不可相交易者空氣水土是也 亦有易權甚大，而利用甚微者。球璣寶石是也。後之學者多宗之。

顧價值之類別，雖有以上二種。然此區別初非絕然兩事蓋必有使用價值。而後有交易價值。未有毫無使用價貨之物。而可有交易相值者也　交易價值乃使用價值之變形。非交易價值爲一事。而使百價值又爲一事也。

世之學者。亦有視使用價值與交易價值爲絕然兩事者。斯密亞丹卽其人也其言曰。使用價值之大小與交易價值之大小爲反比例。譬諸水則使用價值大。而交易價值小。譬諸珠璣寶石。則交易價值之大。而使用價值小若然。是財貨之使用價值爲一事交價值又爲一事。而交易價值可離使用價值而存在矣此大誤也何也　物相比較。必有二種前提，其一須就特定之分量判定之。其二須由特定之人格判定之。斯氏所取以比較之人格與物量。各不相同故以水量較大爲前提。而謂其交易價值小。若以水量較小爲前提　則又必謂其交易價值大。同其量而較之。則非若是。同爲一勺之水。因其有利人生。故其使用價值大。而交易價值大。同爲多量之水。則其使用價值與交易價值並小矣，何也。決堤潰防。且爲人害。無使用價值之可言。更無所用其交易。價值之於珠寶也亦然以婦女富貴爲前提。

劉冠英

而謂其交易價值大、若以婦女貧賤爲前提。則又必謂其交易價值小，其在同等之人。則非若是。同在貴婦，則珠寶足以飾觀。故其使用價值大。而交易價值亦大。同在貧女則其使用價值與交易價值並小矣。何也日食不給。生計是慮無所用其飾觀。更無意於易取。是可見物之使用價值與交易價值。絕非相爲消長。而斯氏之說。足徵誤謬矣要之。同一價值。由兩方面觀察之。故有所謂使用價值與交易價值。要其歸，初無二致耳。

學者中更有方價值爲主。觀與客觀，二種者。意謂財貨之於外界。能生一定效果。譬之食物。足以療饑，又如衣服、可以敝體禦寒。凡此皆財貨客觀之價值。然此價值。一旦經人辨識。則主觀之價值生矣。雖然。物之價值。果有主觀客觀之分。尚不能無疑。如果有此區別。則是誤解價值之義。何也。夫價值所由生。在人羣對物之關係。苟離乎人則無所謂值。故所謂價值者。無時而非主觀。顧以主觀之值。祇能諦證於心。而未表見於外表、見於外。則必藉他物以較之。相較之際。相爲言值則是值之於人屬客觀矣抑此客觀價值。殆與物之效能爲殊。效能爲值生之原。而非值。是故以常俗論之。雖有客觀價值之文。究其眞相、則並無所謂客觀耳。

學者中又有以價值因人異者。謂價值固無客觀。惟其爲主觀也。故於同一財貨其價值常因人而各異。同一人也。又因時因地而異。故同一財貨。於各個人所認之價值外。又有一般人所認之價值。前者爲特殊價值，後再爲一般價值，二者不必一致，則稱前者爲主觀價值。後者爲客觀價值亦未爲不可，雖然此種客觀價值。實爲各主觀價值相積而成之平均價值。殆爲主觀價值之一變形。未可據以判主客也。若强判之。毋寧別爲個人價值與社會價值。之爲愈也。

晚近學者。旣知價值主客之分。未當於理遂更創爲新說。標以個人社會之名，謂價值旣皆出於主觀。則個人有個人之主觀。社會亦自有社會之主觀。因以個人之主觀。爲個人價值。以社會之主觀。爲社會價值。然細審之。所謂社會價值者，乃個人價值之集合平均與調和。非自始卽離個人價值而獨存，申言之，卽由個人價值而決定。非性質相反之二種價值也。

總以上各說觀之。雖名目繁殊。而根源則一。蓋價值者無時不爲使用價值者也。無時不爲主觀價值者也易詞以言。卽價值之所以爲價值。僅一主觀之使用價值而已。外此固無

劉冠英

所謂價值。惟於同一價值而有直接間接之分。故有使用價值與交易價值之別惟於同一價值。而形體有單一綜合之影。故有個人價值與社會價值之說。由此觀之。謂價值有二種作用與形體則可。謂其有二種相異之性質。則不可也。

第三章　價格

第一節　價格之意義

價格者。謂財貨之交易價值用他財貨之一定數量。以實現之者也。夫物值爲人類崇尚財貨之程度。全爲內籀。而非外鑠。若在價值。Price 雖原於其有交易價值而其表現之也。則不在人心之內儲。而在他物之分量。言財貨交易之力者。爲交易價值。價格則言其交易之額者也　譬如農有餘粟。粟以易布。女有餘布，可以易粟。是知粟與布，皆有交易之價值。若曰粟一斗值布一匹。或布一匹。值粟一斗　則布一匹卽爲粟一斗之品格粟一斗。卽爲布一匹之價格。明夫內籀外鑠之分。則價值價格之辨，不難判別矣。

價格與代價，又爲兩事。代價者物之價格以貨幣計量者也。蓋貨幣僅爲交易之媒介。而非直接充欲之財貨　不能與他物互標價格。顧以習慣之故。久已混價代價爲一事。方今貨幣制度。通行各國。財貨交易莫不假途於貨幣。舍代價外。幾無價格可言凡言價格者。概指代價而言。吾故仍其舊而統稱價格焉。

第二節　價格之關係

價格爲交通經濟時代之產物。其始也，隨交通經費以俱來。既乃爲國民經濟組織之中堅。在昔自足經濟時代。凡有在產僅充一身之欲望而已。無事乎種類之決擇。迨世運進化。生產物始專供合。也人生產者。始專在營利。顧以獲利之厚薄。恒隨價格大小以爲衡。財貨之價格大者。則人必趨之若鶩，小者反是。而生產之趨勢成矣。此所以爲經濟組織之中堅者一。獲利之厚薄。固原於價格之大小而價格之大小，則不僅關乎生產物之種類，更有賴於銷售之地與夫銷售之法價格之決定。概在物品集中之地。。而選擇方法。亦即以此爲標準。是其爲經濟組織之中堅者二。生產上有純益，則資本主可獲厚息。傭工者可得厚庸。企業之人。亦於以博巨利。蓋生產結果之分配。全恃乎純益。而純益之多寡。又係乎價格之大小。是其爲經濟組織之中堅者三。綜上數事。皆決定於價格。則今之經濟界不啻爲價格所左右操縱矣。

劉冠英

第三節　價格之種類

價格中有所謂競爭價格與獨斷價格及契約價格與公定價格之二種區別。茲分述之。

第一，　競爭價格與獨斷價格，　競爭價格者，價格由買賣雙方之競爭。而自由決定者也。獨斷價格。則由買賣者之一方，以獨斷行爲而決定者也，名人書畫。希世奇珍。其價格卽屬前者。專賣特許之品政府專賣之品，與其他市塲壟斷之品。其價格卽屬後者。然二者之間。不能明確區別。故學機者中。少所采用。

第二，　契約價格與公定價格，　契約價格者，由買賣雙方之自由意思。（卽自由契約自由競爭）決定者也，或稱自由價格，又曰競爭價格，市場一般之價格屬之。公定價格者，由國家公權以決定者也。政府專賣品。法庭公賣物。土地收用稅。關課稅等價格皆此類也。

第四節　價格之決定

價格之意義　及其種類之大要　已如上述。則價格之低昂　若何決定。爲價格論中最要之問題。不可不研究者也，公定價格，爲數甚稀。且其決定也。本諸公權。可暫置不論。茲就契約價格言之。

夫價格之決定。固非單簡原因所致。然亦不外二大原因。即經濟原因與非經濟原因是也。分述如次。

第一，經濟原因，決定價格之經濟原因。即在需供關係。需要者。以若干價格買若干財貨之謂。供給者。取若干價格賣若干財貨之謂。欲知二者若何左右價格。則決定需要量與供給量之原因。不可不先明之也。先就決定需要之原因言之。

其一，買主於財貨認定價格之多少，買主於財貨所以需要者。以其認有價格也。以其爲價格多者。則需要亦多。反之則少。至買主認定之標準。則在財貨效用，與其人之欲望。由此二者之大小，以定需要之多少。復由需要之多少。以定價格之大小也。

其二，買主購買力之大小，買主購買力之大小，全係於國富與其私財。無支給貨幣之能力者。不足以言需要。有之而力薄者。則需要亦必無多要。之由。購買力之大小而定需要之多少。復由需要之多少。而定價格之大小也。

劉冠英

其三，購買競爭之有無强弱。由買主之多少。致需要增減。而價格有高低矣。設購買爲一人壟斷時。則需要減而價斯落。反之。衆人競買。則需要增而價必昂。至購買競爭之有無及强弱則與一國人口，交通，文明，法制等。均有密切之關係焉。

更述其決定供給之原因於次。

其一。賣主於貨幣認定價值之多少。賣主之所欲者爲貨幣。於貨幣之無價值者。不生供給卽有之而價値不大者供給亦少　譬如同爲百元貨幣。其中有硬幣。有紙幣。有兌換劵。有不兌換劵。有主幣。有輔幣。有良幣。有惡幣。品類不同。其價值與供給及其價格等。依次而生差異。是皆貨幣效用有以致之。此外更有關于其人對於貨幣之欲望者。別有千元貨幣。而所欲之人。則有商人。有軍人。有富戶。有貧民。有爲決算期之需要者。有非決算期之需要者。有知利用貨幣者。有不知利用貨幣者總之。欲望有差。幣值斯異。幣值異。而供給差。供給差而價格有大小矣　此三者實有相連之關係也。

其二，賣品生產費大之小賣主之意。在於營利。獲利豐。則供給增。而價格低廉無利可得。甚日虧折。則供給減而價格騰貴。夫利得之多少。視生產費爲衡者也。生產費之關係。至不一致。有不必增加生產費而以得增加產額者。如業印刷者印刷逾多。其費愈廉。是有必待增加生產費。始得增加產額者。如多數之農業品是有增加生產費。亦不能增加產額者。如古玩及土地等是。

其三，販賣競爭之有無强弱。由賣主之多少，致供給加減。而價格有高低矣。設販賣爲一人壟斷時。則供給少而價格騰貴衆人競賣。則供給多而價格下落。至販賣之有無及强弱。則又與一國人之疏密。交通之便否。產業之盛衰，及法制之良窳均有深切之關係焉，

上述三種原因皆所以決定需供之額者也。而價格之高低。亦卽於以決定之。蓋價格決定。視需供之消長而變動。需要額增。則價格之數益。減則價落。供給額增。則價格之數落。減則價漲。需要者惟冀其價落。供給者則日求其價增。二者走於極端。終必折衷於兩可。簡言以明之。則需要供有調和之時。而價格必止於適中之數。茲標舉其需供與價格相關之法則如下

第一法則

一，需要增。則價格騰。

二，需要減。則價格跌。

三，供給增。則價格跌。

四，供給減。則價格增。

第二法則

一，價格騰。則需要減。

二，價格跌。則需要增。

三，價格騰。則供給增。

四，價格跌。則供給減。

需供與價格間。既有一定法則。則需供之增減與價格之漲落。互有因果關係。而價格決定。亦即在需供調和之時。

第二　非經濟原因　決定價格之經濟原因。為需要供給之消長。既如前述。抑其原因。

劉冠英

尚不止此。有關於心理倫理社會狀況與個人情形者。前者所論列及圖解。皆屏此種原因於度外。故其推論結束。若甚顯著者。向使人之需供。囿於流行，附和。或雷同，等之心理作用。愛情，友誼，同感，等之倫理作用。以及習慣。風土。人情，等之社會關係。與夫怠誤。詐僞，强迫，等之個人關係。則價格之決定。未可一概論矣。價格問題。所以爲經濟學研究上一大難事者。凡以此也。雖然。方今經濟組織。日漸完備交易範圍。日即擴張。法制日以秘。社會日以化。此種非經濟原因。其勢亦日即於薄弱。而經濟原因。乃爲決定價格之要因矣。

第四章　貨幣

第一節　貨幣之起原

國民經濟之演進。以交通之有無判之。無交通之期勿謂已。卽在交通時代。其民以財物相通者。其法亦不一致。有以物物相交易者。有以貨幣Money 爲媒介者。又有以信用爲樞紐者。有此三法。遂別爲三期。槪言之。則物物交易。爲直接交易時代。迨貨幣與信用作。則爲間接交易時代矣。物物交易。不便滋甚。舉其大要。約有四難。

劉冠英

第一，交易者雙方之需供不易相劑。一難也。

第二，無以定交易之比率。二難也。

第三，物之不能分割者。則交易之術窮。三難也。

第四，物之易變形質者。則難以運搬儲藏。四難也。

蓋物之種類，品質，數量，三者。非彼此全相一致。不能行其交易。彼此財物。能於此三者全相一致者 實不易覯。卽幸而三者皆相劑矣。尤必有交易之比率，易言之。卽無價值之尺度。則無以測定其相差之率。卽不能測定其比率矣。向使交易之物。性質上不能隨意分割。則易事又窮。不易分割而强分之，値必大損。此其所難交易也。縱令上述所難。俱能幸免。有財物者。既皆交易而退。各得其所矣。顧尚不能藉善其生。以滿人類欲望。蓋日常生事所需。如米鹽油炭之屬。無一時可以缺少。使交易上少覺困難。勢不能不積有餘以供不時之需。此等日用之品。其性質恒不能經久。積亦無所用之。此其所以難也，

有此四種。而物物交易。雖期利行。且人口日繁。欲望日增。財貨種類亦日多。交易事

繁而困難之感益甚，於是有物焉。居各物之間。介交易之事。則貨幣之所由起也。貨幣既行、乃由物物交易。進而貨幣交易。用爲貨幣之物。雖以人種，時期。習慣，之不同，而不相一致。要必爲一地一時之人所愛、好喜用者。茲舉各種財貨之曾爲貨幣者於左。

第一，　皮革介貝　漁獵時代。物之爲人所貴重者。爲野獸魚類。其血肉僅足供一時哺啜。其皮殼則可以給服用。歷久不壞。因此之故。其皮殼常用爲貨幣焉。

第二，　家畜　牧畜時代，馬牛羊等家畜。最爲貴重。便於授受。且可爲長時間之保存。故常爲貨幣。又在役奴時代。亦有用奴隸爲交易之媒介者焉。

第三，　農產品　轉徙之俗衰。而農業代之。於是農產品爲一時主要之出產。故亦用爲貨幣。米麥之類皆屬之。

第四，　裝飾品　飾美愛好。人類大欲。而裝飾之品。既能耐久。且爲人所貴、重轉移又甚容易。故亦用爲貨幣。

第五，　製造品　如布帛之類是。

劉冠英

第六，金屬　財貨之用爲貨幣者。既不一其類，顧其用最廣者。則莫若金屬。金屬中適於貨幣之用者，又以金銀爲最　詳見次節。

上述六種貨幣中。惟金屬最合乎貨幣之性質，故其用最廣。迨近世文明進步。交通頻繁。交易之事。日進月盛。授受間爲避檢査搬運之勞。有舍實貨而憑信用者，是信用授受之端開。而紙幣票據等物。遂代貨幣而盛興。此現在經濟之趨勢也。

第二節　貨幣之沿革

交易之事。爲人類社會之基礎　然在皇古。則爲罕見，彼時生事。殆自給也。顧以。羣居社交。爲人類天性。通功易事。以時而起。而物相交易。乃爲必要。抑羣族相通。不始於有無之懋遷。而原於禮尙之往來。試卽澳州之民觀之。民族分處。少所交通。有地產異石。堪爲利斧。土人珍之。羣族之民。遠道相求。往往貢其所產如赭石之類者，冀投所好。而有以相酬焉。往來聘問。莫不各有贈答。贈答之間。輙相較量。捆載而往者。不欲垂槖而歸，酬不當其贈則相訾謷。甚或興戎而不恤，故其所謂贈答。殆無殊於物與物之交易。衡値之具無有也。雖然。物値宜衡。爲事勢所不容已。而交易媒介。終必以時采。用交易推及於鄰族。則爲媒介之物者。又不僅以適一族之同爲已足。必與所交易者共適之。顧其時爲少後。而泉幣之始用。其在族內之交易乎。

物之爲交易媒介者。必爲一族財富之所寄。狩獵之民。以皮爲幣。遊牧之民。以牛羊爲幣。迨務農業。則又以粟穀爲幣。蓋生民之初。衣食是急。牛羊皮革。既爲人力所獲。又爲生事之需。用爲易中之具。殆如火之就燥。水之就濕。然有取物可飾觀。爲凡人所欲。而以爲幣者。則其物必爲積小而便取攜者。雖其用遜於牛羊粟穀。然以爲幣。則非牛羊粟穀所可及。是以哥侖比亞以貝介爲飾品。兼用爲幣。英屬印度則飾介之俗雖廢。而尙有沿用爲幣者小額。授受往往。用之。夫金屬之用爲泉幣也。亦以其嘗用爲飾品耳。塞野之民。以金銀爲玩好。而未知用以爲幣。即在印度。雖以爲幣。而玩好之習未衰。歐美諸國。則文化益進。金銀之用。重如鑄幣矣。

泉幣發達之序。其在一族之內者。既如前述。抑民族之間。亦不可無交通也。交通及於鄰族。則族之人。可就殖產之宜。備物而輸出之。以與鄰族易。使其物爲鄰族所必需。則殖於內而未輸於外者。已有相當之値。有之者可以時輸出而易其所。無即或不欲自任輸送。亦得轉售而輸之。物之能是者。則取易不限於時。而其進爲泉幣也。自易易矣。是以浮京尼亞 Virginia 嘗以煙草爲幣。拚尼沙拉 Panisula 以鉛爲幣。而紐防崙。Mewfoundland 且以枯魚爲幣也。（按中國古代，亦嘗以禽畜粟穀貝介布帛爲幣，古者相見必以贄。之文從貝。貝幣也。周官大宗伯職云。作禽摯。孤執皮帛。卿執羔。大夫執雁。士執雉。庶人執鶩。工商執鷄。皮帛羔雁等。皆貨幣也。聘禮言幣或用皮。或用馬。士昏禮言。征納用束帛儷皮。而納采納吉請期。皆用雁。孟子曰。事之以皮幣。事之以犬馬。事之以珠玉。皆禽布畜帛爲幣之證。周官旅師職云。掌聚野鋤粟屋粟而用之。則又以。爲幣之徵也。

原始幣制雖可資考證。而於計學，尙少意趣。迨金屬爲幣，則泉幣之係乎交易者益切。言幣制者。亦卽以此爲嚆矢。夫貴金屬之用爲幣材。非偶然也。亞丹斯密有言曰。金屬之質固。不易損傷毀滅。易分合。而不緣分合損其値。蓋言其德之適於幣材也。顧其質猶不止此。且可範形模印。以防贗造，三品之金異彩。而易於鑑別。產量之豐歉有恒。而値之變遷也不劇。茲數德者。非他物所畢具。故其爲交易之媒介。亦非他物所能幾及也。

原始幣制。雖爲古代人類之創作。顧以制度未善，致用每多阻滯之材。不問其爲枯魚爲煙草。甚或爲銀。而皆無一定之質量。以生銀一塊爲支付。則受取者無以判純質之多少焉。故爲易中之具者。宜有一定之品質品質之高下。又必爲凡人所盡曉。古之以金屬爲幣者。故多標色以爲準。然其始不過於金屬塊片之上。模其國君之璽印而已。具璽印者。雖有一定之成色。而一塊之量爲無定。人相授受。必先權其重而後可以計其值。幣之權量而用者曰。計量制 Currency by Weight 授受之間。必相權。則爲事甚繁，仍非所以便交易者。故不得不更進而定其量。使質量之高下輕重，皆無二致。免平色權量之事。計枚而授受之。如是者稱計數制Cnrreusy bytaie焉

復次錢法益進。有法償幣 Legal Tender 之制。法償幣者。法幣之往來授受。或以償債者。如無私約之限制。則有完全支付之效力不得拒內者也。馬珂樓 Maclcod 釋之曰，任爲何幣。其由貸者償債。而貸者不得拒弗受者。卽爲法償幣。法償之額。有無限制者。亦有限於法定數量內有法償之效力者。一國幣制。僅以一種泉幣充法償者。稱唯一法償

劉冠英

制Sysemt of Sihgle Legal Tender 利在單簡。而其弊則交易之額有大小。幣材過貴。則不便於小額交易。賤又不利於大額交易耳。在昔英吉利嘗以銀爲唯一法償幣。瑞典以銅爲爲唯一法償幣。稽溫斯 fvons 從而推論之曰數磅之値。以用瑞典銅幣必至盈箱累櫝。么杪之數。以用銀又必折銀爲芥末。蓋言大小交易之不能交便也。

由此觀之。唯一法償制。不便商民交易。私發輔幣。事必相緣而起。私發之幣。每在濫發而減値。市價日有漲落。金融爲所紊亂●爲害於經濟事業者，殆難罄述。是以文明之邦。莫不以國家之力矯弊害。造爲有統系之制度。以利大小之授受。因革損益，制亦多方。始則爲多種●並用之制， Systerm of Parall Standard 國家以多種金屬鑄爲泉幣。并行於市。各以地金之眞値爲衡。繼乃進而定各幣間之比値 Valency of the C ins of differentmetass 卽如金銀銅三者。嘗定爲金一銀十五銅一百之比率。諸律，例並充法償。故有多數法償制制， Multipuie Legrl Tender 之稱。其組織簡單者實一複本位Systemof Bimetall System 也。繼此則又有兩合法償制， System of Composite Tender 各種貨幣中。用其一爲主幣。按眞値行用之。而爲純然之法償。其餘爲輔幣。發行之額有限制。常値大于其眞値。僅於小額內有法償之效力。其在英吉利。金磅之鑄造自由。而行用必本於其眞値。銀銅各幣。則鑄發有限額。依其名値支付之。數在四十先令或二十辨士內者　有法償效力。此其大凡也。其在法蘭西。嘗有一種幣制。與兩合法償制相類者。稱跛本位制Limuusg Standard金爲主幣。鑄造自由。銀爲輔幣。限額發行。幷爲無限法償幣。凡茲所舉皆貨幣改進之迹。若言其詳非區區篇幅所可盡也。

第三節　貨幣之職分

觀上述貨幣之起原及沿革。則知幣之爲物。蓋隨經濟制度演進而自然發生者。要言之。即用以除直接交易之不便者也。言其職分。約爲左列四事。

一　爲交易之媒介，A Meadeurn of Exchangs

二　爲價値之尺度，ACommn Mearsurs ef Value

三　爲價値之標準，A Stardard ofValue

四　便價値之貯藏，　A Store of Value

第一。　貨幣所以爲一般交易之媒介也，當夫物物交易之時。舉凡財物之品質。種類。

數量，均須彼此一致，方能交易。夫此三者之不易一致。人所盡知。而交易又爲人類日常所難免。貨幣乃應事勢之需。見用於世。非得已也，既爲貨幣，則一切財貨。不問其種類品質數量若何。悉能隨所欲以行交易。一切支付。皆書以爲媒介而授受之。其較便於直接之物物交易。甚彰彰也。此其職分一

第二，貨幣所以爲一般價值之尺度也，物物交易之際。其爲交易也。無一定比率。以爲尺度。物值幾何。漫無準則。譬之米麥黍稷。米麥相易。則米麥二者。相爲標值。更黍稷易。又必兩兩標準。無公共之尺度。交易者遂不勝其繁。貨幣用。此種淆亂，可以立免，此其職分二，

第三，貨幣所以爲價值之標準也，借貸之事。異夫交易。其在交易。有物以爲媒介。則交易之事畢。若在借貸。則借取償還。不同時也。財貨之價。以需供關係。而有變動。異時授受之際。或不免有損益。以貨幣爲標準則其平均之值。少所變易。價值乃有一定之標準矣。此其職分三。

第四，貨幣所以便價值之貯藏也，通常物品。形質易變。價值時或動搖。爲額過多。

又難搬運及貯藏。貨幣用。則此種亦便。可以免除。積值於幣。歷久不泯。且得隨時致用。此其職分四。

凡爲貨幣。莫不有此四種職分。四者中。以第一第二爲主。除爲從。又其行用於經濟生活之上。尙多作用，約略舉之。則利財富之分配一也。均支付之效用二也。爲信用之基礎三也，充資本之具體四也

關係貨幣職分。學者中。有易價値之標準，而爲支付借貸之用具者，意謂價値標準。可包諸第二條中。（價値之尺度）輸納贈與。不在第一條之列。（交換之媒介）此爲德國派之主張。非吾所欲采也。蓋價値之尺度Measure不與標準Staupalb同義。尺度所以名物値。標準所以定物値也，一以言一時之比率。一以言異時之變動。安可混爲一義。至輸納贈與。雖非顯爲交易。而其眞義，實與交易無殊。人民之納稅於國家也。有輸納之義務焉。輸之納之。而責始盡。蓋與解除義務之事相交易也。贈與財物於人也。有仁民愛物之功焉。贈之與之。而功始就。蓋與成功就名之事相交易也。交易之際。假手於幣。安得曰非以爲媒介乎。

第四節　貨幣之意義

貨幣之意義若何。自來學說紛歧。殆難罄述。茲舉其主要者於左。以明貨幣之眞義焉。

一，最廣義說。亦稱媒介物說。

二，廣義說。亦稱通幣說。

三，狹義說。亦稱正幣說。

四，最狹義說。亦稱法幣說。

第一，最廣義說，此說要義。在凡交易之媒介物。統名爲幣。申言之。即不問其通用與否。苟嘗用爲交易之媒介。皆爲貨幣。故又名媒介物說，但媒介物中。有不能通用者。若以通用爲貨幣重要之職分。則此說之無足取，無待言矣。

第二，廣義說　是說以一設之交易媒介爲貨幣。申言之。則舍流通有制限者外。一切通用物皆屬貨幣，是殆僅以通貨爲貨幣。故又名通貨說。雖然媒介物中。有雖具流通之力。終不得爲貨幣者。以其不能爲最終支付之具也若以最終支付之力。爲貨幣主要之職分。則廣義說之不足取。其特言矣。

第三，　狹義說　是說以一般交易媒介物爲最終支付之要具者爲貨幣。故其所謂貨幣。不外正貨與不換紙幣之二種，方今文明各國。不換紙幣。既已絕跡。國以內爲一般之交易媒介且爲最終支付之要具者。實爲正幣。故又名正幣說。比較觀之，是說尙爲允當。或有以其立義失之稍廣者。則又造爲最狹義說焉。

第四，　最狹義說。　是說以物之爲法定支付之要具者貨幣。殆僅以法定者爲貨幣也。故又名法幣說。雖然。固執是說。則貨幣由法律而生。未有法律以前。必無貨幣。詎得爲通論乎哉。考古代未有法律之時。人類社會。卽有交易。物之由習慣上認爲支付之要具以媒介交易者。在在皆是既符於貨幣之職分。則名爲貨幣。誰曰不宜。今各國通用之輔幣。在一定金額內未嘗不爲法幣。同爲輔幣也。若曰額內之數爲貨幣。逾額若則非貨幣。又豈有當於事理哉。

要之貨幣爲經濟上要具。斷不能以法律之意味解釋之。明夫此。則貨幣之定義可得曰。貨幣者。在一社會中爲一般之交易媒介。且爲最終之支付要具者也。

第五節　貨幣之質料

幣材之變革，古今來非一見矣。其所以變革之故。因物有適爲貨幣之用者。有不適者。因革損益。惟適是歸。物質之適爲幣材者，須備八德。列舉如次

一，須爲社會人人所貴而授受無拒者。

二，須爲携運便易者。

三，須容易分割且不緣割裂而損值者。

四，須爲有適當之價值者。

五，須品質鞏固無損傷毀滅之憂者。

六，各分子須爲同一之品質者。

七，其表面得施以模印標識者。

八，價格確實而變遷不劇者。

八德咸備乃爲最適。歷來用爲貨幣之物。其能具備此要件者。金與銀外無餘物。現今文明各國咸用之。玆將上述八德分別言之。

第一，須爲社會人人所貴而授受無拒者，此言其有公認價值也。夫貨幣者。乃價值之

劉冠英

尺度。且爲價值之標準。故其質料 亦必自有其價值。譬之尺。所以計物之長短也。必其自身有一定之長度。始能與他物相較量。此土砂瓦礫及其他無價值之物所以不適於爲幣材也。

第二，須爲携運便易者此言其量小。而價高也。夫貨幣既爲交易之媒介。又爲貯值之要具。則携帶貯藏之事。以便爲要。故其質料不僅以有價值爲已足。且須爲量小而價高者。否則授受頻繁之間，與巨値蓄藏之事滋不便矣。鐵錫鉛線等之不適於爲幣材者。職是故耳。

第三，須容易分割且不緣割裂而損其值者 貨幣既爲交易之媒介。又爲支付之要具。則不問授受之額爲若干 得隨意分交。分折交付之間。必不能少損其值。否則大小額之授受。不能兼善矣。此獸皮牛馬等物所以不適於幣材也。

第四，須爲有適當之價値者。貨幣既爲物價之尺度。則自身之質料。亦必自有其價值。而價值之貴賤 又必適當。與國民之經濟生活相副。否則失之過貴 即不適於小額交易。失之過賤又不適於大宗授受。銅鐵不爲今世界之貨幣凡以此也

劉冠英

第五，須品質鞏固無損傷毀滅之憂者　所謂鞏固者卽不同時地氣候之變易而毀損也，向使時有毀滅之憂，則價值變動不居。詎足爲物價之尺度。逾時而毀更不足爲貯富之具。此鹽茶烟草之所以不適爲幣材也。

第六，各分子須爲同一之品質者　惟其各分子之品質相同。則一枚之幣。彼此從同。質量無殊。價無輕重。夫然後可爲物價之尺度，可爲價值之標準否則質不盡同。價值斯異授受之間。必考其質。爭相議價不復有尺標準之作用。此珠寶之作用不適爲幣材也。

第七，其表面得施以模印標識者　貨幣旣爲交易之媒介。又爲支付之要具則日常授受往來頻繁。苟辨識不易。卽眞僞難分。譎詐之風。或將滋長　故不得不於其表面。施以模印。以爲標識以杜僞造。向使不易模印。如珠璣玉石之類。非得專門鑑賞之家不易辨其眞僞衡量其價値。卽非所以便交易矣。

第八，價値確實而變遷不劇者　此言其產量之豐歉有恒也。豐歉有恒。價始確實。否則自身價値隨其產量之增減而漲落。百物之價又復與爲起伏。所謂物値之標準者何

謂也

第六節　貨幣之制度

第一項　制度之發達

金銀最適用爲幣材已如前述。考其用爲貨幣也。亦多因革變遷。至於今制。茲述其大要於左。

第一期　計量時代　此時金銀雖已用爲貨幣。而向無鑄造之術。質量無定。形狀不一。如環如錠。如刀如塊。如馬蹄。而皆權量切授受之。并視品質之高下。而定價。其用雖足以介交易。未足以盡貨幣之能事。蓋社會生活。日趨繁複。大小授受。亦日以增加。苟於出納之際。必考其質。必權其量。則當事將不堪其煩擾。平色權量之際。難免無詐僞以相欺者。而爭端又起矣。學者稱此種貨幣曰計量制 Currency by Weight

第二期　計數時代。計量之制既多弊害。於是始創爲鑄造之貨幣。鑄造貨幣者。有一定之成色，分量，形式。而其表面復揭有一定之價值者也。夫既有一定之成色分量與形式。而又揭有一定價值。則當授受之際。無須平量。惟計其枚數而已。金銀既鑄爲貨幣。其用途亦僅限於爲貨幣。而介交易。顧此時鑄造發行之權。尙非專在一國政府之手。人民中有信用者。亦得自由鑄發之。此徵諸各國史乘所從同也。學者稱此種貨幣曰計數制 Crrency by Tale。雖然。貨幣爲價值之準標。苟許人民以私鑄。則乘機射利之徒。相率濫發惡幣。以圖不正利益。是於惡幣猖獗。必至貨幣日落。民間授受。日趨於不安固之地位。弊之所極。將必重用計量法以定幣價。計數制仍復烏有矣。近世各國所以不認人民有私鑄權。又且禁止外幣流用者。凡以此也。

近世國家。既無不以造幣主權。統歸政府。則貨幣制度。自必由政府酌定。制定之時。務求便適。所應斟酌至當者。約有數事。列舉如左。

一，貨幣之本位

二，貨幣之單位

三，貨幣之種類

四，貨幣之公差

五，貨幣之鑄造

六，貨幣之改鑄

茲由說明上之便宜。由貨幣之單位。而逐次述之。

第二項　貨幣之單位

布匹之短長。度而後知之。道路之遠近。量而後知之。所以為度者。則言尺。所以為量者。則言里。尺也，里也，度量計數之單位也。貨幣既為貨價之尺度。亦不可無一定之單位。此一定之單位。稱曰價值之單位。價值之單位者。貨幣地金有一定之分量。而附以一定名稱。以表示他物之價值者也。國幣條例。以庫平六錢四分八釐之純銀。為價格之單位。定名曰元。元者即我國貨幣之單位也。價值單位之大小。以適於國民經濟程度者為善。蓋單位之大小。影響於民國之消費與交易者甚鉅。失之過高。則國民日流於奢侈。失之過低。則於授受上又多不便。考各國之價值單位中。其最古者。為英吉利之磅 Pound。（此在薩克遜時代已用為價值之單位）。次為法蘭西之佛郎 Frane（一千七百九十五年所定）次為美利堅之達拉 Dollar。（一千八百三十四年所定）次為日本之

圓Yen。（一千八百七十一年即明治四年所定）再次爲德意志之馬克 Mark。一千八百七十三年所定）

價値單位。亦有不與成貨相副者。以一定之質量定爲單位，而以單位之幾倍。造爲貨幣。如日本價値之單位爲圓。圓有純金二分之價。實際上並未嘗有一圓成貨。是即其例證也。

第三項　貨幣之種類

取多種金屬。各鑄爲幣。以同一資格　流通於國內。則各種地金。（地金者。貨幣質地金屬之簡稱）有市價之升降。相比之價。亦即隨之而異。此不獨物價無以統一。債權債務關係。亦將因之紊亂。故制定幣制者。必擇一種或二種以上之貴金屬。以定價値之單位。以此貴金屬鑄成之幣爲標準貨幣。Standard Money 一切物值　藉此以名之。且以確定債權債務之關係焉。雖然日常授受。數或甚微　必欲以此貴金屬之幣相交付。則又有所不便。故不得不更以賤金屬爲幣。而輔佐之。惟當制限其資格。使與標準幣以一定之比例。相與流通耳。是以金屬貨幣中有主幣。（卽標準幣）與輔幣Subsidiary Money之分茲先就輔幣言之。

今世界先進各國不論採用何種本位制度莫不有輔助貨幣以全其用輔助貨幣者乃賤金屬之幣其名值Face Value與眞值Intrilsic Value不相一致而有具法幣Lawful Money之資格者也。關於此所當研究者約有數事。茲分別言之。

第一，輔幣發行之理由　近世國家所以於單位之外。又必發行輔幣者。蓋非無故。約言之。則不外爲授受之便利而已。民間授受。額有大小。額大者。以用鉅值之幣爲便。小者則非賤值之幣不爲功。是以英有金磅。復以先令便士等賤幣輔之。美有金圓。復以銀幣銅幣等輔之。我國幣條例以銀元爲主幣。復以中圓及一角二角之銀幣與鎳銅等小幣輔之。凡以兼利大小之授受也。使不有貴賤金屬相輔。則以金銀爲本位者。爲小額授受之故。必析金銀爲芥末。而鑄爲幣。是豈事之所宜哉。此輔幣制度所由通行於各國也。

第二，輔幣限限之理由　輔幣既以名值使用，而不言眞值。則其資格。本不能與主幣相提並論。故不能無以限制之。考各國輔幣行用之限額，在德意志銀幣，以二十馬克爲限

劉冠英

。銅幣白銅幣以一馬克爲限。拉丁同盟諸國。則銀輔幣以二十佛郞爲限。英吉利之銀幣限以二磅。靑銅幣限以一先令。北美合衆國。則以銀幣十達拉，銅幣二十五仙爲法定之限制。日本銀幣。則額限十元之內。白銅靑銅等幣額限一元以內。我國幣條例定爲中元二十元以內。銀角五元以內。銅幣限一元以內。此其大凡也。

夫輔幣授受之限制。以其言名値而不言眞値也。然則所謂名値眞値者。果何如乎。名値云者。一枚之幣。賦以法定價値。其法價常在眞値之上。而以法價行用之者也。貨幣學上有所謂名値貨幣。與眞値貨幣。相對稱者。卽指此而言。譬之英之金磅。鎔毀後。地金價値。仍爲一磅。卽爲眞値貨幣。非所以言名値。若爲先令。則一先令之名値。雖爲二十分之一磅。鎔毀後地金價値。必不及二十分之一磅。所謂有其名無其實者也。輔幣之爲名値貨幣者以此。

輔幣眞値旣遜於其名値。則鑄發之者。往往苟圖私利。影響於授受及金融者綦大。舉之約有數端。

第一，輔幣授受。如無制限。則有濫發之虞。或至需要供給。失其平衡。而價格下落授受間多有罹意外之損失者。

第二，縱令價不下落。而專以輔幣支付。則授之際。必多計算及搬運之困難。

第三，經營海外貿易及銀行業者。因其營業上之關係。往往輸送現金於國外。若其所受取者咸屬輔幣。則外國人決不能按名值而受取易。眞值貨幣以輸送之。又必多所損耗。

輔幣授受之額。不可不加以限制。已如上述。故各國幣制。罔不特設規定。酌予限制。且其鑄發之由。旣在便利小額授受。則就每次授受之數。加以限制。流通上固無窒礙。非特無窒礙也。且能使主輔各幣。兩適其用。法固莫善於此也。

雖然輔幣授受之限額。非可漫然定也。失之過高。則流通之額增。需供難劑其平。失之過低。則其使用範圍狹。卽難圖日常授受之便利。要在審判一國之實情。而量爲高下耳。所謂一國之情者。其要又在一國本位幣及紙幣額面之大小。與夫現行輔幣形體之大小。及國民之生活程度。不可不察也。

第三　輔幣爲名值貨幣之理由。輔幣授受之額有限制。以其爲名值貨幣也。所以爲名值

劉冠英

貨幣之理。則又有二事。

第一，所以防輔幣之鎔毀

第二，所以增國庫之收入

夫發行輔幣之旨。原以便利小額授受。倘使與主幣同有充分眞值。則將與主幣同爲國際間支付之具。而輔幣將日流於海外。不僅外流已也。地金騰貴之際。難免無鎔毀以射利者。輔幣流通之額減。不敷社會之周轉。則所謂輔幣。以利小額授受者何謂也。故不得不低其實質、減其成分。使鎔毀者無利益可圖。外輸者有虧耗之損。庶可永流市面，無喪失之虞也。此一事也，又輔幣鑄發之權。操之政府。非若主幣之可自由鑄造者。苟使發行之額毋濫。則雖爲名値貨幣。亦能維持其法價。國家即於其間以取贏。有其利而無其弊。法固莫善於此也。

輔幣之宜爲名値貨幣。既如前述，至其質量較減之程度。亦非可任意定之者。所謂減輕之程度者。謂其眞値名値之間。定以若干之差額也。差額之大小。關係甚重。失之過大。或失之過小。皆非制度之善者。舉其利弊。約有數事。

第一，差額過大之弊

一，輔幣法價。去眞值太遠。則鑄造者。獲莫大之私利。人間必多贋造。

二，鑄發輔幣。既可得利。則不僅私人欲圖僞造。政府財匱之際。亦往往濫發。其究也輔幣之價格日落。人民之財產日損。釀成金融紊亂之象。

第二，差額過小之弊

一輔幣法價。若去眞值太近。則形量過大。流通必難便利。

二，輔幣法價。苟接近於其眞值，則當銀市價激變之際。銀價忽騰。銀輔幣即有外流。或鎔毀之患。一切差額。授受失其所資。銅價騰貴之際。銅輔幣之易於喪失。亦猶是耳。

三，輔幣法價苟與其眞價相差甚少。則雖別無弊害。亦必失國庫應得之利益。

第四，杜防濫發之方法，輔幣以名值行用之故。國家得藉獲厚利。故有濫發之弊。不可不設法防止。防止之法。則有二事。

第一，使國庫負輔幣兌換之義務

第二，以法律定輔幣發行之限額，

用第一法則不問何時。有以輔幣提交於國庫者。應不取規費。按法價換給同額之主幣。以主幣提交於國庫。而易輔幣者亦然。如是則輔幣需供必得其平。何也。使輔幣發行之額溢出市面所需之量則其價格跌落。受取者必羣向國庫兌換之溢額愈多。來兌者亦踴躍彌甚。旋發旋復。終躋於平。自無濫發之患。反之輔幣供給不敷周轉。即於小額授受多所不便。人必持主幣以與國庫易。人於輔幣求得之。又無不足之患矣。

用第二法則國家既以法律規定輔幣發行之限額、自不能逾其額而濫發。德意志於千八百七十三年貨幣法中。規定輔幣之數。按人口為比例。銀幣人不得過十馬克。銅幣不得過二馬克半。千八百九十九年更加改正銀輔幣。增人為十五馬克。其餘各國。罔不有類似之規定

雖然。一國輔幣之需要。隨其經濟發達之程度。以為增減者也。一國中交易之繁階。有季節而判者則輔幣需要之額。自有伸縮矣。支票制之發達與否。與夫金銀交易與記帳交易之比率等、皆足以增減輔幣需要之額。非立法者。所能預定。乃僅以人口

爲標準。定其發行之限額 則發行之數。必不能與經濟發達之程度。及市場之狀況相適應。比較觀之。固不若第一法之可以自由伸縮也。

第四項　貨幣之公差

貨幣之或色分量　規定於貨幣法中者。曰法定之成色分量。東西各國鑄發之幣。無不與法定成色分量相符合。且鑄造之術。日卽進步。實際之成色分量。較之法定者不至顯有差異　顧細微之殊。在所不免。若以些微殊異之故。必使一一改鑄。爲事將不勝其煩擾。故多以法定之限度。爲差異之界畫。倘不越此限度。卽可毋須改鑄　是以實際質量。雖與法定者。稍有不符。亦能强行而不禁。此法定之差度。稱曰公差。Tolerance of the mint公差之種類有二。

其一，或色公差

其二，分量公差

我國幣條例第八條。定爲『各國銀幣。無論何枚其。重量與法定重量相比之公差。不得逾千分之三。』又『各種銀幣每一千枚合計之重量。與法定重量相比之公差。不得逾萬分之三。』此言分量公差也。又第九條』各種銀幣無論何枚，其成色與法定成色。相比之公差。不得逾千分之三。』此言成色公差也　日本現行貨幣。法定千分之一爲本位金幣之成色公差，銀幣則定千分之三。至若分量公差。又依貨幣額面之種類而稍有不同。德意志，英吉利拉丁同盟諸國。均定其成色公差，在千分之二以內。凡以便造幣局之鑄發。免改鑄之紛張　而又杜輕耗之弊也。

貨幣公差之大小。應審度一國造幣術之精粗而定。言其利弊，則相差數小　雖於鑄造上少覺困難。而流行之信用必厚。相差數大則鑄造雖易。而剝耗之風滋長　要在極其技術之所能。而減其相差之數耳。

分量公差。因其比較方法，又分二種。

其一，每枚公差

其二，定公額差

就每枚之幣。一一計量其公差者　曰每枚公差。前舉國幣條例中。所謂千分之三者即屬此類。就千枚百枚之定額。而通計其分量之公差者。即爲定額公差。前舉國幣條例中所

劉冠英

謂萬分之三者是也。二法孰利孰弊。非片言所可決。就其方法難易言之。則就每枚之幣一一計其公差。爲事甚煩。就一定數之幣。通共計之。爲事較簡。然若有幣一枚。苟其重量減損。越乎法定範圍以外。則以每枚公差法律之。卽在不許發行之例。而在定額公差法。則苟合他幣（定額之幣）通計之。不越乎限度。亦得發行。於是每枚公差法上。所不能發行之幣。得公然發行於定額公差法之下。必至貨幣分量高下不一。而所以定公差者何謂也。國幣條例兼用二法。使每枚公差較定額公差之限度爲少寬。折衷於繁簡難易之間。亦不得已之舉也。日本幣制亦用此法。

第五項　貨幣之鑄造

鑄造之權。操之國家。私相鑄發。在所必禁。前已言之矣。然國家鑄幣之法。又有二種。

其一，自由鑄造法 FreeCoinage

其二，制限鑄造法 Limited Coinage

自由鑄造法者。政府應人民之求。爲鑄造貨幣。而無何等制限者也。制限鑄造法。則無政府得以鑄造。不許人民請求代鑄也。鑄造主幣。以用第一法爲原則。輔幣則槩用第二法焉。究其故。因民間需幣時有伸縮。許人民以自由請籌之權。則當緩急之會。咸得持生金以鑄幣。需供之可間。企適合。顧獨於輔幣。不許人民自由鑄造者。以輔幣有眞值以上之面價。鑄造者多有餘利。向使人民。得以法定純量。請求鑄造，則人將鑄之若鶩。羣相請鑄。必至輔幣供給。遠過需要。流通上多所淆亂。所以各國輔幣制度、莫不以制限鑄造法爲歸也

抑各國主幣。雖爲自由鑄造。而實際請鑄者。則皆銀行而已。尤發行紙幣之銀行爲特甚。其由一般人民請求鑄造者。蓋所罕見。人有生金則持向銀行按法定比率。以與鑄幣易耳。在銀行法規上亦往往有按率購入金之義務焉。

各國主幣。既多許人民以自由鑄造矣。則鑄造之費。Exqenses of Coinge 究屬何人擔負。換言之則政府於請求鑄造者。應否課以費用耳，關於此義，則有二說。一主收費。一主免費。主收費者之說約有二點。

第一，金鑄爲幣。效用必增。效用增。則雖徵其鑄造上必要費用。而不爲苛。且貨幣

價格總較地金之價爲高。徵其費用。尤爲正當。

第二，苟因實際上之便宜。而不課鑄費。則貨幣價格。既遜於地金價格。一旦鑄成。動多鎔毀輸出之虞。徵費以防止。不能謂非必要之圖也。

其主免費之說者。亦有二點。

第一，貨幣流出海外。所以使貨幣與地金之價格歸於均一。而減殺其及於物價之影響者也。顧此作用。必主幣實價其名價等而始見。課以鑄費。則足以防碍貨幣輸出入之自由。在經濟上決非得策。

第二，因徵鑄費而使貨幣價格高出於地金價格。則輸入之商。負有外國債務者。無論鎔毀輸出。或按實價輸出。要之其價格相差之損失。必全歸於一己。而鑄費負擔。乃有不公平之弊。

綜上所述而論，則徵收鑄費。於理論實際。兩方均未見其當。而各國鑄幣。尚有徵費者。則原於財政上之關係也，收費之數。有以僅足償其所費爲限者。有便益之而希冀餘利者稱鑄費。Brassage後者稱鑄利。Seigoiorage通常則並稱鑄費焉。

劉冠英

第六項　貨幣之改鑄

貨幣輕重之不能無差。既如上述。顧其公差之限度。不可越也。逾越之者則爲惡幣　惡幣不得發行。固爲禁例所及。然其既已發行。而並未逾越限度者。以輾轉流用之故。至於磨滅損耗。則國家於此不思所以整理之。貨幣之成色分量　將必日趨於劣惡。此其所以有改鑄之事也

雖然輕耗之幣。固以改鑄爲是　但貨幣行於民間。如源泉之交流。磨滅損耗　事所時有。倘因少有耗損。卽以收回改鑄。不惟事屬繁重。抑且所費不支。是以東西各國幣制莫不以法律定其輕耗之分量。幣之磨滅損耗。達於限度以上。然後改鑄。其輕耗之度。關係重要　非可漫然規定。失之過小則改鑄事繁。失之過大　則輕耗過甚。易失信用。不可不愼也

收回改鑄之法。畧有二種

其一　面值收換法

其二　實値收換法

面値收換者。幣之耗損。在法定限度內者。政府即按其面値。以新幣收換之。蓋以同額之枚數相易也。實値收換。則收換之際。不計其面値。而就耗損之程度。折爲新幣以與之。蓋以舊幣之眞爲衡而收換者也。

二法中以面値收換法爲優。蓋貨幣行用。槪言法價。雖有損耗。在所不計。民間授受莫不皆然。而政府收回改鑄之際。獨有析扣。是使人民守法。而已獨違法也。持有輕幣者。其取得之時。本無折扣。而收換之時。忽貶其値。則是用幣者爲社會全體。擔負磨耗損失者。厥惟最後所有人。豈得爲平乎哉。有之者爲避免損失之故。必不肯特而交換。而長此流用。將不勝其弊害矣。若用面値收換法。則幣之磨耗損失。雖直接爲政府擔負。間接由全體國民負之。持於磨損幣之人。且樂於請求收換。符於貨幣改善之旨。孰弊。孰利昭然若揭。毋俟煩言而自釋矣。

雖然。有不可不注意者。貨幣有自然之磨耗。與人爲磨滅。不可一概論也。自然磨耗。勢所難免。不可不有以救濟之。則雖以面値收換。尙無不可。人爲磨滅。乃出於私人之妄作與牟利。不可不有以防遏之。而實値收換之法尙已。二法各有其用。不可偏廢也。

劉冠英

第七項　貨幣之法則

貨幣中有一種自然法。則曰格列森原則 Gresham s Law 者。與貨幣流行。至關重要。本位制度之利弊猶多。藉此以說明之者。故於研究本位之先，述此法則。此法則雖非制度。以其相關之切。亦於制度中旁及之。

格里森原則者。惡弊驅逐良幣之說也。詳言之。卽實值相差之二種，或二種以上之貨幣。流通於同一市場。則良幣必爲惡幣所驅逐。其要件有四。

第一，在同一市場，內有二種以上之貨幣並行。

第二，此種貨幣　各異其實值。

第三，此種貨幣　皆有無限法償之資格。

第四，此種貨幣　皆許自由鑄造。

四者俱備。始見此法則之作用。何以知其然也。設有兩種貨幣。於此其法定價格均爲十。而良者之實值爲十。惡者之實值爲五。則人性好善好惡。支付時必悉以值五者與之。留其良者。牟利者或將輸出國外。以遂其私鎔毀之事　在所不免。且人之趨利。不學而能。苟有利可圖。疇不倣傚 於是良幣日少。惡幣日多。勢所必然也。

此原則實見之時。又有三事。

其一，由故意或自然之結果。以至主幣中各異其質量之時。例如彌補國帑之空虛。改鑄金銀幣之時。與其幣流於最輕分量之下。而猶任其流通之時。又因鑄法不善。至質量不等。而亦任其流通之時。皆此原則實現之期也。

其二，采複本位制而兩種主幣之法定比價與市價相差之時。例如複本位制之國，以法律定金銀比價 爲金一銀十五。至市價爲金一銀三十之時。則金貴銀賤。金爲良幣。銀爲惡幣。趨利者 將燬金幣而售之。以牟利。市面流通徒見有銀幣耳。

其三 由濫發不換紙幣之結果。至使正幣紙幣間價格顯差之時，，我國中交兩行。京鈔停止兌現後。現幣流通之額。頓覺銳減。亦此原則之作用也。

第八項 貨幣之本位

近世國家。無不主以金銀爲幣材。銅鎳之用。雖未能免。要不過充輔幣耳。國家幣制。本其經濟程度之高下。以一種或二種物幣。與以無限法償 Unlimited Legal Tender 之資

劉冠英

格者。稱曰本位制度。Standrard of Money 稱其貨幣曰。本位貨幣。Standard Money 或曰主幣。本位制度。約有五種。

一，複本位制Double Standar

二，單本位制Single Standard

三，跛行本位制Limping Standard

四，金匯兌本位制Gold Exchange Standard

五，萬國複本位制International dimetallsm

第一，複本位制。是制有金銀兩種主幣。故又稱兩本位制。金銀兩種貨幣間。有法定比價。並有無限法償之資格。與製造之自由采用。是制之理由。約有三種。

第一，有補償作用。而得減少物價之變動。

第二，幣材之供給充裕。而得減少幣價之變動。

第三，對於銀本位國。便於用銀。對於金本位國。便於用金。免因匯兌價格之更動。而致貿易有盛衰。

所爲補償作用者。Compensatory Aetion 謂當銀價下落之時。金銀兩主幣間之法定比率。與市場比率。不相一致。則因格列森原則之作用。良金幣爲惡銀幣所驅逐。不得流通於市面。於是金塊增加。（金幣鎔爲金塊也）銀塊減少。（銀塊鑄爲銀幣也）究其極。則金價復落。銀塊之價又漲。互爲消長。使法定比率。與市場比率趨於一致。而物價不致動搖。雖然金銀之用途各殊。（謂其貨幣以外之用途各殊也）而有廣狹之別。所爲金幣不足。銀幣可直起而代之者。未足爲據。且一國金銀之量。比之世界現存及產出之數常相千萬。卽使一國金幣。鎔爲金塊。一國銀幣，頓增需要。世界之金銀行市。未必顯見高低。卽或少有影響。亦不能如說者所言之如響是應也。若夫爲幣材者。貴具八德。而不以產額豐裕爲要件。本位制度。所以定物價之標準。更無取乎幣材種類之繁多且此制行用。往往變爲跛行之勢。實際流行僅爲一種。則所爲國際支付分納金銀者。亦空文耳。

第二、單本位制　一國主幣，僅由一種金屬鑄造而成。故曰單本位。以幣材不同。復多類別。舉其要者。則有四種。

劉冠英

其一，金單本位制Gold Monometallism

其二，銀單本位制Silver Monomeraliism

其三，銅單本位制Copper Monometallsim

其四，鐵單本位制Iron Monometallism

銅鐵用爲本位　昔嘗有之。今已絕跡。現今各國所用之單本位制。非金則銀。尤以金單本位爲最焉。

金單本位者。以黃金爲唯一之主幣也。有無限法償之資格。與鑄造之自由，其下雖亦以銀銅等質爲小幣。以便小額授受。要皆爲輔幣耳。銀本位制　則以銀爲唯一主幣，其有法償資格　與鑄造自由。亦與金單本位制無殊　其下亦有多種小幣輔之。茲二制者　孰爲最優。須由左列三事。觀察之。

第一、金銀二者　孰適於一國經濟程度。

第二，金銀二者。其價格之變動孰較少

第三．金銀二者　孰適於國際間之貿易。

蓋一國本位之決定　當以其國經濟程度爲標準、程度幼稚者。以用賤金屬爲宜。程度高者　則匪貴金屬無以便交易。又貨幣之用。所以爲價値之尺度也。故以價格變動較少者爲宜。抑金銀用貴。二者皆不免。因需供伸縮而影響及於價格　故不能藉此以判優劣。祇以國際貿易　亦需貨幣。選擇本位　不可不顧及國際間授受之便適。換言之。即本位金屬。不可不與經濟上關係深切之國相同也。要之貨幣者。不僅流通國內。且介國際交易本位之選擇，宜內際國情。外應大勢。以期彼此交便。爲庶幾耳

第三，跛本位制　一國幣制。以金銀二種爲主幣。而不許銀主幣以自由鑄造者　曰跛本位制。因其金銀二幣，並爲主幣。皆有無限法價之資格。故與金單本位制不同　又因銀主幣不許自由鑄造　故與複本位制亦異。是制有由複本位蛻化而成者。亦有爲金銀兩種單本位之過渡者。其由複本位蛻化者。則因金銀比價。難於維持　格列森原則之作用。又難避免　於是因銀價下落之故。禁其自由鑄造。以保金幣流通之額。則以濟複本位之窮也。其爲金銀兩種單本位之過渡者。則銀單本位之國。因銀價暴落　物價動搖。亟欲改用金單本位者。而市面流通之銀幣，一時無去銷納　乃不得已金銀並用

劉冠英

俾銀幣日漸少。金幣日漸增。以成金單本位之局勢耳。故跛本位者。實爲暫時制度無永久存在之旨趣。然亦未嘗無特善之處。略舉之則有四端。

第一，由用銀改爲用金之時。銀幣之處分不急。可免銀價暴落。國庫可減少損失。

第二，金銀並爲主幣。則金之需要減。銀之需要增。物價變動。可以少緩。

第三，本位銀幣。得以實價以上之價格。使用之。有節約資金之效力。

第四，本位銀幣。因禁止自由鑄造之故。雖銀價暴落。亦不至有格里森原則之作用。

舉其弊害。亦有二事。

第一，國家鑄造銀主幣之時。可以獲利。則當財政竭蹶之會。難免無濫發之虞。

第二，鑄發銀主幣。而有利可圖。則民間私鑄。在所不免。

要之跛行本位制度。乃一時權宜之計，究其弊害。餘於其利。固無永久存在之理也

第四，金匯兌本位制　是制雖以金爲價值之標準。而不鑄造金幣。對於國際匯兌。維持其虛金本位而已。其初興也。以用銀國不能利用其銀單本位之制。而又無力以改金本位

。則廢止銀主幣之自由鑄造。定金銀之法定比率。而提高銀幣之法價。使流通於國內。列國中有於經濟上與有深切之關係者。則貯金於其國。以爲國際匯兌之用。采是制者。爲貧弱之國。始創於印度。仿用者則有菲律濱，巴拿馬，墨西哥諸國。光緒二十九年。美人精琪 Jenks 嘗建議我國。采用此制。顧實行之時。殊多困難 須審度國情用之。玆略舉其利弊如次。

甲，金匯兌本位之利

一，不需巨資鑄造金幣。而有金單本位制同一之效果。

二，內國市場。仍用銀幣。故無廢止銀主幣之事。而於用金國之匯兌。又可免變動之虞。

乙，金匯兌本位之弊

一，金銀比價。難於維持。

二，海外基金。易致恐慌。

要之金匯兌之制。雖不能有利而無弊。而後進之國。欲改用金本位而財力不足者。未始不可酌量國情采用之也。

第五，萬國複本位制　此乃學者理想上之本位制度也。欲以條約之力。定金銀比價。互相遵用。立論之據。約爲二事。

其一，用是制　則補償作用　可以實見。

其二，用是制。則國際貿易。日見隆盛。

本此二事。以贊成是制者。頗不乏人。嘗有萬國貨幣會議之組織。提議三次。而終未就緒。倘爲一種理想上之本位制度。蓋各國利害。不相一致，法定比率。不易約定。幣制之從新改革。與條約之滿期。皆與制度之根本。及各國利害有重要關係。因循至今。迄未解決。歐戰發生後。各國增發銀輔幣之額甚巨。將來此項銀幣。一時難以處置。說者謂銀之用途。或日卽於廣　萬國複本位之制。或將提議實行。然茲事體大。各國利害　不相一致。恐非倉猝之間。所可實現也。

綜上所述觀之。本位貨幣。原始於銅鐵等賤金屬。而漸移於金銀等貴金屬。現今各國有取二種而兼用之者。（複本位）有僅用銀者。（銀單本位）要之自千八百七十年以來。由金銀比價之激變。已次第追縱英國改用金幣。（金單本位）其國內狀況。未能直用金單本位制者。亦權用跛行本位制。以金匯兌本位行之。而其計畫固。以金單本位制於歸者也。

第九項　中國之制度

我國泉幣。向無定制。銀銅並用。輕重懸殊。歷代因革。名目繁多。迨夫晚近。制猶未定。清末頒幣制則例十一條。附則十三條。徒有虛文。百未能舉。民國而後。政府當軸。知幣制之亟改革也。設專局以掌理之。考其成效。則亦僅成國幣條例十三條。施行細則十一條而已。其爲具文。與前清之則例等耳。但此條例。尚爲現行法令。欲言制度。舍此莫由。茲畧述於次。

第一，本位，條例第二條曰『以庫平純銀六錢四分八釐爲價格之單位。定名曰元。』銀單本位制也。方今世界幣制。趨向用金。我獨用銀。即爲孤立。貿易往來。至多不便。惟改用金幣。需費甚鉅。限於財力。難期舉行。以銀爲本位。至屬不得已之舉。將來國力少裕。仍當審察世界趨勢。采用同一之本位。若猶故步自封。不求改革。則

劉冠英

弊之及於國計民生者非淺鮮也。

第二，單位　第二條所稱庫平純銀六錢四分八厘　爲價格之單位者。卽規定單位之分量者也。單位之輕重大小。關係於生活程度及携運者甚鉅。世界貨幣單位之最大者。英印度若。而我猶過之。其爲過重。久爲中外學者。所評議。顧爲處置及利用舊有銀元起見。不得不少事牽就。然若再改爲金本位時。此項銀幣應卽廢棄。不當因舊改爲輔幣。金單位之輕重。尤宜審察國情。及生活程度而定之。盲從歐制未爲當也。

第三，輔幣　條例第三條。規定國幣之種類。計銀幣四種。一日圓。曰半圓。曰二角曰一角。鎳幣一種。曰五分。銅幣五種。曰二分。曰一分。曰五厘。曰二厘。曰一厘

此數種者。舍一圓爲主幣外。餘皆爲輔幣。輔幣授受之限額。則規定於第六條。中圓每次限二十圓。二角一角之幣限五圓。鎳幣銅幣。限一圓。但租稅之收受。及國家銀行之兌換。則無此限制耳

第四，公差　公差之數，規定於條例第八第九兩條。每枚公差法　與定量公差法　每枚公差不得逾千分之三。千枚合計之公差。不得逾萬分之三。此皆分量之公差也　成色

公差、則限千分之三以內。

第五，鑄造 鑄幣之權，屬於政府。此第一條所規定也。第十二條之規定 則采用自由鑄造制 凡以生銀託政府代鑄一元銀幣者 政府須應允之。但必限於一元銀幣 所以示輔幣之鑄發。全由政府主之 人民於輔幣無自由請鑄之權 其但書云 每枚收鑄費庫平六厘。則其非爲免費鑄造Gratuitous Coinage 明矣。

第六，改鑄 條例第十條，規定用面值收換法，其文曰，『一元銀幣，如因行用磨損致法定重量減少百分之一者，五角以下銀鎳銅幣，因行用而磨損減少百分之五者，得照數向政府兌換新幣，』照數向政府兌換新幣云者，乃按枚相換，不計純值之謂也，所當注意者，則其輕減必係因行用而磨損，苟出於故意毀損者，則第十一條規定，不得強人收受，其不得持向政府兌換新幣，又不待言矣，

第七節 貨幣之價值

貨幣者 所以介交易也。其用在與財物爲易。故其價值。亦卽於交易中見之。與物爲易之能力。稱曰貨幣購買力。purchasing power of Money 以言購買力。卽爲其交易價值。

劉冠英

言交易又爲其使用價值、究其實質，則貨幣之使用價值。卽爲其交易價值。又幣既爲物價之尺度。則凡物之價。皆以幣言。在貨幣則不復與他物相爲標價。故貨幣有價值。而無價格。

貨幣價值。視其購買力之有無大小而定，所以購買力者。以其爲幣也。不爲幣卽無是能力。因知幣值與其地金之值又爲二事。抑貨幣不能離地金而自存。則地金價值之於幣值亦不能無影響焉。是以幣值高下之原因。約有二事。

第一，地金價值之高低

第二，貨幣需供之大小

金屬之用。不僅爲貨幣。其爲造幣外一切工藝與貯藏之用者。爲途尙多。向使需供變動。其價值卽不能無所變易。地金值變。則用自由鑄造之制者。因地金貴賤之故。幣值亦隨之高下。其不用自由鑄造之制者。則市場需幣。恒有定量。向使需幣之額增　則其值亦增　供給之額增。則其值卽減。方今世界各種貨幣。有爲自由鑄造者。有非自由鑄造者。故幣值之變動。既隨地金之價值爲高低。復以幣額需供之伸縮而漲落、不換紙幣。全無地金價值之大小。惟視需供之增減而定矣。
貨幣需供之伸縮。原因非一。茲分別舉之。
第一，貨幣需要額增減之原因
一，人口之多少　人口增加。則需幣多。人口減少者反是。
二，國土之廣狹　國土增益。則需幣多。國土狹隘者因是，
三，交通之便宜　交通發達。則貨幣之周轉速。而需要少。交通阻塞者反是。
四，金融之通澀　金融靈敏。則貨幣之周轉便。而需要少。金融滯澁者反是。
五，交易之繁簡　交易頻繁。則需幣多。交易簡少者反是。
六，信用之盛衰　紙幣，票據。悉爲信用之要具。信用愈發達。則帳項之轉結愈易。而需幣自少。信用衰退者反是。
第二，貨幣供給額增減之原因
一，金銀之需供　金銀爲造幣原料。其產額愈豐。則幣之供給亦多。否則供給少。又其爲幣材以外之用途愈廣。則幣之供給少。否則供給多。

二，金銀之出入　金銀輸出之增減。與一國貨幣之供給。大有關係。而輸出入增減之原因　又在本國秩序之安否，貿易之順逆國際借貸之多少。與夫外資投入之多少。外人於內地消費之大小而已。金銀流入。則供給愈多。否則供給少。

三，造幣之多寡　政府鑄發貨幣　當以足用爲度　失之過多與過少。皆足以影響其價値。

四，窖藏之多少　窖藏不用　則流通之額減少矣。

上述諸種原因。皆貨幣需供之所由增減，亦其交易價値所由變動。交易價値變。則物價有升降矣。所謂物價升降者。非指特定之財物而言。乃一般物價之平均額也。貨幣之增減。亦即以此平均額表見之。是以貨幣價値不僅依自身之量以定之　當依一國財物之量與有關係。爲是說者。稱曰貨幣數量說。Quantity Thiory of money 玆畧述之。

貨幣數量說者。以貨幣價値與其數量爲反比例之說也。即以幣量與財物之量。同爲決定幣値之要件，詳言之。則幣値比例於數量之增加而下落。下落則物價貴。又比例於數量之減少。而騰貴。騰貴則物價落。主是說者。有二要件。

其一，貨幣之數量。與幣値爲反比例。

其二，貨幣之數量。與物價爲正比例。

欲求此二要件以堅其說。規又須以下列諸前提爲要件。

其一，茲所謂貨幣之數量。非絕對之數量。乃貨幣需供之比例。

其二，茲所謂貨幣之地金。毫無價値之變動。

其三，貨幣之數量。與其價値，常爲反比例。

其四，財物之數量。不因貨幣之數量增減而增減。

是說倡自洛克，John Locke 約翰勞，John loaw 孟德斯鳩Montesquieu 諸輩。祇明一部眞理。而掛漏之處甚多。晚近有美國學者費道Irving Fisher 倡新貨幣數量說。較舊說爲進。述之於次。

新數量說之所謂貨幣與財物二者。與舊說之所謂、皆不相侔。舊說所謂貨幣係指純粹之貨幣而言。新說則不僅限於純粹貨幣。且非純粹貨幣之全部。其所謂貨幣。蓋指下列二事而言。

第一，貨幣中供交易之用者。

第二，爲貨幣代表之信用。

故其所謂貨幣有通幣之意　合正幣紙幣而言之。然左列各項。則不與焉

第一，供支付之用者。

第二，供貸借之用者。

第三，供貯藏之用者。

第四，散失及毀損者。

通幣中除去前列四項。即新說之所謂貨幣。凡介交易之弊。及代用之證劵票據。與活期存欵。（費斯克稱曰『存欵通幣』 Dehosit Curreney 等皆屬之。蓋猶托西克 Taussig所謂『言幣値之一切購買力』者是也。幣量之影響於物價也。視下列三事而定

一，貨幣中供交易之用者。其多寡如何。

二，信用物代貨幣之用者。其大小如何。

三，貨幣及代用物。其流通之速度如何。

復次其所謂財物。非僅限於純粹之財物。且非純粹財物之全部。及指下列二事而言。

第一，財物中供交易之用者。

第二，爲財物代表之信用。

故其所謂財物。有流通財之意。統一切商貨而言之。所謂爲財物代表之信用者。則商品券，商品，票單，倉庫證券，提貨單之類皆是也。物量之影響於物價也。視下列三事而定。

第一，財物中供交易之用者。其多少如何。

第二，信用物代財物之用者。其大小如何。

貨幣價值。既以種種原因。不能無所變動。而漲落之間。物價卽相爲起伏。影響於一般社會者綦大。茲舉其要。

第一，幣值下落之影響：

一，物價騰貴。

二，定額收入者之生計日困

三，產業勃興。

四，輕減債務者之負担。

五，輸出增加輸入減少。

第二，幣值騰貴之影響。

一，物價下落。

二，定額收入者之生計日裕。

三，產業衰退，

四，增加債務者之負擔。

五，輸出減少輸入增加。

第五章　紙幣

第一節　紙幣之意義

夫貨幣之作所以便交易也。顧以文明日進。交易日繁。交易之額日鉅。雖以金銀爲幣。仍不勝搬運檢點之煩。於是貨幣之額。以紙幣代之。用證劵之形式。藉信用以流通。千金之值可貯於片紙。而其用又與千金之貨幣無異。若此者稱爲紙幣。paper Money 紙幣與貨幣並行不悖。學者常稱貨幣爲硬幣。Haid Money 紙幣爲軟幣。Soft Money 焉。

我國古代之鈔亦紙幣也。法以楮代錢。盛行於元明清，相繼用之。蓋本周官質劑之意。漢文帝時。爲皮幣。直四十萬。王侯宗室於朝覲聘享時用之。唐有飛錢。宋有便錢，及交子，會子，關子，元有交鈔，釐鈔，明有寶鈔皆楮幣也。清末鈔類尤多。公私並發。民國以來。政用不足。濫發彌甚。且有不兌現者矣。

第二節 紙幣之種類

紙幣之用。雖以代貨幣。而其性質不一。故類別亦殊。有可與主幣相易者。有不可相易者。不可相易者。曰不換紙幣 Irredeemable ro inconvurtible paper money 可相易者。則曰兌換紙幣。Redeemable or Convertible paper money 不換紙幣，即不兌現之紙幣也。如我國從前中交兩行停兌之京鈔。及東三省之官帖第是。兌換紙幣。則持此者得隨時向發行機關或其代理所兌換現金也。其中有由政府發行者。有爲銀行發行者。政府發行者曰、政府紙幣。Government Notes 銀行發行者、曰銀行紙幣。Rank Ntes 京縷 Kinley 分紙幣為三種、除兌換與不兌換二種外。更有所謂代表紙幣 Representatlive paper money 代表紙幣者、政府或銀行儲有定額貨幣或金銀塊、發行相當紙幣以便流通者也。美國現行之金券，Gold Certficates 銀券 Silver Certificates 屬之。塞列曼 Seligman 亦分紙幣為三種。曰信用幣，Credit money 曰命令幣，Fiat money 曰代表幣，Representative mony 所謂代表幣者。亦以美國金銀券為例。但此項金銀證券 雖與兌換紙幣異其形式。。性質上並無區別。固無獨自標名之必要也。

第三節　紙幣之效用

紙幣之用。在代表貨幣以資流通。第一節中已言及之，然細為分析、其用猶不止此。列舉之可得三種。

其一，能省昂價金銀、而免磨滅之損失。

其二，能使交易敏活、而得貯藏之便利。

其三，能省造幣費用，而利貧國之流通。

凡爲紙幣，皆有此用。但各種紙幣，性質各殊，其效用自又有不同者，後當分別言之。

第四節　不換紙幣

不換紙幣亦名不換券。乃由國家賦以一定價格，强制通用。非若銀行鈔票，兌換紙幣，之必須兌現也。其性質亦非一類。有在發行之初，卽命爲不換紙幣者。如美國之綠背紙幣 Greenback 是。亦有原爲銀行兌換券。以事變而爲不換紙幣者，如我國五年五月停兌之中交鈔票是也。

發行不換紙幣，所影響於經濟者甚鉅，舉要言之，則利害之上，各有二事。

第一，不換紙幣之利

一，經濟上之利，節省金銀，便於使用，是爲經濟上之利。此在兌換紙幣亦有之。不獨不換紙幣爲然也。

二，財政上之利。國家多事。財政竭蹶之時，募集公債，非惟不易成功，且必附以重息。以增國庫擔負。發行種紙幣。則既不兌現。又無利息。集資以濟一時急需。迨

劉冠英

財政充裕。徐圖收銷。發行之者。固常以此爲歸也。

第二，不換紙幣之害

一，易致濫發，既不兌現。又無利息。論其性質。擬諸無利息無期間之强制公債 是斂財之法 莫有便於此者。政府當國庫空虛之時。輒欲取資于此。而濫發之弊。所不免矣。

二，乏伸縮力。當銀金幣溢額時。溢出之數。非流出外國。卽破毀於國內。兌換劵溢額時。可自回歸於發行之處。不換紙幣。則不然。一有浮餘 卽滯國內。而價格有跌落之虞。溢額愈多。跌價愈甚。格列森法則運行乎其間。現幣價高。絕跡市面。其結果則金銀外溢。利息增高。物價騰貴。生計艱難。輸入增加。投機流行 交易停滯。金融紊亂。一國信用埽地。以近徵之我國。固已昭然若揭矣，

夫不換紙幣之發行。乃在財政竭蹶之時。急不暇擇。動滋流弊。於是設爲防弊之法有二。

其一，紙幣價格平準法 發行不換紙幣之時。當注意其價格之低昂。紙幣與正幣間。

一有差異立卽停發。使價格平準而後已。

其二，外國匯兌平準法　外國匯兌。如處於逆勢。則紙幣價落。不出國門。而正幣外溢。乃源源不絕　救濟之法。仍爲立卽停發。使匯價平準而後已。

不換紙幣之發行。乃在救濟一時急需。事過境遷。仍當收回。以全信用。收銷之法畧有二種。

其一，募債收銷法。發行公債。亦非無弊。然兩害相權。取其輕者。誠莫若以一定公債。交指定銀行。卽以募集之金。收消此項紙幣。且公債能供擔保。銀行可以發行鈔票。不啻以兌換券易回。不換券。悉數掃除。雖非易事。然比之任其流行。坐視不理者固有間矣。

其二，兌換收消法。兌現爲直接了當之法　如欵已籌足。卽當完全兌現。力尚未充。亦可行限制兌現。補偏救傾。惟力是視　執政者所不可忽也。

第五節　兌現紙幣

兌換券雖爲交易媒介。而非最終之支付要具。故僅得爲貨幣之代用物。而不爲貨幣。具

劉冠英

有伸縮之能力。應需要之多寡。以爲增減。非不換紙幣所可幾及。便於攜帶。能節省金屬。則又較現幣爲優。發行者果能恪守信用。使發行額與市面需要相適應。則所利於經濟社會者。非淺鮮也。

發行兌換劵之法不一。大別之爲二種

其一，自由法行法　許一般自由發行兌換劵之法也。主此法者。曰兌換劵。爲一種信用證劵。無信用者。雖欲發行。必無受者。且憑票兌現。責有攸歸。卽有增發。亦必顧及信用。毋使至濫。審是則自由發行　自爲至當而無他虞也。

其二，限制發行法　此以特定機關爲限。而許以發行兌換劵之法也。主此法者。曰兌換劵之於社會。周轉既廣。流行亦久。設有贋造。則魚目混珠。流通之力失。而信用掃地以盡矣，發行過濫。且慮跌價跌價。將牽運物價。擾亂經濟。故不可不有限制之也。

現今各國多用限制發行法。就其發行之機關言之。又分兩種。

其一，政府發行法　政府自爲發行之機關也。

其二，銀行發行法　政府自任監督。而以發行事務　委之特定銀行者也。

兩法相較。學者中多主第二法。其理由列舉如次。

第一，由政府發行、則兌換劵之多寡。常不能與市面之需要相濟

第二，由政府發行。則政府爲其自身利害計。往往置國民經濟於不顧。

第三．由政府發行。官吏或不習於市情。準備事務、難期敏活。

因此之故。現今各國多半採用銀行發行法　顧銀行發行法中。又有下列區別。

其一，多數銀行發行法　此國民銀行制也。

其二，單一銀行發行法　此中央銀行制也。

二法相較。以第二法爲優。列舉其理由如次。

第一，由單一銀行發行。則兌換劵之伸縮與利息之高低可以統一。

第二，由單一銀行發行。則責任專而注意周。

第三，由單一銀行發行。則政府之監督易。而發行者無專横之弊。

因此之故。現今各國除英，德，及瑞士，諸國少有例外。與美國墨西哥，等尚墨守多數

銀行發行之法外　未有不用單一銀行發行法者也。

兌換券之性質。既在隨時兌取現金，其行用之也。亦以能兌現金爲據則。發行之時。不可不備現金以爲兌換之用。此所以有兌換準備之說也。準備之法則，有兩義。

第六節　兌換之準備

其一．放任主義

其二，干涉主義

準備額不由法定，一任發行機關自主之者。是曰放任主義。以法律定其準備額。而不能自爲減縮者。是曰干涉主義。學者中以主干涉者爲多。誠以兌換券爲貨幣代表　與正幣有同一價值　而自身無價值可言。不有強固信用以維持之　鮮有不爲流通之阻者　使國家避干涉之名。采用放任說，則不惟發行之際，人得薄其準備　又且易於濫發。信用不足　授受者惑之。破綻既露　即難應付。而遂爲停兌。金融由之以亂，國信掃地以盡。危莫甚焉。孰若預定法律。防患未然。使備有相當金額　而後發行相當鈔券。庶可減輕其流弊耳。

抑所準備者。將限於現金耶。抑或不止於此耶。各國通例。則準備物必限於二事。

第一，現金準備Specie reserve

第二，保證準備Security resrve ordocumentary resrve

現金準備者。由金銀貨幣或生銀而成之準備也。準備中所以必需現金者。以憑票付現。爲發行人之義務。持券請兌。亦爲事實所當有。不有現金。何以應付。卽使兌取者少。亦必備此以固信用。信用固而來兌者益少矣。顧此準備。亦有多寡之差。準備之額與票額等。則曰全部準備法。亦稱十成準備。往者德意志荷蘭諸國嘗用之。中國銀行之準備。亦稱十成。夫全部準備。其法固甚安全。但貯藏巨額之金。無裨於運用。所利者僅在免除硬幣之笨重與磨耗。而印發鈔券。所費不貲。孰肯爲此。自罹損失。而鈔券之便利難普及於社會矣。是以各國制度。概以現金爲一部準備。餘以有價證券充之。以有價證券爲準備者。卽保證準備法也。蓋所準備者。非能直接兌換。惟以爲保證。明其有兌換資力耳。有價證券。各國異制。最普通者。則有四種。一曰公債票。及其他政府證券。二曰確實之外國公債證書。三曰確實之公司債券。與股票。四曰短期之商業票據。此數種者價格變動較少。用為準備。則當緊急時。可以隨時售出。以資兌換　其在平時可藉以獲息。又可藉此廣發鈔券、以供放款貼現之用　較之死藏現款。徒增繁費者不可同日語。惟當金融緊急之時，驟欲售出。難免無跌價之虞。究不若現金為安全。故以保證準備而發行兌換卷者。宜節制其發行額　以免受兌現壓迫為適度耳。

要之兌換準備。以保證為例外。而以現金為原則。現金多寡　足以影響於流通之信用與人心之安危。向使現金減少。達於一定限度。則市面動搖。人有戒心。此限度者　稱曰恐慌點 Panic Point 不可不慎也。

第七節　準備之制度

準備之法。約有五種　述之如次。

一，一部準備法 Partial Deposit meth d

二，比例準備法 Prohor ional Reserve methol

三，最高發行法 Maximum Issue method

四，證券存押法 Bond Deposit method

五，伸縮限制法 Elastic Limit method

第一，一部準備法　一部準備法者。保證準備之發行。其最高額以法律定之者也　逾乎此額　則必以現金爲準備。若是者，利在穩固準備之基礎。以杜紙幣之濫發。唯値恐慌之際　現金不敷流通　則無救濟之道　又不得不少加變通。而是制之精神全失矣。此法英吉利嘗用之。

第二，比例準備法　比例準備法者　兌換券發行額。與現金準備之間。有法定之比例者也。此法雖似單簡實多不便蓋金融市場變化萬端貴在因應得宜使無意外之患非可恃一定之比例遂爲萬全之法也。今假定比例準備爲三分之一。則有現金一千萬者。可發紙幣三千萬。設此時金融疏緩，則固無困難可言。萬一金融逼迫。通幣不足。則以現金準備之限制。不能爲額外之發行。而市面恐慌。乃無濟急之法。且在國際之間。往來動需現欵。現金之流出愈多。斯現金之準備愈減。而金融乃愈緊矣　故比例準備猶非善法也。此法起於法蘭西，比利時，荷蘭，瑞士，西班牙諸國採用之

第三，最高發行法　最高發行法。僅以法律定其發行之最高額　而於兌換準備。則一無

限制者也。制度既甚單簡。又無濫發之弊。但其所定最高之額。究以若干爲適度。失之過高。則與無限制者等。失之過低。則遇有金融上之恐慌。仍必廣增其額。抑何取乎。此最高之限度。且於準備之種類，數目，漫無制限。則銀行爲牟利起見。難有確實之準備。弊之所極。不可勝言。此法起於英吉利法蘭西採用之。

第四，證劵存押法　證劵存押法者。以公債繳存政府。政府按其額以定發行之數。將來如有不能兌現之時。即由政府售此公債以兌之者也。利在準備確實。且爲公債廣開銷路。其弊則兌換準備。僅有保證物品。而無確實現金一也。恐慌起。公債無由銷路。政府亦難得兌換之資金。二也。公債騰貴過於額面之價。則於銀行不利。此法仍不能行三也。世界各國用此法者。惟美國而已。

第五，伸縮限制法　伸縮限制法者。保證準備之發行。其最高額以法律定之。逾乎此額則必以現金爲準備。惟値必不得已之時。則可納稅政府。而爲額外之發行。此其所以異於一部準備法也。其利在杜紙幣之濫發。而於金融緊急之時。仍有伸縮之餘地。且以納稅爲限制。則銀行於市面緩和之時。必不肯漫然多發，以重其負擔也。此法德意志，澳大利，匈牙利，及日本均用之。

第八節　中國之制度

我國幣制紊亂。不僅硬幣爲然。紙幣之種類與行用。其紊亂情況尤有過於硬幣者。發行機關。漫無限制。不僅官立銀行號。有發行紙幣之權。凡私立者。莫不任其發行。鼎革而後。又有軍用票。不換紙幣之濫發。外國銀行。亦各發行紙幣。流行於我國內。紙幣金額。有以銀元銀角定之者。有以銀兩銅元及制錢定之者。發行之數既多。錯雜之狀彌甚。前清度支部嘗訂有通用銀錢章程。凡設之官商銀錢行號。概不准發行紙幣。業經發行者。限期收回。乃徒有虛文。未見實效。民國後亦擬有辦法以單一發行之制爲歸。而權定限制之法。訂爲鈔票限制法案。有無成效。尚難企望。恐亦徒爲具文耳。茲舉其議法之大要如次。

一，凡官商銀錢行號發行鈔票，除中國銀行。另定兌換劵條例外。均須依照鈔票限制法辦理。凡印刷或繕寫之紙票。數目成整。不載支取人名。及支付時期。憑票兌換銀兩，銀元，銅元，制錢者。本法概認爲鈔票。

劉冠英

二，本法施行後。凡新設之銀錢行號 或現已設立尚未發行鈔票者。皆不得發行。

三，本法施行以前。業經設立之銀錢行號。發行鈔票者。其發行之數。應以本法公布日前 三個月之平均流通數爲限。不得增發 並由財政部酌定期限。分飭陸續收回。但有特別條例。並其發行鈔票。及規定營業年限者。限滿時應即全數收回。

四，各銀錢行號。遵照本法第三條發行之。鈔票至少須有五成現欵準備兌現。其餘五成。更以公債票及確實之商業證券，或其財產，作爲保證準備。其有特別情形、暫時未能依照前項規定者 須呈部核辦。

五，各銀錢行號。遵照本法第三條發行之鈔票。應照截止發行額。及票面定價。按年納發行稅百分之二半。每年分兩期。於陽曆六月十二月交納。

六，各銀錢行號。遵照本法第三條。發行之鈔票。自本法公布之後。遇有更換新票時。須先呈部核准。再向部轄印刷局定印。其有特別情形。不得不暫向他處定印者、須呈部核准，

七，各銀錢行號。遵照本法第六條。發行之新票。須呈由銀行監理官或由部指定之官

署蓋印。其收回舊票。應卽繳由該監理官或官署核數銷毀。

八、發行鈔票之銀錢行號。應每月製成發行數目報告表。現欵及保證準備報告表。報部。或稟由核管官廳轉報到部。

九、發行鈔票之銀錢行號。由部隨時派員或委託他機關。檢查其發行之數目。準備之現欵　及保證品。以及有關係之各種帳册單據。

第七章　信用

第一節　信用之意義

實物交易。與現金交易。其供給報酬均卽時告終。此爲交易之常道。亦有不盡然者　經濟進步。交易發達。而後其欲得或已得他人之貨物者。當時不必交價。但約以將來履行債務。售物之人。深信而不疑者　是曰信用交易。簡稱信用。Cedi　稱貸於人。歷時而還者亦信用也。

信用旣爲取財所資。則信用是否可爲資本。嘗爲學者所紛議。分爲兩派。一主資本說。一主非資本說。

劉冠英

第一　信用資本說　爲英國學者。馬珂樓Macleod及馬加洛克Moulloek所倡導。其說曰資本乃財富使用於生產之部分。財富爲貨物之有價值者。價目由交換而生。信用既可以易他物。其爲有價值無疑。有價值則可爲財富　得使用於生產。而爲資本。故信用亦資本也。

第二　信用非資本說。爲德奧學者。瓦格納爾Waguer及費里薄微茱Philippovieh等所主張，其語曰。資本中有個人資本　與社會資本之別。其無資本者。依信用借貸於人或恃其信用發行證券。不過依據借貸及證券之形式。以移轉其資本而已。自借主及發行證券之人觀之　似覺增加其資本。然自社會之全體觀之。則資本總額不因此而增加毫末也　故信用雖能增加個人資本。決無增益社會資額之能。信用非新增格本。不過善其既存資本之分配。而增大其效用而已。

右列兩說。各執一是。折衷論之。則有數義。

第一，信用非資本。而有增造資本之力。

第二，信用增造資本之力。非必爲常然，

第三，信用增造資本之力。非必於資本之效力見之。亦能增其分量焉。蓋信用者。借入之力也。利用之可得資本。而其力非資本。譬之腕力。可舉百鈞。而不得謂腕力爲百鈞。然謂信用僅能移轉其資本。亦不盡然。人之財富有爲資本者。有不爲資本者。借入已爲資本之財富。固爲資本之移轉。若所借入者爲未爲資本之財富。則不得謂非增加資本矣。

第二節　信用之種類

信用種類區別之如左

第一，由人格上區別之。分爲

一，公信用

二，私信用

債務人苟爲國家或其他公法人之時。則爲公信用。中央公債地方公債之類是。債務人苟爲私人或私法人之時。則爲私信用。普通之借貸公司之債劵等是。公債私債之信用。皆直接得之于銀行。而間接得之於公衆。一方信用之需要增。則他方信用之供給必減。公債之募集日多。卽私債之成立日難。私債多時其影響於公債者亦然。國家時平。宜以募債爲戒。俾留民間財力。以發達其事業。事業亦達。則應募之力必巨。遇有緩急。國家得其助力。不致羅掘俱窮耳。

第二，由性質上區別之。分爲

一，對物信用

二，對人信用

對於担保物而發生之信用。稱曰對物信用。對於債務者之之人格而發生信用。即爲對人信用。如抵押物品之借欵貼現與押匯等。皆屬對物信用。商業上票據之貼現。卽屬對人信用、對人信用。又因保證人之有無。分爲二種。曰保證信用。與無保證信用。對物信用亦分爲二。曰動產信用。與不動產信用。

第一，由用途上區別之。分爲

一，消費信用

二，生產信用

關於生計及其他享樂上之供用者。是爲消費信用。通常之質衣稱貸等屬之。關於生產營業上之利用者　則爲生產信用。其中又別爲二類。其用於置地及添設機械者。曰設備信用。用於日常周轉者　則曰營業信用。

第四，由期間上區別之。分爲

一，無期信用

二，有期信用

無履行債務之定期者。曰無期信用。反乎此者曰有期信用。有期信用中　又別爲二。還期較遠者　曰長期信用。近者曰短期信用。前者如農工銀行之放欵。後者如商業銀行之放欵。長期息高。短期息微。此其大較也。

第五，由報酬上區別之　分爲

一，無償信用

一，有償信用

不計利息而借貸或受授者。曰無償信用。兌換及無息公債之類屬之。反反乎此者。曰有

劉冠英

償信用。普通公債私債皆屬之。

第三節　信用之機關

信用乃彼此間之誠信。發生債權債務之關係者也。交易愈擴充。信用亦隨之而發達。然管其機者。必有體乃可運用靈通。無所阻隔。此機體者。稱信用機關。Organization of Credit 以組成之性質不同。大別為二類。

其一，信用給付機關

其二，信用媒介機關

信用給付機關者。出其資金以與人為融通者也。典質借貸之業者皆屬之。信用媒介機關者。取得一力之資金。以與他方通融而已。獨居於媒介地位者也。銀行業屬之，當夫經經濟幼稚之時　信用給付機關。實為金融之樞紐。時至今日。經濟發達。僅憑己力之給付。不能盡融通之能事。信用媒介之業。乃為社會金融中堅矣。媒介金融之業。稱曰金融機關。媒介之方法不同。則分機關為二種。曰普通機關。曰特殊機關。普通機關者。指商業銀行而言。復分為二種。

第一，中央銀行

第二，普通銀行

中央銀行有紙幣發行之權。立於普通銀行之上。爲一國金融之中樞。商業銀行中。除中央銀行外。餘皆普通銀行。特殊機關。則指特種之銀行與類似銀行業者而言也。復分爲下列數種。

一，不動產銀行

二，動產銀行

三，貯蓄銀行

四，信託公司

五，信用組合

第一，不動產銀行，一名農業銀行。放欵之法。以土地房屋等不動產爲抵押。按年償還。以圖農業上金融之便利者也。農業上之財產。多由不動產而成。較諸營商之利微。而資金之收回。又甚遲緩。故設此特種銀行以利之。

第二 動產銀行 一名工業銀行。放欵之法。以工業所有之財產爲抵押、或承受公司債額 以圖業上金融之便利者也。工業上之資本。原不如農業上之固定。比之商業則收回資金較爲遲緩。故工業放欵。爲商業銀行所不欲爲。不特開方便之門。則一國工業難期發達。此所以有動產銀行之設也。

第三，貯蓄銀石 此所以獎勵細民之貯蓄也。有公立者。有營利者。有非營利者、組織與性質俱無一定。要其旨趣。則在導小民以貯蓄耳。國家於此等機關。監督尤宜謹嚴。以免專趨於營利之途。

第四，信託公司 亦以媒介金融爲事業 受財產之委託。而爲投資以博利。又爲各公私募債售股及整理會計者也。晚近經濟發達。金融狀況。至爲繁複。苟非有專門智識與經驗。則運用資金難期獲利、募集資財。亦難成就。故不得不有媒介機關。以資挹注此信託公司之所由興也。

第五，信用組合 此爲業聯之一種。以合夥人共同之計算。並爲共同之貯蓄 以圖金融之便利者也。自治團體內。實爲農業上金融機關之樞紐。

我國各種之銀錢行號。皆爲信用之機關。就中屬於特殊機關者。亦有數種。列舉如次。

第一，儲蓄銀行　經營各種儲蓄存欵及儲蓄票。

第二，鹽業銀行　經營鹽業上一切存放各欵。

第三，邊業銀行　助政府以調劑邊省之金融。

第四，農工銀行　以融通資財。振興農工業爲宗旨。其以不動產爲抵押者。於五年或三年內分期攤還。大抵期長息低。

第五，勸業銀行　放欵於農林。墾牧。水利，鑛工廠。

第六，實業銀行　以輔助實業發達。及改良爲宗旨。放欵於種植，墾牧，水利，鑛產工廠，鐵路，鹽業等業

信用機關以銀行爲中堅。而銀行種類。復不一致。其業務之進行。自不能彼此相侔。一一述之。非專書不能盡其意。茲僅汰其異而取其同者。畧述於次。

一　存欵

二　放欵

三　貼現

四　匯兌

第一　存欵　存欵者。寄存於銀行之欵項也，可別爲六種

一　定期存欵　存入之時。約定取提期限。或三月或半年或一年以上。期前不得提取。銀行於此定期內。得安心運用。無庸早爲支付之準備。故利率常較他種存欵爲高。此項存欵。意在積儲或係恃息爲生，故存入之人。商界甚少。存入之方。則存欵人於始存時。交出圖章及簽字式樣。以備將來提欵時之核對。銀行卽填具定期存單。交給存戶收執。到期取欵。卽以爲憑。驗明無誤。卽將本利算清。一併付給。逾期概不給息。若到期仍擬續存。則換領新單可也

二　特別存欵　乃定期存欵之一種。利息特優。專爲銀行，銀號，錢莊存欵便利而設。存入時給以收據。轉期愈多。利率愈高。一切辦法與定期存欵無殊。

三　往來存欵　收支無定期。隨存隨取之欵也。其用最廣。既免收支之煩。與自藏之

險。且獲相當利息。初存時先塡往來存欵申明書。得銀行允許後。再結存欵往來契約。塡印鑑票。交銀行存儲後。取回往來存欵送金簿，支票，及往來存欵摺等項。取欵之時。即以支票行之。每月須將存欵簿送行記帳數次。其有信用堅固。曾結透支契約者。尤可透支。俟後淸償。頗稱便利。若將票據或支票存入經銀行兌得現欵後。亦可照辦理。是爲轉帳存欵。此項往來存欵提取之期無定。銀行當時時儲金。備爲支取。不能舉全數而運用之。故其利息常少。且有不付息者。

四　特別往來存欵　與往來存欵無甚差異。爲銀行吸收少額資本之法。支取全憑摺條。不得使用支票。並無透支之權。且其意在存儲。以蘄積少成多。定有每次最低存欵。不似上法紛繁。並可奬勵人民儲蓄。利息較高。初存之時。存戶塡具印鑒票等辦法。一與上述相同。銀行將所收數目記入特別往來存欵摺內。給以若干取條。提欵時繕具此條。連同存摺。一並送行查照付欵即已可矣。

五　通知存欵　存欵之法。與往來存欵。大致相同。其所異者。每次支取欵項。應先將通知支票交由銀行驗數蓋章。逾數日後。（在儲蓄銀行爲五日）憑支票付欵。惟其然也。銀行得安心運用。故其利率常較往來存款爲高。

六　暫時存款　乃一時之存款。利息與證書之付否。可隨意也。

由是以觀　存款之有利於存戶無論矣。銀行以低息借入他人之款。充流動資本。而高利放出。從中獲利焉。社會方面。金融流通。百業振興。貨幣亦從而節約。尤爲交相便利之事　故凡屬銀行無不經理存款。亦莫不認爲業務中之重要者也

第二　放款　放款者。銀行貸款於人之謂也　亦分爲五種。

一　抵押放款　銀行先與借主約定。還款期限。及利率。徵取擔保物品。而後貸出之。

二　保證借款　銀行對於借主。約定放款金額。與以隨時支取之權。借主對於銀行取具二人以上之保證。約定如有請求即時淸償

三　信用借款　無物担保。無人保證。惟憑借主信用。以貸與之。

四　往來存款透支　銀行與往來存款者。訂有特別合同。徵取擔保。使於存款額外。約定透支之額。得隨時以支票支取。且得隨時償還。

五　通知償還放欵　銀行與借主訂有一經請求。即應返還之合同。徵取有價證劵為担保。而利率較微。

統上所述。信用不如抵押。抵押不如保證。何則恃一人信用而放欵。危險自不待言。我國錢莊倒虧。大半坐此　即在抵押借欵。雖抵押當有物似較確實。而市價高低。銷售壅滯。亦足為將來之慮。況担保物品。種類繁多。不愼其選。卽不免受其影響。保證之法。則於借主信用之外。尚有保人連帶負責。借主亦可取重保人一言。不須以物作押　交稱便利。各國通行焉。

第三　貼現　貼現雖為放欵之一法。究與放欵之性質不同。貼現以可為貼現之物為標準。放欵則以信用，担保，保證，三者為標準。貼現之費。期前先收。放欵之息。到期始付。故貼現可謂為先期收息之放欵也。兩者相輔而行。不特於社會經濟大有裨益。且為銀行運用資金之助。蓋存欵一項。為資金構成之要件。考其性質。為不定期之債務。既可隨時淸還。卽應隨時照付。放欵則未必隨時可以收回。銀行於此。大費調度。貼現則可先收貼現費。較放欵之收息於後者沾潤既多。而貼現之物。尤可轉貼現於他銀行。以資濟急。欵不固定。期限短促。確實可信。實利多而害少也。其類有三。

一　期票貼現　凡以未到期之期票。向銀行貼現　銀行依其期日。除去貼現費　餘欵付以現金。到期則全數收回。

二　押欵貼現　由付貨人以受貨人所應付之貨價。作爲匯票。並將受貨人取貨之提單。作爲擔保。而先付貼現費。向銀行借欵者也。

三　棧單貼現　即貨物之所有者。以其存棧之貨。向貨棧掣取押欵棧單。附以借欵。持向銀行貼現而借欵者也。

第四　匯兌　匯兌者。兩地間或兩國間之債權債務。由銀行爲之淸算。免現金運交之煩難與危險。而從中取利者也。自其地區域別之。分爲

一　國內匯兌

二　國外匯兌

自其性質區別之。分爲

一　順匯

二 逆匯

自其方法區別之 分爲

一 直接匯兌

二 間接匯兌

國內匯兌、即匯兌地域、僅限於國內 多係兩地間直接行之 。其由他處轉匯者甚少。亦有順逆之別。凡經債務人。對於債權人，履行其債務所用者、謂之順匯。如用匯票之票匯、及不用匯票而用電報之電匯 皆屬之。票匯有收匯費者 亦有不收匯費者、電匯除照收電報費外、匯費亦有收受與否之分、逆匯乃債權人，對於債務人，先實行其債權所用之法、債權人出其由債務人付欵之票據、而讓授之於他銀行 銀行受之送諸債務人所在地之銀行。再由該行向債務人索取者。曰普通逆匯、此法乃距離甚遠、而債權人不能待其匯欵時用之。若如前項所述 付貨人以受貨人所應付之貨價作爲匯票。以貼現者爲之押匯、此國內匯兌之大概也、至於外國匯兌、則有直接間接之法、直接匯兌、亦分順逆 詳情與國內匯兌相同。茲從畧、間接匯兌者、兩國間不爲直

劉冠英

接滙兌。由第三國轉輾爲之。依其原因。得分二種。

一　經由匯兌　乃不得已時而爲之者。例如甲國欲對乙國爲支付。不能直接出具匯票，乃由丙國轉匯者是也。

二　截定匯兌　乃因匯兌時價不同。藉此間接以謀利益。由匯兌者視各地時價之高低。而截定以爲之也　於此有當注意者。本位不同之國。匯兌時各國概照法定平價爲計算之標準也。

以上所述各項。多就商業銀行立論。其他各種銀行。可以類推。此外如發行鈔票。代理國庫　則爲中央銀行之特權。而代理收欵。寄存品物。賣買有價證劵　及生金銀　兌換貨幣金銀。及證劵委託買賣等。則銀行之附屬業也。

第四節　信用之利害

信用之利有左五項。

一　能增加資本之分量。

二　能增加資本之效力。

三 能使交易敏捷。

四 可使節用貨幣。

五 改良社會風化。

第一 增加資本之分量 世有坐擁厚貲。而不能運用者。則窖藏其財。無裨於用。若此者擁資愈多。社會資金愈形缺乏。有人焉。恃其信用。取此窖藏之財。用諸生產之途。則社會資本之量因之增益。又若小民所入數微。而易致耗散。有信用機關。便於貯存。則集腋成裘。可資利用。而資本之量更增加矣。

第二 增加資本之效力。世有資財甚厚。而不知營運者。亦有長於營運。而苦無資財者。資本財能。不得其所。不能盡其效用。若信用發達。信用之機關完善。則資財豐厚者。不必自爲營運之事。委之專門之家。若此者資本家既無操刀割手之虞。事業家可免無米爲炊之難。兩者相濟。而資本之效力大增矣。各種銀行。及其他金融機關。皆能吸收資金。貸諸所乏。資本之用。終必歸於有力者之手。而效力自增。故曰信用者能增加資本之效力者也。

第三　能使交易敏捷　信用發達而後。一切交易。皆得以票據，支票，記帳，轉帳，等方法以爲之。而免現金授受之繁重。

第四　可使節用貨幣　信用發達。而後往來授受。既得以票據轉帳等方法爲之。則向之以現金交付者可減免。而貨幣之用。自可節減。關於鑄幣之費用。磨耗之損失。與輸送之運費等。皆可減省矣。

第五　改良社會風化　資本之分量與效力。既緣信用發達而增加。社會事業。亦必隨之以俱進。故信用者事業榮瘁之所由係也。信用愈著。其效愈增。社會尊崇信用之風亦愈盛　可以勵個人之品行。可以新全國之風尚。尤爲不可忽視者也。

信用之害亦有五項

一　有喚起恐慌之弊

二　有生產過剩之弊

三　有誘致投機之弊

四　有流於浪費之弊

劉冠英

五　有貧富懸隔之弊

第一　喚起恐慌之弊　信用發達、一切授受。既不必需現金。一切交易、亦即易於成交、彼此債務　屆決算期。而始圖清結。大小商業　彼此牽聯。而成局勢。而使一部之人。頓失所守。則影響及於全部。而恐慌起。工商之業　動多衰歇。工人之役於此者。亦頓失所依。銀行中與之相往來者。靡不橫遭損失。一國經濟。固蒙其害　勢且波及於世界金融。此其弊一也。

第二　生產過剩之弊　信用能增加資本之分量與效力　故生產之家。莫不欲竭其信用之能。以經營之。其在市場繁榮之際。此固無所損失。若市面蕭條。積貨苦無銷路。則盡量生產，必至過剩。於是物價暴落。事業衰敝。其究也不特徒耗一國勞費。世界經濟之恐慌。或且緣之以起。此其弊二也。

第三　誘致投機之弊　僥倖趨利人之恒情。倘使財力不足。猶可稍斂其跡。一旦信用確立　可以融通資金。則務得之心　油然而起　投機之事、自不惜冒險以爲之。而經濟社會。由此紊亂矣。此其弊三也。

劉冠英

第四　流於浪費之弊。信用發達。交易無需乎現金。有所需要。求則得之。則一切不急之物。亦多取以充欲。雖使節儉之家。猶恐不免。榮華之輩。更無論矣。此其弊四也。

第五　貧富懸隔之弊　信用發達　固使無資者而有資。然無資者之信用。終不及有資者之厚。所享信用上之利益亦多較遜。徵諸各國現實情況。銀行借貸貼現之利大。資本家之享受獨多。於是富者多得財之機而益富。貧者缺乏資本而益貧。貧富懸隔。此爲厲階。其弊五也。

要之信用乘時發達。不能以其害而阻止之。是在立法者有以救濟其弊而已

第八章　國際交易

第一節　交易總額之平衡

國際交易之平衡者。出入口貨相抵之謂也。實際上出入相抵者。幾不可覯，千八百九十七年至千九百零一年間。法國進口貨。超過出口貨之額。爲五六五，〇〇〇，〇〇〇金圓。此五年中。法國入口金銀爲四九九，〇〇〇，〇〇〇金圓。出口金銀爲三六五，〇

〇〇，〇〇〇金圓、出入相抵。計入口超過一三四，〇〇〇，〇〇〇金圓、以貨言之、法之輸出金　當超過輸入。而實際反超過輸出者。因國際授受種類不一　貨物出入。乃其一端　計其重要者。當有二大欵

第一　出口貨之運費及保險費也　出口貨價。僅計原值。運費及保險費。當不在數。然運出後銷售之時。則必加入定價。而所獲金額。較海關所彙計者爲多矣。英國商船。年得他國運費。其額爲四四〇，〇〇〇，〇〇〇金圓。美國年付他國商船運費之總數。爲二〇〇，〇〇〇，〇〇〇金圓。

第二　投資外國而得利息也　投資外國而得利息。則利息之收入。亦金銀進口增加之原因也　法國設資外國之總數。爲四，〇〇〇，〇〇〇，〇〇〇金圓。每年得利息二三，〇〇〇，〇〇〇金圓。

第三　外國人在本國之內消耗也　外人在國內之消耗。亦爲金銀進口之原因。外國人在法國消耗之額。年爲一三二，〇〇〇，〇〇〇金圓。

第二節　債權債務之平衡

劉冠英

國際間債權債務之關係。至少以能相平衡爲要。向使債務之額。過於債權。則國內金銀必漸流出。紙幣之額遂以增益。甚至金銀既不敷周轉。外欠尙待淸償。則非借債還債。不足以資應付。而破產之禍。往往見之。補救之法。則有三種。

其一　國際往來支付。可用匯單。匯單者。向外國取現之單也；設甲國於乙國有債權、乙國於甲國僅負債務。則在甲國取現之匯單必少。得之必須貼水。既須貼水。則不如運貨出口。運貨出口者多。而債權債務漸趨於平衡。

其二　國內之金銀少。則物價必落。物價落。則外商採辦貨物者多。而金銀可以流入。

其三　國內以金銀缺乏之故。多用紙幣。紙幣尤塞。則金銀卽須貼水。商人售貨以輸出得現金爲利。輸出增多。而金銀復返矣。

統觀以上所述。至要之點。卽在實業發達。有貨可輸。否則金銀之去如黃鶴矣。

第三節　國際交易之利弊

國際交易者。Interratiodel Trade 國際上所應有之事也。財貨易地。效用可增。故國際

交易 爲交通經濟所不可無。正宗經濟學者 謂國際交易以進口爲要 以爲進口爲供吾人之所需。出口貨乃付人之代價。代價愈小 愈爲便宜 保護稅學者 則以出口爲要。意謂出口之貨 可易金銀而返也 二者持論之相反如是 然進口出口 並有利益 茲畧舉於次。

第一 輸入之利

一 供用所需 物有不能自治者。亦能輸入以供所需

二 節省勞費 各國中各有適宜之生產 生產適宜 則可節省勞費 不適宜之國 取資於此 便利多矣。

三 救濟凶荒 年有豐歉 則民食其影響 遇有歲凶。亦可輸入貨品以濟之

第二 輸出之利

一 推廣生產 本國生產過多 或不能自利用 藉非別圖銷路 事業卽爲所限制 此輸出之所以爲必要也

二 便利分工 生產之物 既不患無銷售之途 則凡與本國適宜之事業 卽專力從事

劉冠英

，而國際分工，可以實見。

國際交易。亦有害焉。外貨輸入。往往充斥商場 國內工業。一旦競爭失敗 則工人之業此者。將有失所之虞 卽或不致失業。而利得之資。亦必爲外商所攫取。英國洋布一項。輸入美國者。年爲二〇，〇〇〇，〇〇〇金元。此項洋布美人自造之費用。三〇，〇〇〇，〇〇〇金元。則美國工人損失一〇，〇〇〇，〇〇〇金元矣。又因貨物輸出之故。國內供給。因之減少。價格上騰。消費者重罹其害。雖然輸入貨物雖於國內工人不無影響。然消費者緣茲節省。倘能以節省之費。移作他項。生產之用。則工人亦有取償之途 況各國生產。各有其特長之處。彼此需要 有相資之理。失之東隅。收之桑榆。豈得曰純損乎哉。惟農產穀類。關係民食。輸出之額。不能不稍加限制耳。

第四節 國際交易之政策

國際交易既有利害可言 歷來學者。遂各主一說。以爲對外貿易之方針。說分二種。

一 保護關稅說

二 自由貿易說

三　無稅保護說

第一　保護關稅說　主是說者。意欲藉關稅之力、混外貨之競爭、所據理由。列舉如左。

第一　減少國際之競爭也、國際交易。無異夫國際競爭。爲本國工商業之安全　不得不有以保護之。以杜絕外方之競爭。課外貨以重稅、則外貨輸入。無利可圖、不禁自絕矣。

第二　補救人類之智識也　一國人類之才智。以能兼備者爲貴。倘以外貨輸入之故。國內工事。趨易避難。工藝技能。僅及於所最適之事業。其素仰外貨以足欲者。此種技能。自必缺乏。故不得不有以補救之。

第三　維持出入之平衡也。輸出輸入。如不相抵。則入口超過之時。必輸出金銀以相償。本國金融。爲所影響。故不得不有以維特之。

第四　裨益國家之財政也　保護關稅。不僅使國內工業、有以安全發展。且可爲國家開一財源。以充府庫。

劉冠英

第五　煦育幼稚之工業也　工業幼稚之時。一切經營。皆屬草創。經驗未當。能力未充。倘使與外國工業之已成效者。競鮮不爲壓倒。故不得不有以煦育之。

第六　增益工人之利得也　以國稅爲保護　則內國工業。可以發達　內國工人。需要必須　庸資所得。自亦可以從優矣。

第七　減免運費之損失也　輸出輸入。皆需運費。僅產原料之國。往來運費。損失尤多。倘以本國原料。就本國製造之以供用。則運費之損失可免矣。

第八　農民間接以獲利也　內國工業　既甚發達。所需農業之品。亦必增益。工廠內之渣滓。及其他廢物。且有可爲農業之用者。而農民獲益矣。

第二　自由貿易說　主是說者。意在廢除國際交易上一切障碍。免爲交易之梗。其駁斥保護派之說甚多。條舉之得。左列數種。

第一　保護說者。謂一國中無一種工業優越於他國者。則一國之人。非移出國外無以圖自存。此說駁之曰。一國中無一業獨長者。爲事實所必無。

第二　保護說。右出口而左入口。此說則駁之曰。出口超過。金銀可以流入固也。但金銀入口既多。物價緣茲而漲。物價既漲。外貨卽乘之以入。金銀仍必流出。故金銀流入。可暫而不可久也。換言之。則金銀斷無去而不返之理。

第三　保護說以關稅爲外商之負擔。此說駁之曰。果爲外商負擔。則各國皆欲重稅進口貨以自利。互相苛稅。利害維均。孰能獲特殊之益。況關稅轉嫁。厥在消費之人。關稅愈重。進口貨價愈增。負此稅者。仍爲國人。如或稅額之重。尚未至於增加。物價。則又失保護之效力。

第四　保護說。謂國內各種工業。均宜悉備。新造之邦。不用保護政策。卽不能致工業於發達。此說駁之曰。人口日增。耕者漸及於中下之田。報酬漸減公例。於以實現。農者利微。資本勞力。必轉集於工事。故雖新造之邦。亦必日發達其工業。無需乎國家之保護。

第五　國際交易。意在使世界之人。並得價廉物美之財貨。以足所欲。不斤斤於金銀之出口。

第六　保護說。謂原料出口之國。重罹運費上之損失。此說駁之曰。采用原料於他國。以其價值較賤也。雖付運費。仍有餘利。製成貨物。決不能大增其價。故所有運費。實非原料出口國之損失。

第七　自人民消費方面視之。保護稅足以加增人民之擔負。蓋保護稅實行之時。不僅加增外來之貨價。內國同類物之價格。亦必隨之益增。人民因而受損失矣。損失之數。且較國家所得關稅之數為多。

第八　保護稅於財賦分配之上。極不公道。此稅祇如諸受保護之物品。因此稅而獲益者。僅為此種物品之生產者。而不及其他。故不公道。

第九　保護稅之用固在保護內國工業。詎知保護稅徵收而後。進口原料。及機械之價格亦增。內國工業仍有不利。

第十　保護稅既足以減少進口之貨。則出口之貨。亦必緣之而減少。出入之貨既減少。則進口一切便利之交通。皆可廢矣。

第十一　保護稅既能減少工業競爭。則工業進步。亦即為列阻碍。

保護說有兩義。為自由貿易說。所不反對者。述之如左。

其一　一國有可以發達經濟之能力，卽應充量發達一國之生產。不應自局於一部　以能廣自給爲宜

其二　國際間不能謂決無戰爭，關於軍用之品。不宜仰給於外國。此種貨物之製造。應量爲保護。促其發達。

第三　無稅保護說。主是說者。謂保護內國工業。可假助於關係國家。卽於事業之尙屬幼稚者。酌予補助　促其發達。民國三年公布之保息條例，卽屬是旨。比之上述二法爲優。其要點列舉如左。

第一　受補助者。僅爲幼稚事業之生產家。而不及其他。

第二　雖給補助之金。而不阻碍國際交易，亦無抬高物價之弊。

第三　不致發生國際交涉。及國際戰爭。

第四　不至增高原料　及機械之價格。故不影響於生產費用。

第五　補助金。因發達工業而給與。擔負之者，雖爲一般國民。然較之因關稅而抬高物價者。其擔負之輕重與公平。不可同年而語矣。

第四編　分配

第一章　總說

第一節　分配之意義

分配 Distribution者、將所生財貨分配於參加生產之人也。有生產而後有分配者。限於參加生產之人。苟與生產無關。自不與分配之列。參加生產力有厚薄。分財之際。必相配稱。各得所獲　以適度而足。此逾其分。彼即受損　分配並言。職是故耳。

第二節　分配之起因

古代經濟幼稚、生產之事。有以一身一家任之者、生產結果。絕無所謂分配、經濟發達。交易盛行　不一其類、企業所在。則供土地者有人　供資本者有人。服勞務者又有人、彼此各竭其所有　以相資者。意在報酬　而所資以爲報酬者　又在其生產結果之上。此分配所由起也。

第三節　分配與所得

參加生產之人　因分配而有所獲、所獲者卽稱所得、Income資助生產之方法不同　得之名稱亦異。茲標舉如次。

第一　資助土地而生產者　曰地主。Landlord 其所得曰。地租 Rent

第二　身任勞力而生產者　曰工人。Labourer 其所得曰。庸資 Wages

第三　供給資本而生產者。曰財主。Capitalist 其所得曰。利息 Interest。

第四　經營企業而生產者。曰業主。Entrepreuour 其所得曰。餘利 Profit。

關於上列四項。有應注意者二事。

第一　生產結果。常生此四項所得。四項所得之歸着。各異其生

第二　生產結果。常生此四項所得。四項所得。必更生他項所得。

今日生產固皆備有此四種人格。而四種各異其人者。實爲罕覯。企業者往往自爲勞動。自有其資本。爲地主而又兼爲企業家。爲勞動者。亦往往有之。當此之時。四項所得。同萃於一人。此應注意者一也。

生產結果。常生四項所得固也。然謂除此四項所得外。別無所得。則又不然。此四項者。第就直接分配而言。其間接受分配者。在官吏，軍人，僧侶，學者，醫生，律師，僕

役，以及殘廢之人。皆非直接參加於生產之人。而各有所得。顧其獲得。與上述者有別。故學者稱直接受分配者。爲原所得。間接而得者。則曰從所得。此應注意者二也。

所得既可分爲二部。則一國所生之財富。由經濟原因。與非經濟原因。而直接間接分給於社會各階級之人。經濟學上稱此分給之狀態。曰財富之分配。Distebution of Wealth 社會各階級所分配之額。則曰社會各階級之所得。

所得爲各人生活之所繫。所得額之大小。視分配之方法而定。分配不均。則相嫉視。所謂分配問題者。經濟學上一大懸案也。

第四節　所得之意義

欲明所得之義。宜先就收入二者區別辨明之。

收獲者。定期內特種生產上所獲之總量也。易言之。即定期內特定事業之生產額也。復分爲二種

一　總收獲

二　純收獲

總收獲者。一定事業上生產額之總量也。於此應量中除去生產費用。餘額即爲純收獲。

收入者。定期內歸於一人所有財富之總量也。亦有二種區別。

一　總收入

二　純收入

歸於一人所有之總財額。總稱收入　俗稱毛數　由總收入中除去因收入而生之一切費用。卽餘額爲純收入　俗稱淨數。

是知收獲爲單稱。收入爲總稱。收獲爲時物之關係。收入爲時人之關係。收入既爲時人之關係。則又可別爲二種。

一　經常收入

二　臨時收入

經常收入。乃收入中之有繼續性者。否則爲臨時收入。茲所謂所得。指經常收入而言也

劉冠英

第五節　所得之種類

所得之種類如左

第一　由所得之主體。區別之分爲二種。

一　國民所得

二　個人所得

前者指國民經濟之經常純入而言。後言爲個人經濟之經常純收入。

第二　由所得之性質區別之。分爲二種。

一　餘裕所得

二　必需所得

前者指所得中餘裕之部分而言，僅供生活之必需者。則屬後者。所屬餘裕。即日常生活外。有餘貲以供使用之謂也。

第三　由所得之原因區別之。分爲二種。

一　財産所得

二　勤勞所得

前者由利用財產而生。如因土地而收租。由資本而取息等是。後者由勤勞之結果而生。如因勞役而獲庸　由技術而獲酬之類是。

第四　由所之效果區別之。分爲二種。

一　名義所得

二　實際所得

前者謂名義下之所得。如庸資定爲若干元。即屬此類。後者謂實際上所得之數。當夫貨幣跌價。物値增昂之時。每圓之用。較前爲遜。即屬此類。

第五　由所得之形式區別之。分爲二種。

一　實物所得

二　貨幣所得

前者由直供消費之財物而成。如米穀衣服薪炭等是。後者專由貨幣而成。實物所得。物價之低昂無關。而有不便通用之弊。貨幣所得反是。方今貨幣經濟已甚發達。貨幣所得之利益。遂遠勝於實物所得。文明諸國。莫不以貨幣爲所得焉。

第六　由所得之方法區別之。分爲二種。

一　契約所得

二　贏餘所得

前者由契約所定。按期而得　月資年俸之類屬之。後者所得之數無定。必企業有贏餘而後有所得　所得之數。視贏餘之多少定之。

第六節　分配之均衡

一業之興。非獨力所克成。有賴於土地焉。有賴於資本焉。有賴於人工焉。又有賴於企業家之籌畫焉。實際生產以前。三者爲要素。而企業者總其成。生產所得。亦於四者中分配之。抑土地資本與人工皆企業家以締結契約而得者。申言之。則企業家與地主財主工人三者各結契約　使各供其所有。而與以一定之酬金也。以故租庸息三者皆爲契約所得。所得之數　雖常變動。而與生產所得之豐歉無。直接之關係　企業家以其生產之所獲。支付租庸息之後　尙有贏餘。即歸己有。有稱曰餘利　故其所得　隨市情變化。而無定者也。

租庸息利之所得。各以時而變動。變動之緩急。視一定時地中。人口總數。與生產總量之比例。而定。人口超乎生產之量。則各人所得減。一切契約所得。亦不能不隨之變更。生產之量溢。則各人所得增。而變動自少。然此二者之消長。第就各人所得之平均額言之。各人實際所得。則又視一國制度而有增損焉。分配制度。約有二種。

一　自由分配制度

二　强制分配制度

自由分配制度者。以私有財產制爲基礎。而認分配之自由者也。强制分配制度者。以共有財產制爲基礎。而强爲平等之分配者也。前者爲個人主義之理想。有促使貧富懸隔之幣。後者爲社會主義共產主義之理想。有致釀人心於萎靡之弊。皆趨於極端。難期分配之公平。有社會改良主義者。於自由分配制度上。兼用强制之意。折衷兩可。一面許財產私有。一面又認競爭自由。限制工作。保護工人。適用累進稅率。以矯貧富不均之弊。方今文明各國類多用之。

劉冠英

第二章　地租

第一節　地租之意義

地租緣土地而發生。有廣狹二義。其在廣義。謂對於使用土地而生之報酬也。不僅土地所得皆屬此類。卽資本所得。亦包含其中。狹義所得。則單純土地之所得而言。卽由土地總收獲中。除去一切生產後餘剩之額。乃爲地租。經濟學上所謂地租。皆此類也。

第二節　地租之起因

關於地租之起因。學說不一。茲列加都 D,Ricardo 之說言之。則爲左列四端。

一　地味之優劣

二　地位之便否

三　人口之增加

四　收穫之漸加

第一　地位之優劣。地味所以有優劣。由於天然者半。由於人事者亦半。土壤成分有厚薄。是爲天然原因。藉資本人工。變荒瘠而爲肥沃。則人爲原因也。地租既出於天然之土地。則因人爲原因。改良土壤。致增益其所得者。其增益部分。卽與地租無涉。爲地租第一之原因者。實爲天然之地味。

第二　地位之便否。地位有便否。亦不外天然與人爲二因。天然位置有便否。是爲天然原因。經田設井。修路通橋。變僻壤而爲市區者。則人爲原因也。人爲之結果。不與地租相關。爲地租第二之起因者。實爲天然之地位。

第三　人口之增加　地味地位，既有優劣。有便否。生產之力。亦自有等差。上田所獲。必多於下田。收穫有豐歉。地租所由生也。在人口稀少時代。人每耕於上田而。無虞不給。是以所耕之地。優劣價同。收穫之數自無多少。地租卽無由發生。迨人口日繁。需要日增。執耒耜者。不能不由上田趨於中田。中田不足。更及於下田。三等之田上有肥瘠，收穫之數。多少懸絕。收穫較豐者。乃有地租可言。故人口增加。亦地租之一起因也。

第四　收穫之漸減　向人口雖加。而地力無盡。則僅就上等之田增益其資本勞力。收穫之數。緣以增加。需要之物。自無不給。耕地等級之差。收穫無豐歉之別。地租亦卽無由發生。獨是地力有限。爲報酬遞減法則所支配。向之專耕上田者。乃不能不節其餘資餘力施於中下之地。以增加其穫。此收穫漸減。所以爲地租之一起因也。

第三節　地租之決定

地租之所由起。既如前述。所以決定地租之高下者。亦自有故。概述之爲左列四種。

一　需供之程度

二　人口之多少

三　物產之價格

四　土地之優劣

第一需供之程度。地主之於地租。蓋有地不自耕而賃貸以取償者也。使求過於供。則地租全部必歸地主。供過供求者異是。

第二　人口之多少　人口繁殖。生計日艱。即令地味不宜。或地位懸隔者。亦必墾闢及之。膏腴之地。其租益騰徃。昔地廣人稀。則大異是。

第三　物產之價格　農產物品價昂者。收益自多。而地租亦緣之騰貴。

劉冠英

第四　土地之優劣　農地同無論矣。即在礦山。亦以含量之多少×品質之良否。開採之難易。距離之遠近。而地租之有無高下判焉。他如房地。則因交通便阻之故。其租額亦有多寡之別。

第四節　地租之限制

地租之昂貴。果起於地主之增加勞費乎。曰不然。宅地有租。乃隨市衆而上騰。耕田有租。亦緣穀價而致貴。得地主者。貪天之功，以爲己力。始而高捨地租。繼而新置財產。無功受賞。其利倍蓰。富者兼地數畝。貧者無容足之居。依託毫强。以爲私屬。貸其種食。賃其田廬。終年服勞。無日休息。罄輸所假。常患不充，有地之家。坐食租稅。貧富懸隔。乃至於斯。以故世人爲不平之鳴者。每以土地私有制度爲不當。各持異論有四說。

第一　共產主義說　凡百財產。宜歸共有。土地亦與其列。

第二　社會主義說　凡百財產　雖不能概爲共有。土地資本則宜與衆共之。

第三　土地單稅說　土地原難遽爲公有。然欲免貧富懸隔。則莫若全廢他租。單留地稅。漸次增高。至稅額與地租相等爲止。使地主不當之利益。全歸國家而後已。

第四　土地國有說　生產要素。固不能離乎土地。而地價之增進。乃出自人口與資本之增殖。此在社會乃爲自然進化。地主何力之有。故一切土地。自以國有爲宜。

此四說者。非不持之有故。言之成理。然以限制地租之故。遂爲根本破壞。揆諸事勢。實有未當。財產共有。仍屬理想。措之實施。恐多扞隔。縱欲試行。此非其時。蓋文化程度未臻熟境。即欲掃土地私有之成規。創財產公有之新制。則人不能自治自動者。其於業務不甚關心。即少改良進步。既阻社會之發達。亦妨秩序之安寧。甚非改良社會之一道。曷若因時制宜。執兩用中。增地價之稅率。免地主之專橫。所謂地租之限制者。如斯而已。

第三章　庸資

第一節　庸資之意義

庸資者。自一方言之。乃因勞役而生之所得。自他一方言之。即爲對於人工之報酬。要爲勞心力而生者也。夫工人之勞役也。不外二種。一以爲己。一爲供人。前者爲一部分

企業家之勞役　後者純爲工人之勞役。以此之故。勞役所得。可分二種。

一　業主勞役之所得

二　工人勞役之所得

兩者之中。第一項所得。更別爲二種。

一　監督上勞役之所得

二　經營上勞役之所得

其在前者。業主不躬自力作。但規畫一切。指揮監督而已。其所獲得。是爲勞心之報酬。其在後者。則業主於指揮之餘。且自直接操作。是其所得。且兼有役形之報酬焉。茲二種者，皆非純然之勞工所得。

第二項所得。卽爲廣義之庸資。復別爲二類。

一　法定庸資

二　約定庸資

法定庸資者。法令所定之庸資也。此種庸資。無競多爭少之餘地。又非合於經濟原則。

暫置不論。約定庸資　則爲彼此以契約而定者。爲經濟原則所支配。是爲狹義之庸資。狹義庸資。又因勞役之性質不同。復分爲二種。

一　勞心庸資

二　勞力庸資

前者之庸資、以富有專門知識與經驗者得之。有獨占之性質。又恆爲風習所左右。非僅憑自由競爭而決定。常賦以報酬薪金之美名。而不曰庸資。後者爲最狹義之庸資。通常所謂庸資、概指此而言。工徒婢僕庸役等之所得屬之。故所謂庸資者。基於自由契約。以勞力爲主。而生之所得也。

第二節　庸資之種類

工人勞役　各異其方。其所獲酬遂不一其類。自報酬動體上區別之。有實物庸資　與貨幣庸資之分、自報酬效力上區別之。有名義庸資。與實質庸資之分。自報酬計算上區別之。有計時庸資　與計事庸資之分，自報酬計算之補救上區別之　又有獎償分紅、及共同生產　按價升降諸法。茲分別述之於次。

劉冠英

第一 自報酬物體上區別之。分爲二種。

一 實物庸資

二 貨幣庸資

其給以生活所需之物品者。爲實物庸資。如往時某役。日給工米若干升是。其給以貨幣者。則爲貨幣庸資 近世經濟發達。欲望各殊。給以實物。難期足欲。代以貨幣。則所欲隨心。此貨幣庸資。所以爲世界之通例也。茲述實物庸資之利弊於次。

甲 實物庸資之利

一 保全主從關係。使雇主人工間不至斷絕情誼。

二 日用品騰貴。而實際收入不至減少。

乙 實物庸資之弊

一 工人生活操之雇主之手。不能應其所需以爲給付。

二 妨害工人獨立之精神。使於雇主。永不脫從屬之關係。

三 不便工人之貯蓄。使於不知不識之間陷於浪費。

劉冠英

四　雇主有給付不良品之機。

第二　自報酬效力上區別之。分為二種。

一　名義庸資

二　實質庸資

勞工報酬之額。以貨幣表之者。為名義庸資。報酬幣額。實有若干之購買力。即以此購買力言庸者。為實質庸資。蓋貨幣之數額。雖同在物價低廉之時。購賣大力。不啻增加其名義庸資。否則購買力小。名義庸資亦減。工人生計惟報酬是賴。如或名義庸資。尚無更變。以實質。資之下落。每不能支持其生活。而不得不求增其庸。人工問題。以此為最。社會治亂亦因之矣。

第三　自報酬計算上區別之。分為二種。

一　計時庸資

二　計事庸資

應工作時間之短長。而定其報酬者。為計時庸資。例如作工一日。酬庸二角。傭工一月傭資三元之類是。按其完工件數之多少。而定其報酬者。爲計事傭資。例如〇衣一件酬傭一元織布一匹。酬傭二角之類是。兩法各有利弊。述之如次。

甲　計時傭資之利

一　傭資之額有定。計算上可期簡明無誤。

二　業主者預算共生產之費。工人亦得預知收入之多寡。

三　工人有竭盡心力之餘地。適宜於品質精良之事業。

乙　計時傭資之弊

一　技術與報酬不易一致。人工易趨於怠忽。

二　欲除上項之弊。不得不廣設監督之人。

三　雇主以工人之怠忽。易啟減傭之心

丙　計事傭資之利

一　技術與報酬常相一致。工人咸知勤勉。

二　工人既知勤勉。可期事業速成。

劉冠英

丁　計事庸資之弊

一　於不能精，成績之事業。不能適用。

二　有過傷勞動者心身之虞。

三　產物有粗濫造之弊。

第四　自報酬計算之補救上區別之。分爲二種。

一　獎賞法

二　分紅法

三　共同生產法

四　按期升降報酬法

計時計事二法。既各有短長。於是補偏救弊。又有四法。分述於次。

甲　獎賞法　於定額報酬外根據一定條件。而給以獎金　例如在計時報酬之時。凡能如限完工。或於期內能出若干品物者。獎賞若干金　又如在計時報酬之時　凡能完工迅速。而且精良者。獎賞若干金。他如技藝超羣。從未曠職。在職年久　節省原料燃料。特別愛護機器。有一於此。獎賞若千金之類是。此類獎金。或逕給工人或由雇主蓄存。備爲老病死亡。及其他急需之用。獎勵之法。固無逾乎是也。惟值事業衰敝。利益減少。雖工人精勤。亦不能如約取得獎金。則不免於缺望。其究也或至暴棄自甘。有妨職務。

乙　分紅法　定額報酬外。因事業獲利。達於一定金額以上者。得酌提紅利。分給工人。使執役之工。與所業發生利害關係。俾其精勤協力。不至漠視。主傭衝突。亦可藉此調和。抑事業獲利。未必盡由人工資本之富厚。業主之勤勞。運會之佳良。皆其重要原因。計算分紅。務求公允。否則必啟爭端。其有事業難於定期中測定利益者。不能按期分給。則工人誤會。又鳴不平，故此法雖似較良。而困難亦多。故行之而無弊。必其事業利害。全係諸工人之勤隋。其利益又得以按期計算而後可也

丙　共同生產法。將所得獎金或紅利存儲達於定額。即令加入股分。久乃漸進於業主之地位。身爲傭工。又兼業主，主傭衝突。自可消弭。雖然。獎金有限。紅利極微。存積何時。始可如願，其在工人期望。固不甚切也。且即如願以償。而以少許服

劉冠英

分之傭工、與多資之雇主合營事業、安危與共。成敗難期。恐非所願，亦非所堪、以此息爭、爭端終無已時耳。

丁　按期昇降報酬法　由雇主與工人預定生產物標準價格、與人工報酬、標準額產物。市價高於標準價格之時。報酬之數、亦應高於其標準額、物價之下落也、亦如之。得失與共。喜樂同甘、勤勉不待督率、衝突無由發生、率爾觀之、似爲善法、然細審之、亦多弊害、蓋工人生事仰給於庸資。設物價暴落。則所得必少。甚或至於全無、日用之資、將安所出、故近今歐美各國。除探礦製鐵之業。間有用此法者、以外所見、亦甚鮮也、

要而言之。上述四法中。制良則難行、易行則弊大、折衷論之、惟獎賞一法、最能彌補計算法之缺陷。通行當世、蓋有由也。

第三節　庸資之決定

庸資爲使用工人之報酬、亦卽爲使用人工之代價、財貨授受、通稱買賣、而於人工，則曰雇傭。然與財貨交易之道、初無二理。不過財貨之代價，爲價格、而人工之代價爲庸

資名稱上亦覺殊異耳。

庸資既無兼於財貨之價格，則價格決定之原因、亦得爲庸資決定之原因。價格以財貨需供之關係而決定、庸資卽以人工需供之關係而決定、顧於人工需供之額、則別有三種關係述之於次。

甲　由人工之需要言之。

第一　人工之價値　傭主之需要人工、以其認定人工之有價値也。認定之價値高。則給與之報酬亦高。傭主認定價格之標準。在人工之效用。與自身欲望之大小。

第二　雇主之資力　雇主之資力大者。凡購入原料借入資金。皆能運用得宜。自立於有利之地、其於人工之報酬。亦卽不至過於苛刻、資力薄者反是。

第三　需要之競爭　雇主多則競爭烈。需要強。則庸資高。否則庸資低。至競爭之有無強弱。又以市場之盛衰。金融之緩急。企業心之強弱。與雇主間有無聯絡爲斷。

乙　由人工之供給言之

第一　庸資之價值　工人之供給勞役，以其認定庸資有價值也。認定之價值愈高。供役之心愈切。雖少貶其庸。亦必樂於從事。譬如以貨幣爲報酬時。幣價跌落。庸資卽不得不高。幣價增高　庸資無妨少低　又如食物價賤　則庸資低　價高則庸資必高。事理所不得不然也。

第二　人工之費用　工人自身。亦有費用。費用之途　不外二事。一爲敎養費。一爲生活費。一家生計。亦在其中。故庸資無論若何低減　不能下於其費用之所必需。方今世治進化。生計日高　庸資日漸加增　亦必然之勢也。

第三　供給之競爭　工人之待傭者多。則競爭必烈。而庸資亦低　否則庸資高　至競爭之有無與强弱　則以人口之多寡。事業之盛衰。勞動心之强弱。與交通之便否爲斷。他若工人之品位　組織之有無　與夫事業之性質　亦與決定庸資有關係焉。

以上所述。爲現今交通經濟中決定庸資之常軌。但人事複雜。變化萬端　庸資之決定舍此經濟原因外　又常爲人情，風俗，情誼等，非經濟原因所左右。是爲一般價格所同然而庸資其猶著者也。

第四節　酬庸之利害

由上述觀之。人工之報酬。既爲一種價格。其決定之也。是否可與普通財貨視同一律。任其自然以爲高下。實爲經濟上重要之問題。其主放任者。謂決定時有經濟上自然之公例。不得少有干涉。但庸資與貨值究不相同。有不能一任其自然決定者。舉其理由於次。

第一　工人多貧乏。每日生計惟日得是賴。其於庸資需要甚殷。

第二　工人之供給。常超過於其需要。

第三　工人雖供過於求。有過剩之傾向。恒因家族關係。與其他原因。不能有無相通。互爲調劑。

第四　資本制度。日即於發達。雇主工人間。勢力懸殊。雇傭關係。難得其平，

第五　工人之勞役。不能離人身而獨存。彼此相售。甚不自由。

在此種種原因。則庸資自決。卽不能無偏枯之弊，常使工人陷於奴隸之地。近代人工問

題。社會問題。所由風熖日熾者。皆原於此。矯枉之道。則有二事。一曰自助。一曰他助。自助者 工人間互爲協助。免爲雇主所壓迫之謂也 其由國家立法以保護之者。是爲他助。自助之法。以工人聯合會。（亦稱工黨）爲最善 顧此非工人之知識發達後。不能辦 故不得不重賴國家之保護。爲國家者。按其國工業發達之程度。制爲工場則例。於工人雇役之契約 加以適當之干涉。則庸資決定 不至全爲雇主所左右矣。

工人有自助他助之法。得於雇傭之際。自立於不敗之地固也。但就雇主方面言之 生產之費。因之加增 其所影響於事業者綦大。爲營業發達之阻。減國際競爭之力。往往而然。學者於此 各執一說。茲舉其要者於次。

第一說 謂庸資騰貴。足以減殺勞動之力 蓋飽暖思燕樂。窮苦易有爲。乃人之恒情。工人所入既豐。難免流於懈怠。欲冀其勤奮。非減少庸資，或騰貴日用品。以困之不爲功。此說倡自十七世紀。迨十八世紀中葉而反對之說興焉。是爲新說。

第二說。謂庸資騰貴。足以增長工人之體力低落則必傷其元氣。譬諸牛馬 飼養不足。易致疲斃，且人類感恩根於天性。報酬厚者。致力必勤。勞役效果。亦必倍增。此徵諸人類之生理與心理所不得不然者也。

以上兩說。俱有一面之眞理。而皆未得其平。庸資騰貴所影響於工人者。亦不一致。視其國文化之高卑。庸資增加之遲速。行機械使用之適否而定。未開化之國。其民墨守舊章。鮮向上競進之思想。一旦收入增加。生計寬裕。足以啟其怠忽之心。不屑孜孜於力作。文化既進之國。則以進取爲習尚，收入愈多。自奉愈厚。心力體力。交相進益。而勞役之效能。遂亦倍蓰於疇昔。此文化之影響於勞工者也。雇資增加之率。過於浮濫，雖在文明國民。亦易流於奢侈。故其增加也。宜漸不宜驟。漸則行於不知不覺之間。既足獎勵勞役之心。又可免濫費之弊。此庸增加之遲速影響於勞工者也。

庸資騰貴。足以增加勞工者之數。蓋庸資既昂。社會受此刺激。而有機械發明。與應用夫機械使用。雖足以節約勞工。然須視其業務之適用與否而決。適則用之。而庸資騰貴。始足爲節約人工之原因。有不適者。則反是矣。是則人工之需要。不因庸資騰貴而減殺者。有二前提。不可不注意焉。

其一　工人不因增益收入而濫費。

其二　雖增益其收入。尙不致啟其懈怠之心。

文化未發達之國。每因庸資增高。致勞工顯見騰貴。若其勞工能力與庸資並增。則固兩利之道耳。

第四章　利息

第一節　利息之意義

利息者。由資本而生之所得。爲使用資本之價格。亦卽使用資本之報酬也。

第二節　利息之起因

利息之所由起。自來學者不一其說。最著者爲時差說。謂同種之財貨。其在目前得供消費者。爲現在財貨。其待未來之時。而始得消費者。則爲未來財貨。恒人之情。每重視在財貨。所認識之價値。以現在財貨爲較大。現在未來間相距之時日愈久。其價値之相差亦愈大。所以然者。因有三事

第一　現在財貨。可供現在之用。亦可儲爲未來之需。未來財貨。則非經經一定之時日後。不能供用。故其價値亦較現在財貨爲低。

第二 人性務近利。後來享樂。慮難必得。彼此之間。遂不以同一之價値視之。

第三 現在財貨。可卽供生產之用。生產結果。又常隨時日之經過而增大。未來之財無裨於目前。故其價値亦較遜也。

有此三種原因。現在未來之間。財貨價値。遂不相一致。財貨之價値有差。是利息之所出起也。

第三節 利息之種類

利息爲使用資本之所得。資本中有供自用者。有供他用者。使用之主體不同。利息之性質遂異。大別之爲兩種。

一 原生利息

二 副生利息

原生利息 以自用資本而得之。兼有資本所得。與企業所得。卽於純粹利息外。尙含有企業利益也。

副生利息 以供人資本而得之爲純粹之利息。復分爲二種。

劉冠英

一　稱貸利息

二　賃貸利息

貸與流通資本而得者。爲稱貸利息。貸與固定資本而得者。則爲賃貸利息。前者爲稱貸貨幣。及消耗品之所得。後者則借用機械等賃貸所得也。稱貸之利息中又細別爲二類。

一　貸物利息

二　貸金利息

貸與消耗品物而得者。即爲貸物利息　貸與金錢者。則爲貸金利息。是知資本不專爲物幣。而利息亦不限於貸金。惟通常借貸。則以貸金爲多耳。貸金利息中。又細別爲二種。

一　約定利息

二　法定利息

依當事人之契約而定者。爲約定利息。其利率稱曰約定利率。如因債務人延不履行。而以損害賠償。向債權人支付之緩期息。是依其法律之規定者。即爲法定利息。其利率稱曰。法定利率　如延期利息。未經當事人約定者。依法定利率支付之類是也。

第四節　利息之決定

現在財貨之價值。既較未來財貨爲大。以値大之現在財貨。易値小之未來財貨。其價値相差之額。即由利息表見之。故利息者使用資本（現在財貨）之代價。其利率之決定。應本資本需供之關係而定也。資本需供之關係。又以左列諸原因而定。

甲、決定需要額之原因

一　借主所認資本價値之多少。

二　借主支付能力之大小。

三　借主競爭之有無與强弱。

乙　決定供給額之原因

一　貸主所認資本價値之多少。

二　放資之安危。

三　貸主競爭之有無與强弱。

劉冠英

此固與普通價格之決定無所異也。資本需要逾乎供給。則金融緊迫　利息卽騰、供過於求。則金融鬆緩。利息必落。顧此需供之變動、純商業經濟上之原因　決定利息。此雖爲其主因。而人情習俗等。非經濟之原因。亦能左右之、與普通價格之受制於非經濟原因者無殊。是不可不注意也。

第五節　利息之限制

利息厚薄。定於需供關係。論其形式。雖常爲合意之契約。徵諸事實　未必有均等之地位　貸者强可凌弱、借者急何能擇。其究也或由挾制。或由欺詐。而不正當之利息、遂成於。種種非經濟之原因者。在近世且不能保其必無。況於進化未著之時。與文明幼稚之國乎。然其反對之聲。禁止之令。早已數見不鮮。其初也起於學者。倡貨幣不產貨幣之說、降及中世。歐洲諸國。以耶，回，各敎經典中。有禁止利息之語。而利息之制限法。遂應用而起。其後以工商勃興。需資漸增。貸主原有取利之理、借主亦無付息之苦。有合意之契約。無法外之暴利。至是學者易反對放任法令。由制而展除。其未盡泯者。則有典當業而已。日本舊亦有利息限制法。今尚行之。凡借欵在百元以下者不得逾百分之二十。百元以上千元以下者。不得逾百分之十五。千元以上者。不得逾百分之十二。法令雖嚴。仍不能禁人之玩視。返觀吾國國民。其借資生產者。寥寥無幾。貸主取利既重。苟時期延長。子母相權。或至倍蓰。欲借資營業者。莫不望而卻步。實業不振。游民日多。誰生厲階。至今爲梗。此利息之限制。所以不容已也。雖然利息過微。則稱貸者或覓濫無度。是亦可慮之事也。

第六節　利息之趨勢

利息之多寡。決於需供。信如是則變通不居者。宜莫利息若也。詎知以積久之時日。作統計之觀察。所謂利息者。亦嘗隨社會進步。而有漸低之趨勢。蓋民智日開。技術日進。產業漸興。收入漸加。益以法律完備。足資保障。尤能引起國民儲蓄之講念。儲蓄愈衆。資本益增。資本增斯供給多。供給多斯利息微矣。不甯惟是。利息之於經濟社會。亦常自趨平均。抑又何也。蓋利率高者。將由資本之流入。而漸低。低者亦由資本之流出而漸高。貴極則賤。賤極則貴。凡物皆然。自古如斯。近今世界交通日進。資本供給。每由息低之國。流入於息高之國。是利率平均之趨向。不僅關係一國。且將影響於世界矣。

第五章　餘利

第一節　餘利之意義

餘利者。由廣義言之。謂於一定期間內。由企業之收入。中除去應付之地租，利息，庸資，並其他費用後。所餘之額也。用狹義言之。則於此廣義之餘利中。更除去應歸自得之地租，利息，庸資，後。所餘之額也。前者爲企業所得。名曰總利。者爲企業贏餘。名曰淨利。

餘利何以有總淨之別，蓋餘利之爲物。雖常與地租，利息，庸資，相對立。而業主非必與地主，資本家，人工，相對立。有同時兼爲地主者。爲資本家者。抑或兼爲人工者。又有身爲業主。而同時兼有資本地主與人工三種之資格者。是故企業所得之中。或含有地租　或含有利息　或含有庸資。甚或含有地租利息與庸資之三種。由是觀之。餘利爲企業所得之一部　而非其全體。企業固有利益。非爲總利。而爲淨利。企業主對於一事業之取捨。不決定於企業所得之大小。而決於企業淨利之有無。

企業所得內之地租利息資庸等。與企業所得外之地租利息庸資。非全然相同。在企業所得外者。概係生產前或生產中所支付。與企業或敗無直接之影響。在企業所得內者。概於生產終了後。始歸業家所收得。故與企業成敗有密切之關係。倘使企業失敗。自餘利以至於此種地租利息庸資皆無所取。是曰企業損失。顧餘利之有無大小。則當然與企業所得。相爲因果者也。

第二節　餘利之決定

企業之盛衰。視餘利之有無大小以爲斷。餘利之有無大小。又視企業所得以爲衡。前已略述之矣。顧企業所得。乃企業結果。與企業費用二者之差額。與企業上授受額之消長。及生產費之多寡。大有影響。故餘利之決定。與物價庸資二者初無二致。茲舉其主要原因如左。

第一，業主之才能

第二，資本之大小

第三，獨占之有無

劉冠英

第四　時運之順逆

企業以淨利爲投資之報酬。必有才能以濟之而後可操左劵。舉凡審度勢。集資擇業。及買賣計量之間。在在需才。經營敏活者成功易。操業精勤者獲利豐。此才能之不可缺一也。長袖善舞。多財善賈。古今中外之所同。企業家非有才能而營經事業。動多掣肘。獲利之權。亦遂缺乏。此資本之宜利二也。資才俱備。而又於技術上法律上有獨立之地位。則操縱由已。獲利宜豐。故獨占爲决定餘利之要件三也。顧此三者。並皆俱備。而成敗不同。盈虧各異者。則時會不齊。有以致之。故時運亦爲决定餘利之要件四也。業主餘利之所得。視此四者而有多少矣。

第三節　餘利之正否

由前節所述觀之。餘利之所出。有發於人爲者。有發於自然者。有原於自由競爭者。有原於市場獨占者。有生於需供之相濟者。有生於需供不相濟者。原因雖不一致。大體言之。有餘利者。業主於私有財產之下。以自已之責任。圖需供之相濟。而得之報酬也。惟業之有餘利。始於企業。不則孰肯往勞者。則世治之繁榮。國家之富庶。亦賴之矣。

顧有社會主義者。視餘利爲侵蝕人工之所得。不認爲正當之利益。彼其意以勞工爲唯一生產之要素。此外一切營利。皆在不正行爲之列。夫企業家之利。亦非坐致也。利用生產要素。而苦心經營之。勞工之外。尚需土地與資本。又必自甘冒險。力任艱鉅。兢兢業業。莫敢怠荒。致其力而獲其利。安見其爲不正當也。惟是豪強獨占。利己損失。爲公益所不容。是不得不抑制之。餘利課稅。率用異進。即所以矯正之者也。

第四節 餘利之平均

近今交通自由。營業自由。利之所在。人爭趨之。競爭愈衆。所得愈平。是企業利益之日趨於平均也。不可以已乎。然而足爲平均之障碍者。一曰，難就一業。預測企業之利益。二曰，企業需特定之資本。三曰，企業需特別之智能。四曰，交通不盡便利。其所競爭者常難收效。有此四者。則企業利益之平均。殆終屬無望。雖然謂其必平固非。謂其必不平者亦非也。欲測平均之程度。不僅觀其國企業競爭之程度已也。必進觀其文化之程度而後可。近代文明進步。月異而歲不同。各種企業利益。固其漸減之趨勢。然而非一定之法則。且或常有反對之趨向。時在今日。企業間完全之競爭。尚不敢望。所謂

劉冠英

自然或人爲之獨占。隨在多有。因以制限企業之競爭。抑制資本之移轉。由是有獲巨利者。亦有博微利者。甚至無利並招損失。亦不繼續其業者。勢爲之也。平均云乎哉。

第六章　保險

第一節　保險之意義

保險 Insurance 者。乃由慮有同種危險之多數人。聯合而分擔其間所生之損害也。例如水火盜難。以及傷害之類。罹之者固身受其害。而聞者莫不戒懼。爰於平日各備定欵。集爲一團。自是厥後。卽令有人遇險。亦可提欵以塡補其損害。藉公衆之分任。免受者之獨苦。此種組織。是爲保險。可知保險者。所保之險。不在已往。而在未來。不在豫防。而在善後。雖受保者不能必無危險。而分任損害。究較愈於獨任。故所謂保險者乃事後補損害之一法也。

第二節　保險之起因

生財之道。寄於土地，資本，勞力，機械，工場等項。所關既重。危險堪虞。天災地變。何代蔑有。人爲自召。疇其能保。非不知提防可禦水害。消防可救水災。警備可防盜難。工場法可保人工之罹險。第無論如何而欲危險之全滅。近今文明各國。固亦無能爲役。亦惟避重取輕。藉公衆之塡補。減一已之損害。。是卽保險所由起也。

第三節　保險之利益

保險之有利益於個人，社會與國家者。大致如左。

第一　可期財產與所得之安全。

第二　發達人類共同之觀念。

第三　鼓勵勤儉儲蓄之精神

第四　增加一國之資本。

第四節　保險之要件

保險之成立有二要件。述之於次。

第一　須有多數人感同種之危險。危險或由天然。或由人爲種。類至夥設。令利害不一。觀感不同。欲其得分担損害其可得乎。且卽分担有人而其數寥寥無幾。則利益亦必不著。是知保險者。非由身分地位職業財產上之各關係。先有多數人。感同種之危險

劉冠英

不足以言成立也。

第二　須得於一定期內推算其事故之數危害之所在。人爭避之。苟能預測。何待保險。既付保險。必難預測。然此所謂危險發生之時期。與程度者。謂其於一定期內發生之概數。此概數者。可得自己往之統計。而爲保險率計算之標準。否則莫敢分担損害。强之亦必不可久也。

第五節　保險之種類

保險種類。大別有二

一　損害保險

二　生命保險

損害保險。乃對於財產上直接損害所爲之保險也。生命保險。乃對於個人生命間接損害所爲之保險也。前者關於物。故亦名物之保險。後者關於人。故亦名人之保險。人之保險。其類不一。有死亡保險。有養老保險。有定期保險。疾病保險。老廢保險。年金保險之別。物之保險中。又有有形物保險。與無形物保險之別。有形物保險。係對於房屋，家畜，家俱，收穫等。有形物上損害之保險。無形物保險。乃對於貸欵，抵借，信用，保證等債務關係上損害之保險。

有形物保險。通常稱爲損害保險。由其性質不同。細別爲三種。

一　火災保險

二　運送保險

三　收穫保險

火災保險。係對於火災直接於財產上所生損害之保險也。由財產之爲動產與否而觀之。復有動產火災保險。與不動產火災保險之別。運送保險。即對於運送貨物上。所生損害之保險也。由其運送途徑分之。爲陸爲海。而有陸運保險。與海運保險之別。收穫保險係對於收穫之際收穫上所生損害之保險也。如雹害保險。蟲害保險。家畜保險等是也。

第六節　保險之經營

保險經營。與組織。其屬於人工者。當於次節錄述之。此外宜爲人民之任意保險　而於國家之强制保險無取焉　然保險之業。將爲公營乎。抑由私營乎　學者間各異其說。爲

劉冠英

公營之說者。謂保險爲危險之負担。如欲支持久遠。不負公衆確實普及。永得信仰。則非公營不可。蓋公營之主體。爲國家與自治體。既可藉行政警察之權。以爲火災等危險之預防。又復營災害善後之保險。兼程並進。事半功倍。固非私營所可及。主反對之說者。則謂保險發達。私營未爲遜於公營。誠使取締得宜。卽屬私營。亦必易策安全。與普及。否則雖公營亦復何易。保險固爲儲金之一種。勢必先將儲蓄銀行。亦付公營。果爾則事事歸公。將爲官僚政治。與政府萬能主義。其弊不可勝言者。二說各有所偏。孰是孰非。要以其國之保險。能否純任私營爲斷。設令民智未開。初不知保險，爲何事。抑或私營保險業。未能盡邀人民之信仰。則提倡之責，舍國家莫屬。然以時勢演進。民業有普及之望。則欲得保險之完全發達。又不能不期之私營也。第私營之組織。亦有營利保險。與互相保險之別。二者孰宜。又不可不辨。營利保險。乃被保險者以外之營業家所組織。保者與被保者。既非一人。則賠償損害。可分派於被保者以外之人。但賠償金。出自原交之保險費中。實與互相保險無異。不過有直接與間接之別耳。互相保險者。乃出被保險者團結而成。對於團體盈虧公分。直接與團體財產上有利害關係。非若前者之將贏利悉分於股東。不足亦由股東填補。而被保者無能參與也。有此異點。故其利害得失。亦遂不同。互相保險。雖與保險本旨相合。而難於普及。營利保險。雖易普及。而以急於營利恆致基礎不同。如欲判其優劣。殊爲不易。但此類事業。須能長久維持完全發達。故營利保險。宜限於股分公司。互相保險。亦宜有團體之公司。然近今歐美日本各國。則于斯二者折衷並用。名爲混合保險。其中有取股分組織。而不僅分派贏利於股東。卽被保險者亦與焉。亦有雖採互相保險組織。而議確定之保險費。凡依此契約之被保險人。均不令其分擔利害者。形式雖殊。實皆混合。此法在今日。概有漸增之勢焉，返觀我國。舊無保險之說。近今始少少見之。論其經營組織。概爲任意保險。且多爲私營中之營利保險。特以多數人民。猶未知保險爲何事。縱有一二富豪商民。從事保險。亦必羣趨於外人設立之公司。推原其故。實由人民信仰之心理。遠避信仰于外人也。前者政府有鑑於此。曾擬定國立保險局草案。藉資提倡。其所具之理由。固亦如是焉耳。

第七節　人工之保險

人工之生計。惟賴報酬。而報酬則生於工作。脫有危險。岌岌不支。傷災也。疾病也。

老廢與失職也 人所難免。於是得計其救濟之法。有傷災保險焉。有疾病保險焉 有老廢保險焉。有失職保險焉 合而言之。則爲人工保險。卽謀保其所得與生計之安全者也。惟是人工保險。原爲社會改良之義 費用既多。負擔較重。其最適者。爲公營保險。與互相保險。其最不適者爲私營保險中之營利保險。使其果由於互相保險也。則其保險之種類。與文化之程度爲斷。組織如此 經營亦然。文化高則莫如任意保險。低則莫如強制保險。前者收效於英國。後者經驗於德國。此外各邦。則罔不漸趨於強制保險之經營也。

劉冠英

第五編　消費本

第一章　本質

第一節　消費之意義

人無論知愚。日孜孜然以經營創作。求財物之取得者。果何爲乎乎饑而食。寒而衣。勞倦而息。人之性也。衣食寢處。凡人所需。日所服用。即爲消費。Con sumption 約消費之事。不能離物而獨存。而物與消費間之關係若何。消費之旨趣若何頗爲學者所紛議。綜其說約分三類。

一　物體消滅說

二　價値消滅說

三　效用享受說

第一　物體消絕說　主是說者曰。消費者。財貨經人使用。而形體消滅之謂也。故不問其使用之主旨若何。祇爲消滅其物體。即屬消費。炙火自溫。與燃煤工作者皆爲消費。而屋宇器皿之供人使用者。以未即消滅其形體之故。轉不得謂爲消費。其說殊無足取。夫物質消滅云者。言其粗而未言其精。就物質學言之。物質不滅。乃其本性。以形體之消滅。爲消費之標準。實無所據。即令物有生滅。所消費之時。不盡消滅其形體。形體不滅。而實爲消費之用者。往往有之。屋宇器皿。蓋即其類。主之者將無以圓其說矣。

第二 價値消滅說 主是說者。謂物之生滅。人力無與。人旣不能以生產行爲。創造財物之體質。亦何能藉消費行爲。消滅之。所消滅者。非其物體。乃其價値耳。說分二派

甲 物欲消費說

乙 主體消費說

甲說謂價値爲人對物之關係。價値之消滅。亦當從兩方面觀之。物之之消耗。固足消滅其價値。人失所欲。爲價値消失之原因。緣消耗而消滅其價値者。是爲有形消費。或稱客觀消費。緣欲望不存。而消滅其價値者。是爲無形消費。或稱主觀消費。舊式槍械之閣置。舊式衣服之庋藏。皆無形消費也。有形消費。復分二類。用於生產或享樂者。曰人爲消費。不用於生產享樂。而自然消耗者曰。天然消費。

劉冠英

乙說謂價值消滅之原因。雖有物欲之分，然經濟學上所謂消費、乃經濟行爲之一種消費。主體亦當以人爲限。凡因天災天變好尚過失而自然消失其價值者。縱其結果。與人爲消費無異。皆不得謂爲經濟學上之消費，故天然消費、不在經濟學研究之範圍內云。

價值消滅說。根本之錯誤、在僅以價值消滅爲消費、而不言其消滅之原因。甲說之泛指一切消滅者無論矣。乙說雖少有限制、而人爲消費之中。有意在使用者、有意在生產者、亦有出於暴殄者、而皆稱消費、未爲當也

第三　效用消費說　主是說者、謂消費者、人類享受財貨效用、以足欲之謂。財貨之消滅與否。在所不計。苟爲享受其效用。即爲消費。抽繹其旨、不惟物之飾觀、得爲消費、即凡前述之主觀消費、亦皆屬之。其意重在消費物之使用、而非享受其效用者。即不得謂爲消費、一切物品之使用於生產者、皆非消費、消費之中，又分二類。曰個人消費、曰社會消費、消費之外。別有耗失。則稱自然損失、及生產消耗、與人爲損害。三者並列。於經濟學範圍之中。

此說言效用而不言物體　及價值。較前二說爲大進　蓋人之生產。非能增加物質。使無而爲有。不過增益其效用。使其足欲之能力耳。生產者既不能創造物質　則消費者亦何能消滅之。所享用者。卽爲生產家增益之效用。所消滅者。亦此效用。何有於質體。若夫價值中主觀之作用。非可以供享受者。安足以說明消費之本質效用則爲足欲所資。爲使用者意向之的。爲消費上之關鍵。以之釋消費。則其義易明　故曰較前說爲大進也。

顧於生產消耗置諸消費之外。往往爲人所誤解。或謂生產與消費。互爲因果。人爲生產而消費　亦卽因爲消費而生產。生產之時工人雇主。皆有享用。此之享用。將爲生產之消耗乎　抑爲工人之消費乎。以其生產而享用。謂爲生產之消耗可也。然人類生存。不能一日無享用。不僅生產時爲然。卽不生產亦必享用。則以此種享用爲消費。亦無不可也。又如播種於地。皆爲生產。然就種子效用觀之。未嘗不可爲消費　然通常所謂消費。係指人類直接之享受財物效用之耗失。非以人類直接享用者。皆不得謂爲消費。是以工人享用。應爲消費。播種施肥。仍屬生產、

劉冠英

消費之義。學說不一。已如前說。三說之中。自以第三說爲是。顧其所謂效用。義仍失之過泛。蓋效用者。不惟經濟財貨 Economic Goods 有之。其爲經濟財貨以外之物。亦莫不有之。苟其所謂效用。泛指凡物而言。則日光空氣皆有效用。皆爲人所享受。吸呼空氣。與受用日光。亦將列列爲消費。經濟學上所謂爲消費。豈若是乎，效用享受云者。非謂凡物效用之享受。宜以經濟財貨之效用爲限。故曰消費者。人類享受經濟財貨之效用。以滿足欲望之意也。抑所謂享受者。非僅指實行享受而言。凡以享受爲主旨。備物以供享用者。雖未享受而毀損。亦必視爲享受焉。

第二節　消費之起因

人之生也有欲。欲充而生事畢。使無以贍之。則朝不保夕。是以呱呱墜地者。感饑而啼孤居荒島者。日不暇給。彼豈好勞惡逸。不憚擾紛者哉。徒以生事所資。厥惟充欲。飲食居處。在所必需。故爲消費之起因者。當以欲望爲第一。魚我所欲也。熊掌亦我欲也。人於魚與熊掌之消費。基於是。特牛溲馬勃。人所不欲。以其可療疾也。則病者欲其疾之速愈。並牛溲馬勃而欲之。夫消費之義。既在享受財貨之效用。則所謂享受者。

有充欲之意。消費之事。原本於充欲。享費之起。原因於欲望。從可知矣。因天災地變。好尚過失。而減損財物之效用者。不曰消費。而稱損失。亦以其效用減損之事。非以充欲。效用減損之因。不在欲望耳。

第三節　消費之種類

消費既爲財貨效用之享受。則所謂消費者。必有享受之人。享受之人。有爲公法人者。有爲私人。或私法人者。公法人之消費。曰公消費。私人或私法人之消費。曰私消費。故就消費之主體區別之。分消費爲二種。

一　公消費Puplib Cousnmdsiou

二　私消費Privase Co smubtiou

夫公法人之消費　賴有私人或私法人之輸納。私人或私法人之輸納。豐則公法人之消費利。而私人或私法人之資財減少。其消費必嗇。公私消費。互爲消長。横征暴斂之國。民力凋敝。蓋有由之。抑公消費之擴張。不必盡爲私消費之害也。施政設教。以維治化。築道通渠。以利民生。以國民之財。供國家之用。卽以國家之力。謀國民之利。固無

劉冠英

損於民之生事。要在措施有度。消費有節。否則揠苗助長。苗則稿矣。

人之於消費。其意固在消受。然享受之旨與作用。有爲純然享樂者。有爲增助生產之力者。故就消費之作用區別之。分爲二種。

一　享樂消費 Ejual Comsumpten

二　生產消費 Prductive Comsumbton

物之消費　純爲消樂之用者。爲享樂消費。亦稱不生產消費。用助生產之力者。是卽生產消費。抑學者中有以播種爲生產消費者。竊殊以爲不然。夫消費之義。既在享受財物之效用。則播種之事享受之主體爲誰。其植於土而期收穫者。將爲增加效用乎。抑爲減少效用乎。播種而曰消費。則農事將不復爲生產矣。範金爲器。釀麥爲酒。金之形式與麥之性質雖變。而增加效用以利消費。其爲生產無疑。播種而曰消費。則範金釀酒。亦將爲消費矣。或謂播種之事。一方減損種子效用。是爲消費。他一方則發苗結穀。又爲生產。此說大謬。生產消費。皆爲一種經濟行爲。播種之行爲。不爲生產。卽爲消費。一種行爲。而二稱之。詎有當哉。

又物有備爲享受　而欲望不存。致消失其效用者。與實行享受。而消滅者。雖同爲消費。其間亦自異其性質　故就消費之用途區別之。分爲二種

一　有形消費 Material CusumPtiou

二　無形消費 Jmmnterial Ceusumbriou

實行享受財物之效用者。稱有形消費。或稱客觀消費　欲望不存。而未及享受者。稱無形消費。或稱主觀消費。其他種類尚多。以無關宏旨故畧之

第四節　消費之法則

物之效用有增減。人之消費有變動。增減變動之間。之有一定之法則。是卽效用消減之法則。Law of Dlminishiug Utilsty 無論何物。在一定時間內。其界限效用。視其現存量之增加而遞減者也。遞減之遲速。重有關於其物之性質。述之如次。

其一　財貨之用途廣者其數量之影響於界限效用者微。用途狹者反是

其二　財貨之能耐久者其數量之影響於界限效用者微　不耐久者反是

其三　易與他物交易者其數量之影響於界限效用者微　難交易者反是

劉冠英

財貨之用途廣者，如水可以欲。可以濯。可以洗塵。雖增其量。而效用之遞減也緩。若酒則舍以爲飲料。鮮能供日常之用。其效用之遞減也必速。財貨之能耐久者。如米穀今日有餘。可爲翌日之用。若魚肉朝不保夕。其效用遞減之遲速。不可同日語。易與他物相易者。如貨幣。其力足以致一切物。其量雖增。其效用之遞減也極微。若藥物若飾品。一人之需有限。交易之速又狹。效用遞減。乃較速矣。

次爲消費順序之法則。夫效用遞減。係就一定時間內。同一之物而言。此法則就一定時間內。多數物而言也。同時欲消費數種時貨之時。必先擇其效用能超過勞費之最多者消費之依次類及。故稱消費順序之法則。蓋人之消費。類皆經濟財貨。經濟財貨之取得。不能無所勞費。而經濟行爲。又常欲以最少之消費。得最大之效用。是以消費之時。必以效用大。勞費少之物爲先。自成一種順序。顧或以爲此種順序。不緣於勞費效用之多寡。而根於欲望之順位者。謂消費之時。以欲望最強者爲先。由第一種欲望之充滿而依次及之。是殆重視享樂而忽於勞費者也。設有人焉。百物羅列於前。而皆得任意取攜。不索代價。首先取用者。必其酷嗜而極欲者也。欲充而漸及其他。爲事理所宜然。

使入日中之市。物物而取償焉　則取用之間。不事一任其所欲　勞費之多寡、在所必較。苟非日用所必需　則財力有限　雖酷嗜而極欲者　亦不得不損棄之　而先其所急焉。

又次爲一物數用之法，則物有數用之法。從而消費，則必有所選擇。選擇之間。有一定之趨向。此一定之趨向　卽一物數用之法則也。譬之米可爲炊。又能釀酒。致用之途。一以其界限效用之最大者爲歸。貧兒得米　必不釀酒。以釀酒之界限效用　比之造飯供餐者爲小也。鼎食之家。終日飽食。則有餘米者。未嘗不可以爲酒。以酒之界限效用　比之餘飯列前不能下咽者爲大也。苟反其所爲。貧兒得米以釀酒。富家罄米以爲飯。則物各不得其用。界限效用。不能增大。非愚狂之人不爲也。

又次爲致用時間之法則。卽物宜用於現在　或將來之選擇也。在以致用時　所得之最大界限效用爲歸　抑界限爲效至無定。衡將來效用殊難懸揣。此所謂選擇於現在將來者。乃物之現在使用。所生界限效用。與保存其物。留爲後用，所應有之界限效用。二用間孰大孰小。以爲致用之標準也。

又次爲需求之法則。需求云者。所需財貨數量之畧稱也。需求根於欲望。成於資力。資力不充者　有欲望而不能需求。需求之力。卽稱消費力。消費之係乎需求者　其法則如下。

其一　需求之大小。與欲望爲正比例。界限效用、隨欲望之大小而升降。故需求亦與界限效用爲正比例。供給不變之時。欲望增。則界限效用大。界限效用大　則需求亦大也。

其二　需求之大小　與物價爲反比例。物價高則需求少　低則需求大

其三　需求之大小．與資力爲正比例。資力者。消費人所有勢力與財貨之謂也。資力充者。需求大。方今爲貨幣交易時代。一切需求。皆可以貨幣得之。故需求之大小又與消費人所有貨幣之多少爲正比例。

第三節　消費與生產

消費爲財貨效用之享受。生產則創造或增加財貨之效用者也。生產而後消費　因消費而生產　亦有因生產而消費者　生產消費之間　迺有三種關係。

其一　消費與生產。爲全相反對之經濟行爲。

其二　消費乃生產之主旨。

其三　消費與生產。常有因果之關係。

消費減財貨之效用。生產則創造或增加之。故其行爲兩相反對。又生產之家　勞力耗財。以創造或增加物之效用者。非好爲此紛紛也。有其主旨。促使爲之。主旨爲何。厥惟消費　財貨之生產。未有不緣於消費者也。消費卽爲生產之歸宿　故消費生產間有因果之關係。

消費生產之間。性質雖全相反。而關係甚切。如狼狽相依。不可偏廢。論消費則意近需要，論生產則義同供給。物之不足以供消費者。卽無生產。不能生產之。物又無由消費。消費生產。互爲制度。而互相平衡者也。然經濟組織。至爲複雜。一時需供　殆難洞悉。其情況過與不及之弊。遂不能免。市面恐慌。緣之以起。考之前述之自由競爭。與次章之恐慌。可以知其大凡矣。

第二章　分量

劉冠英

第一節　消費之大小

人生產費。必有所資。所資以消費者。爲財產。爲所得　財產爲生財之母。從而消費之。則財產有時而盡。消費有時而窮。所得源源而來。有無盡之望。故以所得供消費。乃事理之常。抑所得之用。不盡供消費也。窖藏與貯蓄。亦時有之。是以一國消費之大小。與個人消費之大小、以左列三事爲準

其一　財產之大小。

其二　所得之大小。

其三　窖藏貯蓄之多少。

財產大者。貲富而費多。小者反是。所得多者財裕而費大。少者反是窖藏貯蓄之風盛則人尙儉樸。消費亦小。擧所得而消費之。則消費亦大。然貯蓄愈多　事業愈盛。所得亦愈豐。消費之資　亦更裕。節省消費。於一時。擴大消費於異日　則所得貯蓄與消費力。相乘除矣

是故貯蓄之風　乃裕國福民之要道。傾家蕩產。以自給者。固爲身家社會之大害　卽使

守業不失。盡費所入。不爲發達事業。增進幸福計。亦人類社會之大憂也。抑所得種類。本有財產所得。與勤勞所得之別。勤勞所得中。尤以勞工所得爲最薄。勞工居資本制度之下。爲資本家所壓迫。以僅少之庸。爲身家之計。消費之小。罕與比倫。無儲蓄之力。少發展之機。日僅維持生存。Minimum of existenee 乃無殊於牛馬。此社會學者所悲愍。而欲改革資本制度者也。

第二節　消費之奢侈

奢侈非言多寡。乃過分之意也。人之生活約分三種。

第一　必要生活 Bare Snbsitence living

第二　優裕生活 Comfort living

第三　奢侈生活 Luxury livng

必要云者。維持生存必不可少之度也。生活優裕者。則不費。維持其生存。亦且兼事夫享樂。若在奢侈。則既已優裕。猶復窮奢極欲。以圖快愉。然此奢侈生活。非消費奢侈之意也。生活奢侈，乃對於優裕及必要者而言。以人生之苦樂爲標準。消費奢侈乃以消

劉冠英

費之性質。與消費者之身分爲標準。不關於人生之苦樂。不關於消費之分量。亦不關於消費物之性質也。宴會之費。動耗中人之產者。此奢侈也。購閱圖書費金千萬者。不得謂奢侈。乞丐吸煙。乃爲奢侈，巨商嗜酒。不爲過分。故所謂消費奢侈者。就一時期中消費者之身分地位。與其所消費者之性質以判定之者也。

抑於生活之豐嗇。尚有二說。一主奢侈。一主簡易。主奢侈者。謂富人奢侈。則生產發達。貧者易得職業。是爲兩利之道。主簡易者。謂人溺於物欲。則無高尚優美之思。無由自躋於極樂之境。二說皆有所偏。奢侈固足以增加需要。發達生產。以益勞心力者之所得，抑知奢侈過甚。人習於浮華。欲念無窮。能力有限。不免有危害經濟基礎。擾亂社會安寧之慮。然若泥於簡易，雖足以矯奢侈之弊。而人類幸福。與社會文明。又雖有希望。要在取法中庸。繁簡適度。是務得耳。

第三節　消費之進化

消費根於欲望者也。欲望日發達。則所以滿足其欲望者日加精。而消費亦日卽有進化矣。抑消費進化。與消費奢侈。二者非同一事。消費進化。可以增人類之福祉。消費奢侈則足以危經濟之基礎　蓋進化乃順其自然。漸趨發達。奢侈則感於一時之欲。盡量進化。以求滿足。未嘗適應於其本能。進化加植物之天然滋長。奢侈別揠苗助長之類也。

人之生存要義。不外食用之事。消費者。食用之謂也。生之者衆。爲之者疾。則食用足。而民生裕。故消費之能期於進化　重有賴於生產之發達　但生產之物。以食用爲歸。生無所用。生亦奚爲。消費者。有所需求　斯生產者有所供給。消費物之質量愈增　進斯生產家之事業愈發達。是生產又重賴於消費矣。要之消費進化。內本於欲望之增進。外成於生產之發達。消費進化之結果。不僅消費者自享其樂。生產營利之家。共受其益。澤被社會。促進文明。固不可與奢侈同日語也。

第四節　消費與家計

人之所欲不一。消費之種類繁多。一家之計。所以爲衣食住者。各幾何。所以爲衣食住以外之用者幾何　因各人之財力。社會之習慣。各人之特性。而各有不同。然就大體言之。則有二義。

其一　同一社會階級所屬之各人。其所得畧同。

其二　同一社會階級所屬之各人。其欲望畧同。

社會之人。有貧富貴賤之殊。所處地位。遂有高下之別。貧賤者之生計。自不能與富貴者相比。擬據德國統計家。恩格爾 Engol 一八五七年之調查。分社會階級爲三等。各等食用之支配。各不相同。列表於左。（參閱Philippovich所著經濟原論）

一八五七年。格爾調査社會各階級食用支配表

項目	下等社會年得九00至一,二00馬克 比利時	下等社會 撒克遜	中等社會年得一,六00至二,四00馬克 撒克遜	上等社會年得三,000至四,000馬克 撒克遜
食物	六一	六二	五五	五〇
衣服	一五	一六	一八	一八
住宅	一〇	一二	一二	一二
薪火	五	五	五	五
家具	四			
（合計）	九五	九五	九〇	八五

教育	二	二	三，五	五，五
租稅	二	一	二，〇	三，〇
衛生	一	一	二，〇	三，〇
僕婢	一	一	二，五	三，五
（小計）	五	五	一〇	一〇
合計	一〇〇	一〇〇	一〇〇	一〇〇

恩氏就其調查所得。下四種論斷。

第一　收入愈少。消費於衣食住以外之用者愈少。

第二　不論收入多少。消費於住宅薪火者常相等。

第三　收入愈少。消費於食物之比例愈大。

第四　不論收入多少。消費於衣服者大致相同。

然據德意志帝國統計局一九〇九年之調查。則不無差異。調查結果。約分社會生計。爲八等　第一級年入一，二〇〇馬克以下。第二級一，六〇〇馬克以下。第三級二，〇〇〇馬克以下。第四級二，五〇〇馬克以下。第五級三，〇〇〇馬克以下。第六級四，〇

劉冠英

○○馬克以下。第七級五○○○馬克以下。第八級五，○○○馬克以上。分別列表於左。仍以百分法計算。

項目	第一級	第二級	第三級	第四級	第五級	第六級	第七級	第八級
食物	五四·〇〇	三四·六〇	五一·〇〇	四八·一〇	四二·七〇	三八·一〇	三一·八〇	三〇·三〇
衣服	九〇·〇〇	九·五〇	一一·五〇	一三·六〇	一四·二〇	一四·〇〇	一四·七〇	一四·九〇
住宅	〇·〇〇	一七·三〇	一八·〇〇	一七·六〇	一八·〇〇	一八·五〇	一九·三〇	一四·九〇
薪火	六·三〇	四·八〇	四·五〇	三·九〇	三·六〇	三·六〇	三·一〇	二·一〇
雜用	一〇·四〇	一三·九〇	一五·七〇	二一·一〇	二五·九〇	二五·九〇	四〇·一〇	三六·八〇

觀右表所列。則知收入愈少。消費於衣食住以外之用者（卽雜用）愈少。消費於食物之比例愈大。與恩氏第一第三之說無殊。惟衣服所費。隨收入之增加而並增。薪火所費。比例收入之增加而遞減。與恩氏第二第四之說所謂常相等者。大相逕庭。蓋衣服之爲物。日新而月異。此種需要。大有伸縮。Elastic Demand 豐於財者常欲趨時。故其所費於此者亦常與其收入之多少爲正比例。薪火之需。伸縮有沒。或竟有定規。少所增減。稱

曰伸縮之需要。Inelastic Dumand豊財之家。縱使室內燈光。儼夫不夜之城。亦不能遞增不已、烽火爲戲。故其所費於此者。究不能與其財富之增加並駕齊驅也。是以小民生計。易受痛苦 富家消耗。從儉無傷。衣食居住。是爲必要。雜用所費。意在善生。小民所必要奪之。卽無以爲生計。富家之雜用雖減 亦未至於饑寒。關心民瘼者。所不可不三致意也。

第三章 恐慌

第一節 恐慌之意義

經濟社會。因天災人事之變。致失其常度。而顯見混亂者。是爲恐慌 Crises 所謂天災人事之變。有屬於經濟社會內之事項者。有屬於經濟社會外之事項者。屬於經濟社會內之事項。如生產過剩。消費減退 信用 Credit 不著。金融阻絕之類。屬於經濟社會外之事項。如天災地變、戰爭內亂。以及革命與擾動之類。皆能引起恐慌晚近以來。尤以經濟社會內之事項。引起恐慌爲最多焉。

生產之家。競爭生產、加工益資。各盡其量，於是產量驟增。消費量不足以副之。溢額

劉冠英

之數。停滯不售。貨價跌落。資金阻澀。財弱者歇業。資厚者獨雄。工人之流離失所尤可悲憫。此生過剩之恐慌也。

人生需要。半可伸縮。倘以歲有豐歉。收入或因銳減。又或事變所迫。趨於節儉。致需要驟減。而生產之事。一仍如故。於是需供不相劑。兩方均失其常度。此消費減退之恐慌也。

交易之事。必以物相易。不即付相當之價。而亦得利用他人之財物者。往往有之。倘以其便於取用也。則足以啟投機之心。致經濟社會於鼎沸。此則信用不著之恐慌也至若經濟事實。全賴資財。資財流通。業期繁盛。倘因事變。資財乏絕。則業茂者就衰。衰者就歇。生產消費。交受其害。此又金融阻絕之恐慌也。

第二節　恐慌之起因

恐慌僞近世所數見。古代經濟幼稚之時。亦常因災變而起恐慌。然不若近代之甚也。究其造因。不外二種。一爲根本起因。一爲枝末起因　私產制度。與自由競爭制度。根本之起因也　經濟現狀之變遷。則枝末之起因也。根本起因。前已畧述其梗概。可以覆按不論經濟現狀之變遷。則事項繁多。不遑列舉。擇其要者。約有四事。

其一　生產主旨之變遷。在昔自給經濟時代。自爲生產。而自消費之人。皆擇其所亟需而從事生產。不急之物。卽緩製作。生產消費之間。時時相劑。故無所謂恐慌。迨交通發達　生產主旨。不惟非以自給。亦非應人預約、純以適市求售爲旨。而生產稱市場生產焉。人之消費有限制、而市場之需要難測度、生產之家。不能應其所需、而生產之則、需供一失其宜、恐慌由茲以起矣。

其二　生產性質之變遷。在昔經濟幼稚。生產事業。全資手工、生產規模。遂亦狹小。供給之量。無驟然超過之慮。近代機械。日益精良。大資本之家勃興。大規模之業日進。大量生產。Production on Large Scale 易有過剩、Over Produc cion 之弊。因而積貨難銷。物價跌落。生產之家罹其損失。生產機械。旣不能移作別用。又不能繼續其業。於是財豐者僅存。力薄者歇業。勞力之徒。頓失所依、恐慌之象乃彌章矣。

其三　經濟範圍之變遷　自給經濟時代。一人一家之所需，自知甚悉、按其所需、產

劉冠英

物以副之。自無過剩之慮。卽在交通經濟時代。經濟範圍。尙僅限於一地。則測度一地方所需。尙不難得其概況。縱有差池。相去當不甚遠。方今交通四達。經濟範圍。與全世界同。其廣狹各國之間。互相分業。彼此需供相爲依倚。生產家以少數人之知力。懸揣世界之需要。必難確中肯。或以物價之漲落。權知需要之伸縮。推測一誤。需供卽難相劑。而恐慌起矣。

其四 經濟基礎之變遷 在昔經濟幼稚。事業之經營。全恃一已之資力。雖因需要伸縮，事業動搖。受其害者。厥爲業主。而不影響於他人。今則信用制度。日卽於發達。爲經濟組織之基礎。營業資本。不必固有。可假助於人。買賣之間。不必錢貨兩交。並可約期償付。一業之盛衰，存廢。不惟業主之利害有關。凡直接間接與有信用上之關係者。莫不同受影響。一髮之動。牽及全局。稍有破綻。卽起恐慌。此近代恐慌所以數見不鮮也。

凡此四端。皆近代恐慌之所由起。抑恐慌之起。乃一時之現象。事過境遷。遂歸平復。蓋在恐慌之時。物價下落。證券暴跌。投機者流。遂各斂跡。舊事業既各收縮。新事業又必中止、銀行放欵、亦漸囘歸、於是產額漸減。信用漸復、需供日即於平　金融日就舒緩、恐慌之事　烟消雲散矣。但當信用恢復、金融舒緩、而後物價復騰　證劵日貴企業之家、又必各窮其力、從事投機　舊有事業。從而擴張之、新事業亦接踵而起　於是信用過濫　生產過剩　銷路停滯。金融逼迫、而恐慌復起、一治一亂。如環相循故恐慌者　乃一時之變象、日循環迭起者也。

經濟界之恐慌、既屬循環　迭起考之史乘、每閱十年而一見（如英吉利一八一五年之恐慌　一八二五年之恐慌、一八三六至一八三九年之恐慌、一八四七年之恐慌　一八五七年之恐慌、一八六六年之恐慌一八七三年歐洲大陸之恐慌、一八九〇年英吉利之恐慌、一八九三年美利堅之恐慌、一九〇〇年德意志之恐慌、一九〇七年美利堅之恐慌。）於是學者之中、或歸原於太陽中之黑點、創爲太陽黑點說、S unspottheory　或歸原於信用、創爲借用循環說 Theory of Credit Cyels 倡太陽黑點說者、爲節溫斯 Ftahley jevons其說之所據約有數事、

其一　人類生活費中。食料費恒居其半數。

劉冠英

其二　故經濟社會之治亂。視歲收之豐歉。

其三　然歲收之豐歉。一視太陽熱度之增減。

其四　太陽每歷十年。則增加黑點。而減熱度。

其五　是以歲每十年而一歉。恐慌緣之以起。

倡信用循環說者。爲約翰米爾 John Mills 蔣母斯米爾 Jams Mill。約翰司徒米爾 John Stuart Mill。其說之大要。謂信用猶人生焉。十年中分幼壯老三期。最初三年中。信用次第發生。利息漸低落。物價漸騰貴。繼乃事業勃興。投機流行。市面生氣。已造其極。最終三年。則利息增高。物價跌落。事業挫折。恐慌迺起。

太陽黑點說與信用循環說。立論之根據。雖各不同。其認爲十年一循環也。則兩無歧異。究其故。皆以史事爲推論之據。然就經濟之原理論之。經濟之緩急。乃由經濟社會中各種事實之驅迫成之。事勢所趨。治亂迭起。更迭之間。一隨事勢而有緩急。不必定以十年爲期也。太陽黑點。是否歷年增大。經濟社會之治亂。是否視歲收之豐歉。則尤多未能徵實。不足堅人之信。不過恐慌循環。治亂更迭。爲事理之彰明較著者耳。

第三節　恐慌之種類

恐慌由生產消費之懸殊。其起因既非止一事。情況亦不一其類。約畧舉之。則有六種。

一　農業恐慌　Agricnltual Crises

二　工業恐慌　Industrial Crises

三　商業恐慌　Commercial Crises

四　投機恐慌　Speculation Crises

五　貨幣恐慌　Monetary Crises

六　信用恐慌　Crbdit Crises

其一　農業恐慌。天災地變。比歲不登。農產之物價。乃驟騰。民食維艱。恐慌彌甚。或因交通發達。外貨麕集。廉價穀食。源源輸入。內國農產。難於立足。則又恐慌矣。

其二　工業恐慌。機械發明。技術進步。工業革命。經濟社會。遂覺騷然。或因競爭生產。企業勃興。同種貨物。產額驟增。過剩之患。難於收拾。則又恐慌矣。

其三　商業恐慌。人類嗜好。以時變遷。嗜好不屬。需要頓減。積貨不銷。難資周轉。或因重稅苛征。販路狹小。輸入有禁　無法銷運。事業停滯。母財不復。則又恐慌矣。

其四　投機恐慌。實力不充。僥倖射利。賣空買空。動輒巨萬。損益過甚。無以應付。或因吸收資本。浮股增加。虛有其表。實利無憑。眞相既露。其價驟落。則又恐慌矣。

其五　貨幣恐慌。國際貿易。年有負差。現金流出。無法收回。國內流通。遂形缺乏。或因幣制改革。質量增損，磨耗之幣。重新改鑄。改易之間。影響物價。則又恐慌矣。

其六　信用恐慌　事業凋敝。金融停滯。期票濫發，過時不付。錢業空虛　亦難挹注。或因勉應急需。濫發紙幣。準備不足。停止兌現。惡幣橫行　視若猛獸。則又恐慌矣。

統農工商各業之恐慌　稱事業恐慌。Production Crises 貨幣恐慌。與信用恐慌。合金融恐慌。Finan Cial Caises 方今分業發達。各業相倚。經濟行爲。無論其爲農，爲工，爲商，皆有相依爲命之勢。一業恐慌。旋即影響於他業。而成事業界全體之恐慌。故統稱事業恐慌 貨幣與信用。亦常相爲影響。投機事業。更與信用相關切。而皆係乎金融之緩急 故統稱曰 金融恐慌。然當此信用經濟時代。銀行爲事業之機樞。事業與金融亦常互相依倚。事業凋敝。則金融阻滯。金融緊迫。則事業難展。事業恐慌。與金融恐慌。又相連繫矣。

復次恐慌有傳染性。恐慌之起。不惟由一業而牽及他業。亦且由一地而播及各處。凡與交通之地。罔弗爲所波及。各國自圖安全。務在共和協濟。然若交通不甚發達金融不甚流通。傳播之事。倘不甚速耳。

第四節　恐慌之預防

恐慌之爲害。於事業與金融也既甚重大。且有循環之性。滅而復起。則經濟社會。動所爲擾。不得不有以防止之方。其積勢未起。易爲防範。其勢已成。迺如波湧。卽不易爲力故。必預爲之防。

劉冠英

預防之道、蓋亦多端。社會主義者之說曰。恐慌起於自由競爭。而實以財產私有爲厲階。廢財產私有之制。易以共產制度。則私利既絕。競爭斯泯。生產消費之間、無慮失其權衡。恐慌之事。自亦無緣而起。是說也意在絕其根本之起因。誠爲探本窮源之論。但恐慌之起。緣於自由競爭固多。而經濟現狀之變遷、亦爲恐慌所由起。共產社會中不能必其絕無恐慌。共產主義之能否實行。行之而利弊若何。尚未能以片言決之。自由競爭制度　雖足以誘起恐慌　而其有益於經濟社會者。亦有不可泯滅之處。因噎廢食。殊無足取。

現代經濟以信用爲基礎。生產事業，莫不賴信用機關、（銀行）以周轉。取資之途。厥惟銀行。業銀行者，可左右生產之範圍焉。採用中央銀行制度者。中央銀行握一國金融之樞紐　尤能操縱一國生產事業於掌上。倘値競爭劇烈。生產澎漲之時。中央銀行。爲預防恐慌起見。卽可抬高放欵利息。加重生產家之負擔。使薄其利以阻其擴張業務之心。倘猶擴張不已。則停止放欵。其效必著。要在觀察市面、審度情形以行之耳。

第五節　恐慌之救濟

經濟社會之恐慌。能未雨綢繆。防之於預。使釀而不發。除患未形。固爲上策。倘或防範未周，致使潰決。則各業動搖。宜速救濟。救濟之道。亦惟中央銀行是賴。當事勢緊迫之時。中央銀行既須抬高放款利息。以殺其增加生產之勢。又必顧及生產事業。擇其信用較可者。酌予通融。以免歇業者多。影響更大。於是投機者流。既以利息增高。難期餘利。業務進行。必從減縮。積貨不銷。事業停頓。或損失過多。瀕於破產者。得中央銀行之助。亦可勉强周轉。徐圖恢復。當局有再生之機・社會免破裂之害。即在民國銀行制度之下。亦必彼此相維。共圖挽救。然若銀行之力不足。以左右金融。每值恐慌有自顧不暇之勢。則坐視經濟社會之騷亂，必至水深火熱。各業凋敝。而後已。而山窮水盡。再圖規復。卽屬不易。此行業之所以不可忽也。

經濟學原理講義終